変容する聖地 伊勢

Ise: historical reconstructions of a sacred site

ジョン・ブリーン 編
John Breen

思文閣出版

変容する聖地　伊勢◆目次

序章　伊勢神宮――変容の歴史――……ジョン・ブリーン　3

Ⅰ　古代

1　考古学からみた伊勢神宮の起源――ヤマト王権の伊勢支配――……山中　章　19
2　伊勢に見え隠れする仏教　七六六～七八〇……ヘルマン・オームス　37
3　『延喜式』制以前の伊勢神宮――八～九世紀の内宮と外宮をめぐって――……小倉慈司　55

Ⅱ　中世

4　中世伊勢と仏教……ウィリアム・M・ボディフォード　77
5　夢告と観想――鎌倉時代における僧たちの伊勢参宮――……伊藤　聡　92
6　地中の仏教――伊勢神宮の地下からの眺望――……D・マックス・モーマン　108
7　混沌の始めを守る――度会行忠の混沌論と徳政――……マーク・テーウェン　123

Ⅲ　近世

8　復活か創造か――天正一三年の神宮式年遷宮をめぐって――……西山　克　137

9　読み替えられた伊勢神宮――出口延佳、本居宣長を中心に――……斎藤英喜　150
10　御蔭参りにおけるお札降り現象――近世庶民の伊勢信仰の一側面――…劉　琳琳　170

Ⅳ　近代～現代

11　伊勢における神仏分離……河野　訓　187
12　神苑会の活動と明治の宇治山田……谷口裕信　207
13　修学旅行と伊勢……高木博志　237
14　昭和四年式年遷宮と伊勢……田浦雅徳　252
15　戦後の伊勢――プリント・メディアにみる神宮と式年遷宮――……ジョン・ブリーン　276
補論　浮遊する記号としての「伊勢」……ファビオ・ランベッリ　297
――日本史における伊勢神宮の多重性と神道の絶えざる再コード化――

あとがき
索引
執筆者紹介

【凡例】

本書は専門の異なる研究者が参加する性格上、用語や読み方の統一が出来ない場合がある。それらについては各執筆者の原文を尊重する方針を採っている。

例：天照大神（あまてらすおおみかみ／てんしょうだいじん）、アマテラス

変容する聖地　伊勢

序章　伊勢神宮――変容の歴史――

ジョン・ブリーン

伊勢神宮は、二一世紀の日本の最も重要な聖地だといえよう。平成二五年（二〇一三）の出来事を思い起こせば、そういう結論になる。この年は九〇〇万に近い数の人びとが伊勢神宮を訪れたといわれている。それは伊勢神宮が七世紀に創建されて以来最大の数である。周知のことだが、平成二五年は特別な年であった。二〇年に一度の式年遷宮がクライマックスを迎えたからである。

式年遷宮とは、定められた年（式年）に神様が社殿を遷ること（遷宮）だが、それに関わる一連の儀礼全体を式年遷宮という。「遷る」は引っ越す意味だが、神が引っ越すとはどういうことなのか。伊勢には神様が祀られている社殿が複数ある。主なものは天照大神《あまてらすおおみかみ》が祀られている内宮《ないくう》と豊受大神《とようけおおかみ》が祀られる外宮《げくう》。それぞれの社殿が建っている土地には、まったく同じ規模の空地が隣接している。二〇年ごとにその空地に新しい社殿が建つ。建ったのちに神様は古くなった社殿から隣接する新しい社殿へと引っ越すのである。

■二一世紀の伊勢神宮

平成二五年のこの事業はなんと五七〇億円がかかり、また一四、〇〇〇本もの檜の木の伐採を必要とした。一本目の木を倒してから新しい社殿ができるまで、また社殿内に飾る装束《しょうぞく》・神宝《しんぽう》を職人が金、漆、絹をもって造るまで、さらに募金活動の開始から終了まで、およそ八年間もの歳月がかかる。諸儀礼のクライマックスは神様が実際に引っ越しを行う儀礼（伊勢では「遷御《せんぎょ》」という）そのものである。内宮の天照大神が引っ越す遷御儀礼は、平成二五年一〇月二日の夜に行われた。外宮の豊受大神の引っ越しは、同五日夜であった。

この年に伊勢を参拝した人びとの参拝動機はもちろんさまざまであろうが、九〇〇万人という数だけでも伊勢神宮の重要性を理解できるだろう。二〇年前の式年遷御の年（平成五年〈一九九三〉）の参拝者が五五〇万人だったのと比較すれば、その数は一層印象的である。なお、この式年遷宮に携わる必要経費のほとんどすべては国民の寄付金で賄った。伊勢神宮は二一世紀の日本人にとって極めて重要な聖地である。

聖地の重要性を一般の日本人との関係のみで測るなら、ほかには明治神宮のような近代になってできた聖地、伏見稲荷のように古代から存在する聖地など大勢の人びとを引きつける神社やお寺が多くある。伊勢はしかし日本の聖地のなかでも特に皇室との関係性が深いことを指摘しておく必要がある。これも平成二五年の式年遷宮全体を見ればよく分かる。

遷宮の諸儀礼は平成の今上天皇のいわば意思表示により平成一七年（二〇〇五）に開始された。そして一連の儀礼のうち主なものは平成二六年（二〇一四）に天皇と皇后の伊勢参拝をもって終了した。この間、天皇は毎年伊勢神宮にいくらか寄付金を下賜された。伊勢神宮の大宮司が数回天皇に拝謁して、遷宮について協議を行っている。遷御儀礼が行われた一〇月二日当日は、天皇は東京の皇居にいたが、遠くから天照大神を拝んだ。その行為を「遙拝《ようはい》」というが、天皇は天照大神をみずからの祖先として遙拝したのである。

平成二五年一〇月二日、内宮の遷御行列は興味深いものだった。大宮司を始めとする神職たちの他に臨時祭主の黒田清子（天皇の第一皇女）、そして第二皇子の秋篠宮が皇室の代表として参列していた。同じ遷御行列には他にもモーニング姿の内閣総理大臣安倍晋三および麻生太郎など閣僚八人も加わっていた。安倍晋三は遷御行列に参列した戦後初の総理大臣である。唯一の前例は、戦前の昭和四年（一九二九）の遷御に浜口雄幸《はまぐちおさち》首相が参列したことである。このようにみれば二一世紀の日本国民、さらに皇室、そして政府との関係において伊勢神宮は極めて大切な聖地であることがわかる。伊勢の重要性を筆者がここでアピールするのは、一冊の本をなぜ伊勢神宮の歴史に捧げるのかを説明するためである。伊勢が重要な聖地であるだけにその歴史を我々がもっと知らなければいけない。

■聖地の不変性

いまひとつ冒頭で主張しておきたいことがある。それは伊勢神宮という聖地が常に変容する存在であるということだ。それは右に触れた首相の姿に端的に表れた。首相の参列は遷宮全体に、また神宮そのものにこれまでになかった、新しい国家的、公共的な性格を付与する効果をもたらした。二〇年前にはとても考えられなかった展開である。このようにして、戦後の伊勢神宮の位置づけは変容しつつあり、また戦後の神宮は法的に見ても戦前のそれと異なり、そしてまた戦前の神宮はたとえば国家、社会との関係においても江戸時代の神宮と大きく異なる。「異なる」と簡単にいっているが、それは伊勢神宮が各時代の政治的、経済的、社会的状況から影響を常に受けてきたということである。考えてみれば常識以外の何ものでもない。ただ、我々は伊勢神宮が変容する聖地だという「神宮像」は持っていない。それは、なぜだろう。

ひとつには伊勢神宮自身が発信する情報、あるいはそれを受けて大衆に情報を発信するメディアに由来すると思われる。戦後の神宮の広報などはたとえば伊勢神宮を「日本人の原点」や「日本人の心のふるさと」と位置づけてきた。いずれも根本的に「変わらないもの」というイメージである。神宮は「時が移り、時代の空気が変わっても永遠に変わることなく存在」する、という神宮に対する信奉がある。それをささえるものとして、式年遷宮という古代に遡る儀式が連綿とつづいてきたという史実がある。式年遷宮は「日本人が日本人である事を忘れないためのお祭り」で「再生をつづけることで生まれる永遠性」を有し、「永遠に若さを保ち続ける」装置である。そして遷宮は「永遠性を考える文明モデル」などと神宮の広報パンフレットなどに書かれている。ごく最近「常若《とこわか》」という表現が神宮の広報資料に見受けられるが、それもやはり二〇年ごとの式年遷宮によって伊勢神宮がつねに若い、いつも変わらない、という意味をつたえるものである。

伊勢という聖地が変わらない、原点であるという見方の裏には神話の存在も当然ある。八世紀の『日本書紀』などの神話によれば、伊勢神宮は神が神のために創った場である。神が創ったなら人間によって形成されたり、根本的に影響されたりすることはあり得ない、ということになる。では、伊勢神宮の創建にまつわる神話はどのようなものだったのかを確認したいが、神話の骨子は現在でもさまざまな広報資料、あるいは伊勢の徴古館《ちょうこかん》という歴史博物館などで語り継がれていることに注意しておきたい。話は伝説的な存在である第一〇代天皇崇神《すじん》の時代に遡る。

歴代天皇は宮殿内において祖先神の天照大神を祀っていた。ところがこの崇神天皇が即位してから六年たったところで疫病が天下に発生して、数多くの死者を出した。天皇はそれを天照大神の祟りと考え、その「勢い」を恐れるあまり、ともにすまうことに大変な不安を感じ、皇居から外へと遷したのである。この実に恐ろしい天照大神を豊鍬入姫命《とよすきいりひめのみこと》に委託し、大和国の笠縫邑《かさぬいのむら》というところに祀らせることとした。『日本書紀』は理由をいわないが、天照大神は次代天皇垂仁《すいにん》の世になってまたも動き出すことになった。天皇はこの神を今度は倭姫命《やまとひめのみこと》に委託したが、倭姫命が諸国を回って伊勢国にたどり着くや、天照大神は、「ここは大和に近い、美しい国だ（「傍国可怜国」）、この国にいたい」と告げた。倭姫命はその意志を尊重し、五十鈴《いすず》川のほとりに「斎宮《さいぐう》」を創建した、それを「磯宮《いそのみや》」という、と神話にある。

以上は八世紀の『日本書紀』が語る内宮の創建神話だが、外宮にもおなじく天照大神の意志によって創建されたという物語はある。それは『日本書紀』にはなく、平安時代初年の『止由気宮儀式帳《とゆけぐうぎしきちょう》』を待たなければならない。舞台は五世紀に実存した雄略《ゆうりやく》天皇の時代だが、天照大神は天皇の夢に現れ、丹波国に祀られている等由気《とようけの》大神《おおかみ》を伊勢につれてきてほしい、この神が側にいるなら辛いことがなくなるし、食事に困ることはないだろう、と告げた。雄略天皇はしたがってその神を丹波から伊勢に遷すことに決めた。今日いうところの外宮が成立した経緯である。いずれにせよ、このような創建神話、つまり聖地が神の意志によって創られたという話は、聖地につきものである。洋の東西を問わず聖地は神が創り、神が定めた場であると語りつがれ、人間の時間と空間を超越した性格をもつとされている。

■変容する聖地をめぐって

いまひとつ指摘しておきたいことがある。それは学界における研究についてだ。我々は変容する聖地としての神宮像をいだいていないと先に述べたが、原因は学界にもある。つまり研究者はこれまではうつり変わる、ダイナミックな神宮像を描いてこなかった。古代史の研究者は伊勢の古代を、中世史の研究者は伊勢の中世を、そして近世史の研究者は伊勢の近世をそれぞれの観点から論じてきた（近現代の伊勢についての研究にいたっては皆無に近い状態にある）。優れた研究業績が多くあることはもちろんである。しかし、時代（たとえば古代と中世、中世と近世など）をまたぐ研究は少なく、古代、中世、近世の伊勢がどのような社会的影響を受け、どのように変貌してきたのかといった視点からの研究はなかなか見当たらない。

この研究状況は伊勢だけの問題ではないし、また日本の学界だけにみられる欠点でもない。欧米等にもみられる問題である。聖地の研究は二〇世紀の前半から盛んになされているが、その研究にも時間軸が大いに欠けている。アメリカの宗教学者ジョン・コリガン氏は、聖地の研究を「時間軸につなぎ止める試み」がほとんど見受けられないと嘆く。「（聖地の）先端的研究は空間のみの分析でなく時間の分析もますます必要とするようになってきている」と主張したのはつい最近の二〇〇九年である〔Corrigan 2009: 172〕。オランダの宗教学者アイケ・ローツ氏は、一〇年程前から時間的な軸を設けた研究が徐々に現れつつあると指摘するが、聖地が社会的に、歴史的に創出され、また社会的環境によっても条件づけられる、という基本的な事実を認識した研究が極めて少ないことを慨嘆する〔Rots 2013: 36〕。要は、スミス〔Smith 2004〕、トウィード〔Tweed 2006〕、ローツ〔Rots 2013〕らのごく一部の業績を除いて、聖地の歴史的変遷に着目した研究はいまだにない。

本書はまさにそのような、歴史に根ざした研究をめざすものである。伊勢神宮を、歴史を超越した不変の存在としてではなく、長い歴史のスパンをとってさまざまな転換期において多様な観点から伊勢神宮に焦点を絞り、その歴史的豊かさを明らかにすることこそ本書の狙いである。伊勢は政治的、経済的、社会的、宗教思想的な影響を常に受けてきたし、それらの影響によって形成され、再形成されてきた聖地だと、本書は主張する。本書はその目的をもって古代から中世、近世、近代を経て戦後までの時間軸を中心に設定し、伊勢神宮の移り変わる姿を捉えようとするものである。では、本書に収めた個別の論文が具体的にどのような議論を展開し、どのような神宮像を描いているのかを次に紹介しよう。

■伊勢の創建と古代的展開

現在の伊勢神宮では、先に触れた『日本書紀』の神話を字義通りに解釈して、神宮の創建過程について、崇神天皇の時代に始まり、垂仁天皇の時代に完成したという立場をとる。つまり、創建そのものを垂仁天皇の時代の紀元前四年とする。考古学はこの説について何を教えてくれるのか。それは山中章氏が「考古学からみた伊勢神宮の起源——ヤマト王権の伊勢支配——」においてとりあげる課題である。山中氏は、弥生時代創建説を根拠のないものと退ける。大和王権が六世紀後半になって伊勢地方と深い関係を作ったことは事実だが、この段階でも伊勢神宮がまだ存在しないと山中氏はいう。氏はむしろ神宮の成立を壬申の乱（六七二年）と関連づけて議論する。壬申の乱の直前に大海人皇子《おおあまのおうじ》が迹太川《とおがわ》で天照大神を遙拝したこと、また乱直後に天皇が皇女を伊勢に派遣したことが『日本書紀』にみえるが、これこそ王権が伊勢に神宮を建てた始まりだとみる。

山中氏はこのような文献の記述に加え、考古学的成果をもって天武天皇の時代に創立を位置づけるが、ヘルマン・オームス氏は「伊勢に見え隠れする仏教　七六六〜七八〇」で同じ立場をとる。オームス氏は伊勢神宮を天武天皇、持統天皇があたらしく打ち立てた「儀礼国家」もしくは「宗教国家」の重大な構成要素とする。天武・持統両天皇は、権力とは儀礼と宗教の是認がなければ正統性を欠くものだと理解し、みずからの起源を太陽神にもとめ、そしてその神に関わる儀礼や神話を創出した、というのがオームス氏の主張である。

古代の儀礼国家には、変容する性格がある。その性格はたとえば八世紀になって仏教を包摂し、また伊勢において神宮寺をつくったことにもみえるという。小倉慈司氏は「『延喜式』制以前の伊勢神宮——八〜九世紀の内宮と外宮をめぐって——」で奈良・平安時代（八世紀から九世紀以降）の古代的伊勢神宮を考察するが、内宮と外宮そしてそのうえにたった大神宮司《だいじんぐうじ》の関係を論じる。伊勢の内宮と外宮は実は古代から近世をへて明治維新期まで敵対的な関係にあり、互いに何度も訴訟を起こし、ときには武力をもって戦いあうことさえあった。小倉氏はその長い、葛藤に満ちた関係史の始まりに焦点を絞り、神宮に頒下された公印というモノを方法として検討していく。印の分析が浮き彫りにしてくれるのは神宮全体を意味する内宮、その内宮に従属する外宮、そして内宮・外宮に対して徐々に台頭してくる大神宮司という、複雑な権力関係である。ここまで語られるのは平安時代までの状況である。

■中世——僧侶と神職の伊勢

ウィリアム・M・ボディフォード、伊藤聡、D・マックス・モーマン、マーク・テーウェンの四氏は、鎌倉時代から室町時代にかけての中世を語る。これらの論考に共通する課題のひとつに、やはり伊勢神宮の仏教との親密で、しかも複雑な関係性がある。

ボディフォード氏は「中世伊勢と仏教」において、鎌倉初期から室町末までを展望して伊勢と仏教の動揺する関係全体を視野に入れる。神宮の神職たちは老いてからは出家して、伊勢の神々のために法楽《ほうらく》を行い、領地を寺院に寄進する敬虔な仏教徒であったことを示す。他方、僧侶は伊勢の神々に守られているという自覚があったため、室町時代に従来の秩序が乱れ伊勢がそれまでの経済的基盤を失った際、僧侶が伊勢のために動き出す。一五世紀に式年遷宮の寄付金をつのるため勘合《かんごう》貿易使節団を組織し、また一六世紀に式年遷宮を行った際には尼僧が勧進《かんじん》運動を行った。

伊藤聡氏は「夢告と観想《かんそう》——鎌倉時代における僧たちの伊勢参宮——」で伊勢を参拝する僧侶というまったく新しい鎌倉期の文化現象をとりあげ、僧侶のさまざまな動機を分析し、その主な動機は、僧侶が見る「夢」や僧侶が感得《かんとく》する真実（「観想」）にあったことを示す。平安時代までの伊勢神宮では仏教忌避があったが、「夢」と「観想」という戦略によって僧侶がそれをのりこえ、伊勢へと参拝しはじめるダイナミックな現象が発生する。これは一二世紀からみられる現象だが、当時は僧侶参詣の禁がまだ存在していたために、僧侶は群参を憚って参拝するのは夜に限られた。いずれにせよ僧侶の伊勢参拝は神＝仏の一体性を体験する秘儀であった。

僧侶の伊勢に対する信仰および実践から、伊勢の神職による仏教信仰、仏教実践へと焦点を移行させるのはモーマン氏の「地中の仏教――伊勢神宮の地下からの眺望――」だ。「完全に仏教徒のための場と化した」伊勢がその歴史の舞台だが、時代は末法思想《まつぼうしそう》が支配的だった鎌倉期である。内宮の荒木田《あらきだ》家・外宮の度会《わたらい》家の神職たちは仏教的救済を祈願して、経典などを地中に埋納する。これは浄土で生まれ変われることを願って行った儀礼的行為であった。鎌倉初期の一二世紀にはたとえば伊勢の朝熊《あさま》山や小町塚で経典のほか曼荼羅《まんだら》等も埋納していた。神職は、つまり敬虔な仏教信者、仏教実践家であったことをモーマン氏は示す。

テーウェン氏も神職を考察の対象とする。「混沌の始めを守る――度会行忠の混沌論と徳政――」では、一三世紀に活躍した外宮禰宜《ねぎ》の度会行忠が焦点となる。行忠が伊勢の言説に混沌（＝カオス）論を導入したことは伊勢を考える上で大きな画期をなすと論じる。混沌論は行忠が弘安一〇年（一二八七）に著した『神名秘書《しんめいひしょ》』において登場する。それは神道内部で独自に展開したものでも、仏教に対抗して著したものでもなく、密教の曼荼羅思想に基づいたもので、禅からの影響もあったことは明らかである。『神名秘書』の執筆動機は、伊勢神宮が蒙古襲来後におかれた危機的時代状況にあり、徳政の必要性を朝廷にアピールする戦略であったとテーウェン氏は力説する。

■伊勢の近世的展開――権力、思想、庶民

本書は西山克氏の論文「復活か創造か――天正一三年の神宮式年遷宮をめぐって――」をもって中世から近世へと議論の対象を移す。西山氏は豊臣秀吉のもとで行われた天正一三年（一五八五）の式年遷宮を探り、それを百数十年途絶えていた「復活」事業としてではなく、むしろ新たな「創造」としてみなすべきだとする。秀吉は新たな統一的な国家権力を創出するにあたり、天皇の伝統的権威とそれを意味づけた神話を必要とした。式年遷宮の実施こそ、その権威を把握するのに欠かせない戦略であった。西山氏は式年遷宮の長い断絶を過小評価して

はいけないと主張する。遷宮が断絶していたために神宮のあり方が忘却されてしまったというのだ。そのことを仄《ほの》めかすものには、勧進聖《かんじんひじり》が描いたとされる伊勢参詣曼荼羅図などがある。そうした曼荼羅には、たとえば現実と大きく掛け離れた、朱塗りの瑞垣《みずがき》をめぐらされた妻入りの社殿等が描かれている。式年遷宮がこうして実施された後の江戸期の伊勢神宮を扱う論考は斎藤英喜氏の「読み替えられた伊勢神宮――出口延佳《でぐちのぶよし》、本居宣長《もとおりのりなが》を中心に――」と劉琳琳氏の「御蔭参《おかげまい》りにおけるお札降り現象――近世庶民の伊勢信仰の一側面――」である。

斎藤氏は出口延佳および本居宣長の著述にみる神宮およびその祭神をめぐる言説の変遷に着目し、変貌していく伊勢神宮の近世像の一端を示す。中世に新しく出来た神話――たとえば外宮の神がクニノトコタチおよびアメノミナカヌシと同体だとする説は近世的な展開をみせた。外宮神職の延佳は、たとえばあらゆる人間の心にアメノミナカヌシの「分身ノ神」が宿ると説き、人間は神なるものを宿す存在だと解釈する。江戸中期の国学者宣長は伊勢神話を新たな方向へと導いていく。それは特にアマテラスの位置づけに見受けられる。斎藤氏が示すように、宣長が『古事記伝』等で語る「天照大御神」は、古代神話のアマテラスではなく、西洋天文学を媒介として作り出された太陽神アマテラスなのであった。

劉琳琳氏は、江戸時代に見られるまったく新しい宗教現象をとりあげる。周期的に発生する大規模な集団的伊勢神宮参拝である御蔭参りや、その引き金となったお守りなどが空から降ってくるお札降りがそれだ。御蔭参りやお札降りという実に不思議な現象が起こるメカニズムには諸説あるが、劉氏が紹介した事例は極めて興味深い。たとえば蘭学者の平賀源内は、凧にお札をつけて高い山に登り「凧に任せて」村にまき散らしたことを告白しているが、それをみた村中の人びとは「神のみしわざ」だと信じ、伊勢へと出かけたという。お札降りにともなうさまざまな実践は中世では考えられないダイナミックな庶民的現象であると劉氏は結論づける。

■伊勢神宮が歩んだ近現代史

さて近世から近代への転換期を扱うのは、河野訓氏の「伊勢における神仏分離」である。伊勢の多くの転換期を辿る上では明治維新は特に重要だと思われる。それはひとつには明治天皇が維新直後に伊勢を参拝したからに他ならない。天皇による史上初の伊勢参拝であって、天皇と神宮の間のこれまでにない新しい関係の始まりとなる。伊勢神宮はこれ以後、近代国家におけるもっとも聖なる場へと変貌していく。天皇の参拝を契機に数多くの改革が伊勢で実施されたが、そのなかで河野氏が論じる神仏分離——つまり伊勢を神道的空間と成し、そこから仏教を取払う営み——の重要性はひときわ大きい。古代から存続してきた伊勢の仏教とのいわば公的関係は明治維新をもって幕を閉じた。伊勢で神仏を「分離」するというのは、寺院の破壊、堂塔の破却、僧侶の還俗そして神葬祭（＝神道的葬式）の導入をともなった。下中之地蔵《しもなかのじぞう》、常明寺《じょうみょうじ》門前町、妙見町《みょうけんまち》など仏教風の地名も改称され、伊勢（宇治と山田）はほぼ一夜のうちに仏教のないまちと化してしまった。

谷口裕信氏の「神苑会《しんえんかい》の活動と明治の宇治山田」は、河野氏と同じ空間論的なアプローチをとり、民間団体の神苑会が宇治と山田に施した抜本的な変貌について語る。外宮と内宮それぞれの隣接地の浄化、新しい神苑の設置の他、外宮と内宮のあいだの倉田山の開発や歴史博物館、農業館の建設、さらに外宮と内宮を倉田山経由で結ぶ道路などは、神苑会の大いなる遺産である。神苑会の営みは常に困難にみまわれた。隣接地の家屋を取り払う時の住民の抵抗、募金活動の低迷、事業の度重なる遅延や縮小などがあったが、今ある観光都市としての伊勢は神苑会の活動に負うところが大きいと谷口氏は結論づける。

明治から大正については、高木博志氏が「修学旅行と伊勢」で語る。考察の主な対象は、奈良女子高等師範学校が明治四四年（一九一一）に行った伊勢への修学旅行である。奈良女高師の生徒は将来、地方の高等女学校などの教壇に立ち修学旅行を引率するということもあって四年間に一〇回もの修学旅行を行ったが、伊勢の場合は身体の鍛練と現地の実地研修と参拝とが一体となって行われる旅となった。神苑会が作った神苑、農業館、徴古館などを生徒たちが回り、引率教員から指導を受け、感想文を書き残した。この伊勢への修学旅行は大正期に定着し、昭和期の国体明徴運動《こくたいめいちょううんどう》を受けて一層盛んになっていくが、生徒たちにとっては楽しい旅という要素が常にあったことを高木氏は指摘する。

田浦雅徳氏は「昭和四年式年遷宮と伊勢」で昭和四年（一九二九）の遷宮の歴史的特徴を浮き彫りにする。その特徴とは、遷宮が明確に国家的、国民的大行事として取り組まれたことである。田浦氏は衆議院議員が内閣に提出した超党派の質問主意書から説き起こし、式年遷宮がこれまでにない規模の祝賀イベントとして国家のもとで計画されていく過程を分析する。内地・外地の学校での奉拝式、参列員・特別奉拝者の幅広さなどはいずれも前例をみなかった。この前例のない遷宮を経験した伊勢の人びとが従来の「神都」意識に加え、伊勢を「聖地」とみなすようになる。そして昭和初年に大神都聖地計画を構想するようになる。その構想は国家事業として実現へと向かっていくのであった。

戦後の観点を提示するのはジョン・ブリーンの「戦後の伊勢――プリント・メディアにみる神宮と式年遷宮――」である。ブリーンはプリント・メディア、つまり全国紙や神社界が刊行した広報資料を分析の対象とする。メディアには社会的現実を形成する働きがあるため、戦後の伊勢の現実を知る重大な手がかりとなる。伊勢神宮をめぐるメディアは、二〇年ごとの式年遷宮を契機に活発になるが、広報資料のモチーフや全国紙の論調が二〇年ごとに移り変わっていくことを示す。伊勢神宮もメディアの言説の影響を受けながらも変容していく。変容する方向性は、非私有化あるいは公共化というべきもので、プリント・メディアがその原動力の一つとなったことを指摘する。

補論「浮遊する記号としての「伊勢」――日本史における伊勢神宮の多重性と神道の絶えざる再コード化

――」は、ファビオ・ランベッリ氏がこのように古代から戦後にかけて諸方面から常に影響を受け、常に変遷する／させられる伊勢神宮をはたしてどう理解したらよいのか、理論的（文化記号論的）に分析するものである。表題の浮遊する記号とは、それ自体意味はないが多重の象徴を表示するために何らかの意味を受け取る存在をいう。伊勢は、そのような存在で、時代状況などに左右され、意味づけられる形態の組み合わせだとする。しかし、時代によってはそうではない。ランベッリ氏は結論で、一定の意味を持つ、安定的な文化的単位として機能した時代もあったとして、伊勢から神道へ、神道から日本文化全体へと視野を広げていく。日本文化の美しさおよび強さは、まさに統一を拒否する多様性に満ちた、常にさまざまな可能性と代替性をはらむ領域にあると、大胆かつ挑発的にいう。

〔参考文献〕

Corrigan, John 2009 "Spatiality and religion," *In The Spatial Turn: Interdisciplinary perspectives*, ed Barney Wharf and Santa Arias. Routledge.

Rots, Aike 2013 *Forests of the Gods: Shinto, nature and sacred space in contemporary Japan*, University of Oslo.

Smith, Jonathon Z. 2004 "The topography of the sacred." In *Relating religion: essays in the study of religion*, University of Chicago Press.

Tweed, Thomas A. 2006 *Crossing and dwelling: a theory of religion*. Harvard University Press.

Ⅰ 古代

1 考古学からみた伊勢神宮の起源――ヤマト王権の伊勢支配――

山中 章

はじめに

天皇の祖先神としての天照大神《あまてらすおおみかみ》を伊勢の地（伊勢国度会《わたらい》郡）に祭るようになったのは、いつからなのだろうか。従来は主に文献史学の立場から、『日本書紀』の記載通りに最も古くみる垂仁《すいにん》朝説[1]（四世紀初め頃）から最も新しくみる文武《もんむ》朝説[2]（七世紀末）までさまざまな説が提示されてきた。一方、文献史料の数が少ない時期の歴史事象であるにも関わらず、考古学から検討したものは意外と少なかった。

八賀晋《はちがすすむ》氏は、五世紀末から六世紀初めにかけて、伊勢湾岸に同向式画紋帯神獣鏡《どうこうしきがもんたいしんじゅうきょう》が集中して分布することをもって、当該期にヤマト王権と「伊勢神宮」との関係を想定する〔八賀 一九九七〕。また、金子裕之《かねこひろゆき》氏は、坂本一号墳の頭椎大刀《かぶつちのたち》や伊勢神宮神宝の中にある金属製紡織具の存在から、六世紀初頭前後における伊勢と王権との関係を論じている〔金子 二〇〇四・二〇〇五〕。近年では、穂積裕昌《ほづみひろまさ》氏が、『伊勢神宮の考古学』において、内宮内出土祭祀遺物や高倉山古墳の展開過程を下に、積極的に雄略《ゆうりゃく》朝説（五世紀後半）を展開している〔穂積 二〇一三〕。

このような研究を基礎に、本章は新たに伊勢湾西岸地域でのミヤケの成立時期と構造に着目し、ヤマト王権が伊勢湾西岸を直轄支配する時期の検討を通して、「伊勢神宮」成立の時期を探ろうとするものである。

第一節　「伊勢神宮」前史

穂積裕昌氏は、「内宮」[3]域の神聖さを象徴する素材として、①滑石《かっせき》製勾玉《まがたま》や小玉類が「内宮」域から出土すること、②伊勢神宮正殿の建築様式が神明造《しんめいづくり》と称される「独立棟持柱《むなもちばしら》建物」である点をあげる。両資料は本当に伊勢神宮の成立と関係するのであろうか。以下、全国の考古資料と比較しながら検討してみよう。

（1）「内宮」域出土滑石製玉類

穂積氏は『神都名勝誌』四所載の荒祭宮《あらまつりのみや》北方出土滑石製品（図1）や東京国立博物館所蔵皇大神宮境内《けいだい》出土品、大場盤雄《おおばいわお》氏紹介の皇大神宮域内小松林発見の臼玉《うすだま》や勾玉を根拠に、「伊勢神宮」域が遅くとも五世紀初めには聖域であったとする。

滑石製玉類が祭祀に用いられていたことは近年の各地の発掘調査によって確認されており、これらが出土したとされる「内宮」荒祭宮北方域が五世紀初め頃まで当該地域の祭場として利用されていたことは間違いなかろう。だからといって、これらの遺物とそれを使った祭祀は決して「内宮」に固有のものではない。古墳時代前期から中期にかけて、列島全域に普及してい

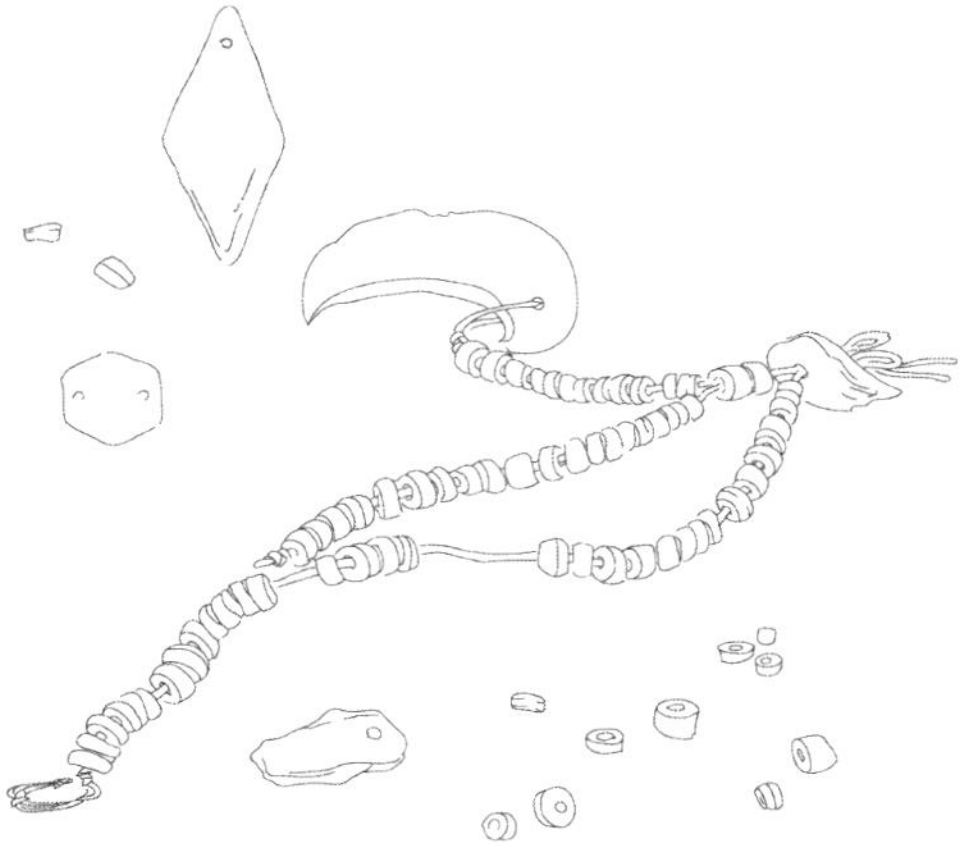

図1　『神都名勝誌』四に掲載された滑石製品
（「茶臼石之圖　木庭保久蔵」を再トレース）

た祭祀具の一種であり、祭祀行為であった(4)。滑石製玉類の出土は、のちに「内宮」となった地域が古墳時代に当該地域の人びとの祭場であったことを証明するに過ぎないのである。

このほか、「内宮」内で採集される土器もまた、後世の伊勢神宮での土師《はじ》質土器の大量使用と関連づけて指摘される場合がある。しかし、採集土器の大半は古墳時代に遡るものではなく、近世以降のものであり(5)、境内から土器が出土することと「内宮」域の成立とを直接結びつけることはできない。

(2)「独立棟持柱建物」は神殿か

伊勢神宮の正殿は神明造と称されている。考古学で類似の遺構に「独立棟持柱建物《どくりつむなもちばしらたてもの》」と呼称する建物遺構がある。図2のような棟通りの両外側に柱を配置する建物で、弥生時代の環濠集落《かんごうしゅうらく》内を中心にして検出され、高床倉庫だとするのが通説である。全国各地から検出例が報告されている。広瀬《ひろせ》和雄《かずお》氏は、これが一般的な高床倉庫とは機能を異にし、春から秋にかけて収穫を祈念するための「神殿」であり、収穫のなった秋には実際に穀物を納め、倉庫として本来の機能を発揮するという〔広瀬 二〇〇三〕。倉庫跡付近から鳥形木製品《とりがたもくせいひん》が出土する例があり、これを天空との往来の役割を果たす鳥と解釈することで、「神殿」との解釈を補う資料として注目する。

穂積氏を初めとして多くの研究者が独立棟持柱建物を神明造の祖型とみる。しかし、神明造との相違点も多い。

図2　伊勢神宮内宮の独立棟持柱建物「御稲御倉」(筆者撮影)

①神明造が三間×二間の切妻《きりづま》、平入《ひらいり》（出入り口が棟と平行な面にある）であるのに対し、独立棟持柱建物は一〇間×二間（池上曽根《いけがみそね》遺跡の例）等のように、桁行《けたゆき》の間数が多いのが特長である。

②独立棟持柱建物を描いた銅鐸絵画などによれば、出入り口は妻側にあった可能性が高く、平入の神明造（図2参照）とは異なる。

③独立棟持柱建物は弥生時代末から古墳時代初めの時期に伊勢湾西岸地域内でも津市や鈴鹿市など各所で発見されており、伊勢神宮固有の建築様式ではない。当該期に日本列島全体で用いられた建築様式であるに過ぎない。

④正殿建物が創建当初から神明造であったことを示す資料はなく、室町時代の絵図には独立棟持柱建物でない正殿が描かれている事例もあるという。(6)

⑤大社造とされる出雲大社の本殿は、現地での発掘調査の結果、一二世紀に描かれたとする『金輪御造営差図《かなわのごぞうえいさしず》』とほぼ一致しており、平安中期に編纂された『口遊《くちずさみ》』の記載などから平安時代の出雲大社の本殿が『金輪御造営差図』通りであることが判明している。それによれば建物はほぼ正方形で、南側の妻側に出入り口があり、これに一〇〇余メートルの階段が取り付いて、当時の高さが四八メートルであった東大寺大仏殿より高かったという。三世紀末の神殿跡とされる京都府向日《むこう》市の中海道《なかかいどう》遺跡の建物跡は方形の側柱《がわばしら》建物で妻側に階段が付くと推定されている〔梅本 一九九六〕。このように伊勢神宮の成立を最も古くみる垂仁朝説に近い時期の神殿の主流は独立棟持柱の神明造建物とは限らないのである。内宮正殿の現在の建物が弥生時代の神殿と「似ている」というだけで、伊勢神宮の成立に関連づけるのは早計である〔鈴鹿市考古博物館 二〇〇四、三重県埋蔵文化財センター 二〇〇〇〕。

第二節　ヤマト王権の伊勢湾西岸進出

四世紀以前の考古資料に直接伊勢神宮の創建と関係のある資料は確認できなかった。考古資料からみる限り伊勢湾西岸地域とヤマト王権との間に特に密接な関係は見いだせなかったのである。では、五世紀に入ると関係に変化が生じるのだろうか。文献史学・考古学ともに、既存の研究では、五世紀後半と推定される雄略朝を伊勢神宮成立の時期とする説が有力である。

（1）石山古墳から宝塚一号墳へ

ヤマト王権と地方豪族との関係を測るバロメーターが前方後円墳である。都出比呂志《つでひろし》氏や広瀬和雄氏は古墳時代前・中期を前方後円墳に象徴される社会だという〔都出 二〇一一、広瀬 二〇〇三〕。前方後円墳は日本列島独自の墓の形態であるだけではなく、ヤマト王権が認めて初めて築造できる墓だと指摘するのである。

弥生時代、日本列島は近畿地方、東海地方、山陽地方などのように、一定の範囲で墓の形態や構造が異なっていた。ところが、三世紀後半にヤマト東南部に巨大な前方後円墳が築かれると、近畿地方→瀬戸内海沿岸部→北東部九州というように急速に前方後円墳にとって代わられていった。

ヤマトから東へ、のちの東海道周辺で初めて築かれた前方後円墳が伊賀市の石山古墳であった。四世紀末に築造された三重県最古の一〇〇メートル以上ある大型の前方後円墳である。墳頂には円筒埴輪・朝顔形埴輪・盾形埴輪などで構成される埴輪区画が形成されている。特に後円部中央には盾形埴輪や靫《ゆぎ》形埴輪などで囲繞《いじょう》された方形の区画が設けられ、その中に多様な家形埴輪が配置され、当該期の伊賀の王の支配空間を明示した。遺体を納めた主体部からは三基の木棺《もっかん》が発見され、副葬品には石釧《いしくろ》、石製鍬形石、琴柱《ことじ》など石製模造品が大量に埋納された。

この直後に伊勢湾西岸沿いの松阪市に築造されたのが宝塚一号墳である。伊勢湾西岸地域において初めて築かれた全長一一一メートル、大型の前方後円墳である。囲形埴輪《かこいがたはにわ》や井戸形《いどがた》埴輪など出土埴輪は石山古墳と多くの共通点を持つが、唯一の相違点が船形埴輪（図3）の設置である。外洋船の特長を有し、デッキには王権のシンボルである大刀・蓋《きぬがさ》・玉杖《ぎょくじょう》を掲げていた。伊勢湾以東の地域に大王の存在を誇示するための形代《かたしろ》ではなかろうか。

宝塚一号墳がヤマト王権との深い繋がりの中で築造されたことはほぼ疑いないであろう。五世紀初め、王権はようやく伊勢湾西岸に影響力を発揮し始めるのである。その古墳の最も個性的な資料が船形埴輪である。

（2）神島への同向式画紋帯神獣鏡の奉納

次いで注目される資料が、古墳や孤島に奉納された鏡である。

八賀晋氏は、同向式画紋帯神獣鏡の分布に刮目《かつもく》した。五世紀後半に鋳造された同向式画紋帯神獣鏡二四面のうち、伊勢湾岸からは七面が出土している。一面は伊勢湾の入り口部に浮かぶ神島の八代《やつしろ》神社が保管するものである。神社には他に四神二獣鏡や頭椎大刀（二点）、ミニチュアの金銅製紡織具（カセイとタタリ）が保管されている。また、頭椎大刀が出土した坂本一号墳に近い明和町上村《めいわまちうえむら》の神前山《かんざきやま》古墳からは三面、のちの東海道を見おろす丘に築かれた亀山市井田川茶臼山《いだがわちゃうすやま》古墳から二面出土している（図4）。

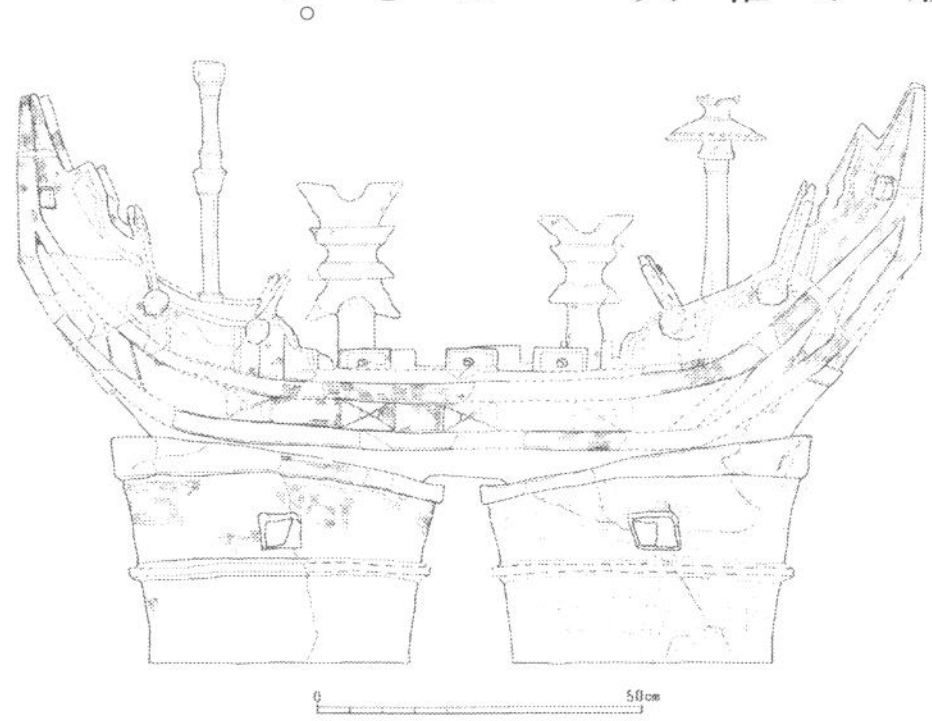

図3　宝塚一号墳出土の船形埴輪
（〔松阪市教育委員会2005〕より）

図4　井田川茶臼山古墳出土の同向式画紋帯神獣鏡
（三重県埋蔵文化財センター提供）

神島のものがいつ奉納されたかは不明であるが、五世紀後半から六世紀前半の同向式画紋帯神獣鏡や、七世紀中頃から後半の頭椎大刀など、時期や種類の異なるものが保管されている点から、神島への目的を持った奉納とする見解が有力である。その目的を理解するのに参考になるのが玄界灘《げんかいなだ》に浮かぶ沖ノ島の祭祀遺跡群である。沖ノ島の祭祀は四期に分けて場所や奉納品を変えて行われたという。四世紀後半～五世紀に営まれた初期の岩上《がんじょう》祭祀には銅鏡や鉄製の刀剣などが用いられ、五世紀後半～七世紀の岩陰《いわかげ》祭祀では金製指輪など朝鮮半島からもたらされた品が多く見られ、七世紀後半～八世紀前半の、半岩陰《はんいわかげ》・半露天《はんろてん》祭祀では中国製の金銅製龍頭《こんどうせいりゅうとう》や唐三彩《とうさんさい》が使用され、八世紀～九世紀末の露天祭祀では緑釉《りょくゆう》陶器などが使用された。神島ではもともと浜辺で発見されたものが現在は神社に奉納されているといわれているが、厳密な発見場所は定かではない。しかし、鏡や大刀、金銅製品など時期の異なる多様な品々が認められる点は、その立地と合わせて、航海の安全を祈願した奉納品であった可能性は十分考えられる。五～八世紀にかけて、伊勢湾岸においてもまた、ヤマト王権による航海の安全祈願のために孤島での祭祀が行われていたのであろう。

　金子裕之氏はミニチュアの紡織具が伊勢神宮神宝にあることから神島のこれもまた神宮との関係を示すものとする。しかし、型式的には神島のものが古く、神宮のものが新しいとされ、仮に型式通りの時期に神島に奉納されたとすると、伊勢神宮の方が後にこうした祭祀具を神宮祭祀の中に取り込んだことになる。ヤマト王権は、沖ノ島同様、神島に海上交通の安全を祈願したと推測できる。同向式画紋帯神獣鏡が伊勢湾岸や内陸部でものちの幹線道に接して配布されたのにも交通路の確保という共通の目的があったからではなかろうか。ただしここでも伊勢神宮との関係をうかがわせるものは認められない。

（３）久居古窯址群の開窯と高ノ御前遺跡の設置

ヤマト王権が着目したのは伊勢湾を核とした海上交通だけではなかった。五世紀末に伊勢湾岸が王権との関係を深めたことを証する遺跡に津市久居古窯址群《ひさいこようしぐん》がある。須恵器ＴＫ四七型式（稲荷山鉄剣と一緒に出土したＴＫ二三型式の後続型式）を生産した施設で、伊勢湾西岸部で初めて須恵器を生産した窯であった。当窯で生産された須恵器は、宮川河口部の高ノ御前《たかのごぜん》遺跡へいち早く運ばれている。高ノ御前遺跡は伊勢湾西岸南部の港であった。遺跡からは関東系の土師器が出土しており、海を通じて両地域は深く繋がりあっていた。

五世紀になると外洋航海も可能な船舶と航海技術が確保され、同向式画紋帯神獣鏡を用いた新たな祭祀が開始され、耐久性に優れた食器や容器の生産が始まる。新たな文化や技術を携えて、ヤマト王権は本格的に東へと舳《へ》先《さき》を向ける。久居古窯の開窯《かいよう》もまた、海を通じた東国との交流・交易に目的があったのである。

第三節　海上交通から内陸支配へ

六世紀に入ると伊賀盆地南端に琴平山《ことひらやま》古墳、伊勢湾西岸北部に井田川茶臼山古墳、南部に丁塚《ちょうづか》古墳という横穴式石室を主体部とする新しい埋葬型式が導入される。伊勢湾西岸南部地域に最初に築造されたのが宮川下流域の丁塚古墳であった（図５）。

（１）水陸交通の結節点

丁塚古墳は、高ノ御前遺跡から宮川中流域へと遡った地点に築かれた。のちには古代東海道志摩《しま》支路が整備され、志摩国へと向かう直線路が付近を通過していた。一角に倭姫《やまとひめ》による天照大神奉祭のための「行幸」の地と伝える磯神社《いそじんじゃ》（図６）が鎮座するのは偶然であろうか。その後も宮川渡河点における物資集積の拠点とされ、七・

八世紀には殿垣外《とのがいと》遺跡（図７）、九世紀には小御堂前《こみどうまえ》遺跡が維持され、対岸にも高向《たかむこ》遺跡が置かれ、宮川流域における水陸交通の結節点としての機能を果たし、宇治山田の地に設けられたとされる度会駅家《わたらいのうまや》へと都からの情報を伝える重要拠点となるのであった。

宮川河口部は、六世紀まで、東方への拠点港であったが、七世紀以後、内陸部への情報中継点へと変化する。海から川へ、川から陸へ王権の支配域が次第に拡大するさまを遺跡は表している。

（２）　高倉山古墳の成立

宇治山田の地を見下ろす高倉山の頂に築造されたのが高倉山古墳である。墳丘の直径四〇メートル、横穴式石室を主体部とする六世紀後半の円墳である。横穴式石室（図８）の全長は一八・五メートル、高さ四・一メート

図５　丁塚古墳（筆者撮影）

図６　磯神社（同上）

図７　水陸交通の拠点・殿垣外遺跡（前方水田の先が宮川）（同上）

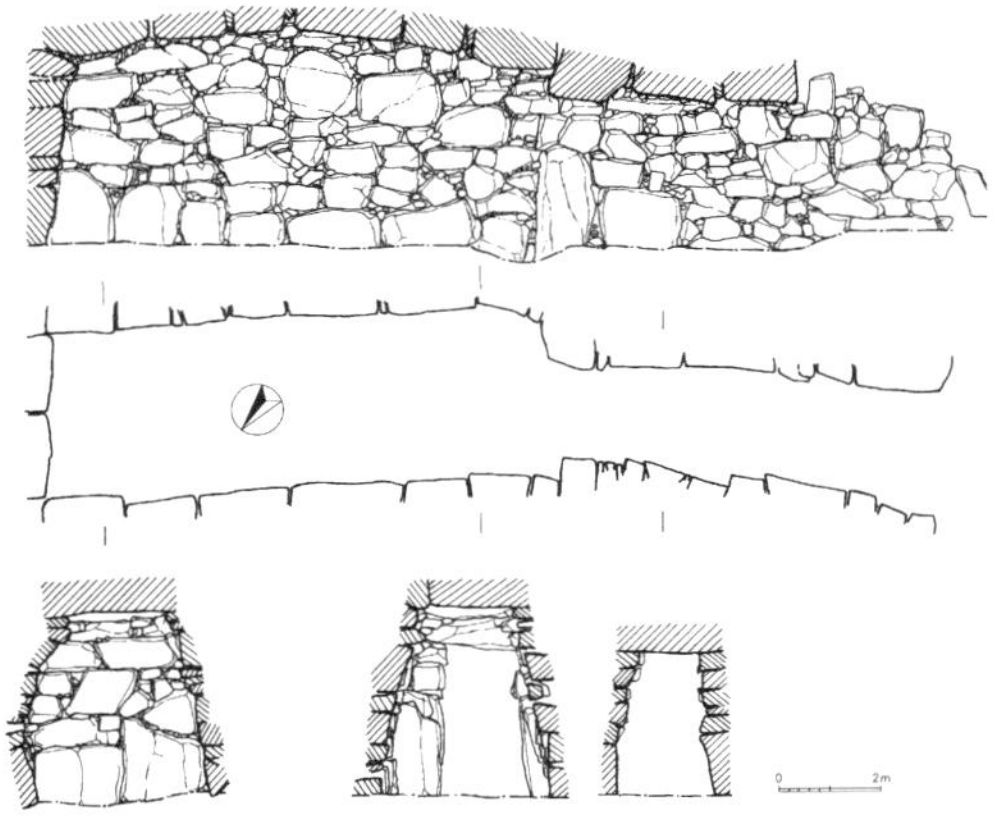

図8　高倉山古墳の石室（〔三重県2005〕より）

ルあり、東海地方最大である。石室は盗掘を受けており、副葬品はわずかしか知られていないが、飾り馬に用いる馬具、被葬者が付けていた金環や小玉などの装身具、直刀、馬具、三輪玉、捩《ねじ》り金環等を出土している。特に三輪玉は玉纏大刀《たままきのたち》との関係が指摘される特殊品である。

高倉山古墳の石室はその後の玉城丘陵の古墳のモデルとなり、広く多気《たき》郡一帯に展開するという。当該規模の古墳を在地豪族クラスが築造したとは考え難く、被葬者はヤマト王権と深く繋がった人物と推定されている。

高倉山古墳の築造をもって「伊勢神宮」周辺の地は一挙にヤマト王権との関係性を深めたのである。

（3）　五十鈴川下流域の変化

一方、五十鈴川下流域には六世紀後半に入ると、遠江《とおとうみ》地域で多用される横穴式木室墓という特異な墳墓型式を持つ南山《みなみやま》古墳が出現する。五十鈴川流域でも、六世紀には伊勢湾から新たな文化が入ってきたのである。五十鈴川流域では、引き続き七世紀前半に営まれた横穴式木室墓を主体部となす昼河《ひるご》古墳群が築造される。昼河古墳群では木で造られた墓室に火を付けて焼失させる「火化《かか》」という遠江地方で実施されていた特異な葬法が採用されている。宮川、五十鈴川両流域の文化の変化が海側からもたらされていることに刮目すべきであろう。「火化」に火葬を葬法とする仏教の影響をみるならば、五十鈴川中・下流域では七世紀に入ってもまだ「伊勢神宮」の痕跡すら認めることができないのである。

第四節　ミヤケの設置と伊勢湾西岸地域

ヤマト王権が宮川・五十鈴川中流域に関心を示し、高倉山古墳を築造して以後、伊勢湾西岸地域に大きな変化が生じる。ミヤケの設置である。

(1)　大鹿ミヤケの設置

六世紀後半から七世紀初めにかけて、ヤマト王権は地方支配の方法をダイナミックに転換する。地方を直接支配するための拠点としてミヤケを設置する。ある地域では交通の要所に、ある地域では在地支配の弱い地点に拠点を置き、施設や土地の管理者を任命し維持に当たらせた〔舘野　一九七八〕。ミヤケの管理者にはヤマト王権から認定の証となる物品が配布された。伊賀・伊勢の交通の拠点には脚付短頸壺《きゃくつきたんけいご》と呼ばれる特異な須恵器が配布された〔山中　二〇〇二a〕。

脚付短頸壺は河曲《かわわ》郡の東端、金沢《かなさし》川の河口部の小さな独立丘陵の上に設けられた岸岡山古窯で生産された。配布の拠点となった港が岸岡山の麓、金沢川の潟《かた》に設けられた天王《てんのう》遺跡であった。脚付短頸壺は、東は参河国宝飯《ほい》郡、西は大和国宇陀《うだ》郡、北は伊勢国員弁《いなべ》郡、南は伊勢国度会郡にまで分布が確認できる。一地方豪族では交易しきれない広範な地域への分布である。その分布域を図上に落とすと内陸部では七～八世紀に「官道」として利用された交通路上に展開し、海浜部では、伊勢湾岸に河口部を持つ潟や島嶼《とうしょ》部、半島の先端部などに位置する（図9）。舘野和己《たてのかずみ》氏が指摘する典型的な「B型ミヤケ」である〔舘野　一九七八〕。

六世紀末から七世紀初めにかけて、伊勢湾西岸地域の内陸交通は一体的に管理が可能となり、これらは水上交

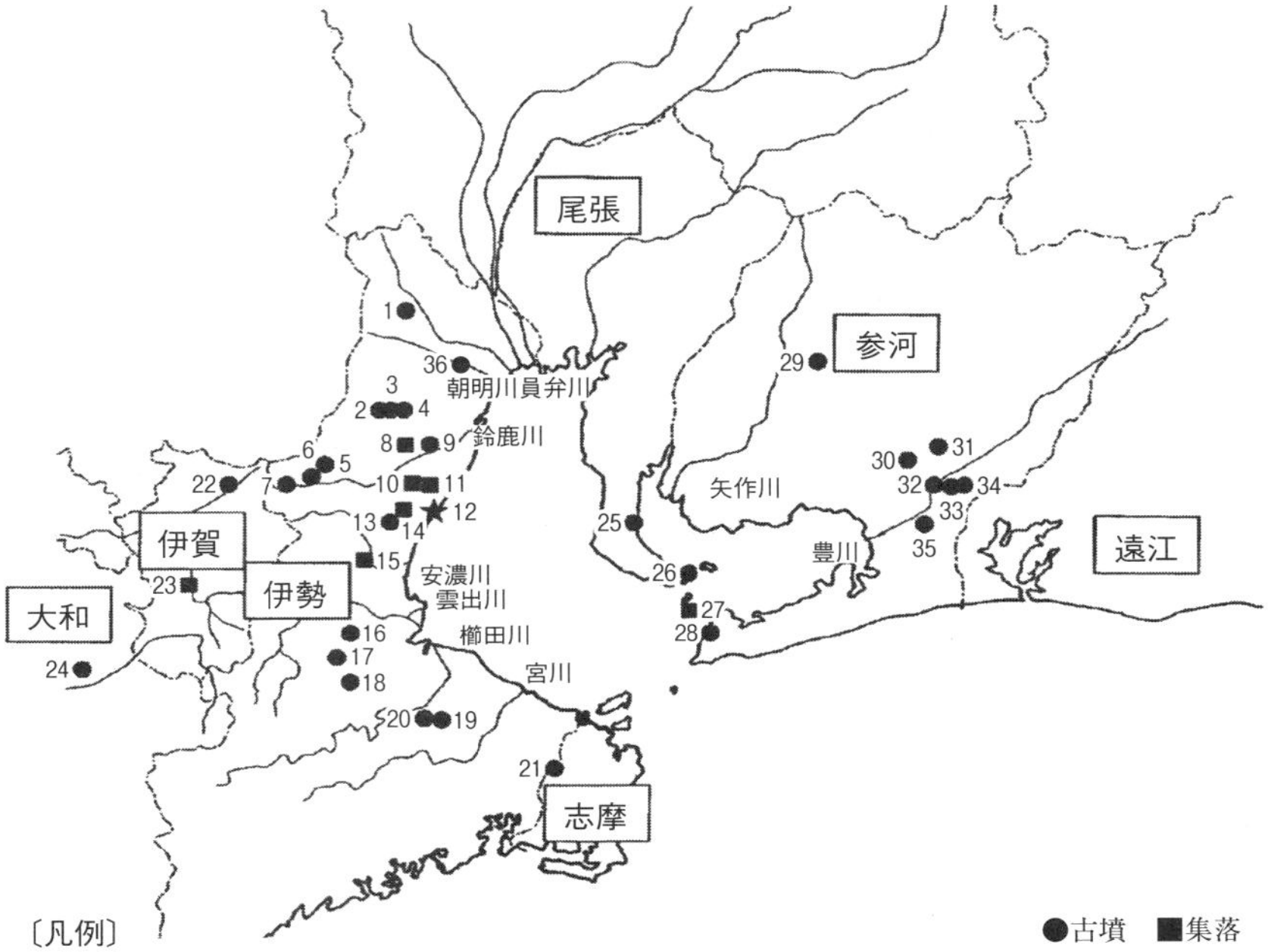

〔凡例〕　●古墳　■集落

1	宇賀新田古墳群	10	八重垣神社遺跡	19	戸峯2号墳	28	藤原2号墳
2	青木川2号墳	11	天王遺跡	20	河田A-3号墳	29	天神山第3号墳
3	和田ヶ平2号墳	12	岸岡山古窯	21	丸山古墳群	30	上野5号墳
4	平野古墳	13	岸岡山古墳群	22	奥弁天4号墳	31	舟山2号墳
5	正知浦2号墳	14	愛宕2号墳	23	浮田遺跡	32	寺西1号墳
6	太岡寺古墳群	15	森山東遺跡	24	石田1号墳	33	北長尾3号墳
7	関台古墳	16	小野1号墳	25	山崎古墳	34	下振1号墳
8	狐塚遺跡	17	垣内田6号墳	26	北地第5号墳	35	稲荷山4号墳
9	高岡山古墳群	18	大分山10号墳	27	神明社貝塚	36	久留倍遺跡

図9　脚付短頸壺の分布とミヤケ

通でもって伊勢湾を越えて参河地域にまで及んでいた。その中核となったミヤケこそ、河曲《かわわ》郡に本拠を置く大鹿《おおが》氏を管理者とする大鹿ミヤケであった。

（2）伊勢湾西岸南部のミヤケ

七世紀の伊勢湾西岸南部「度会郡」「多気郡」「飯野郡」地域とヤマト王権との関係についてはこれまでその実態が十分に把握できていなかった。ところが脚付短頸壺の出土が「多気郡」域の河田A‐一号墳、「度会郡」域の丸山一号墳で確認され、当該域がようやくこの時期に王権の直轄地と化したことが実証された。

ところでこの地は、壬申《じんしん》の乱後の六七三年、天武天皇によって高市《たけち》大寺（のちの大安寺）に墾田地八〇町が施入された飯野郡中村野に隣接し、七世紀後半以降に斎宮《いつきのみや》の置かれた場所でもある。ヤマト王権が七世紀後半以前に飯野《いいの》郡東部から多気郡一帯の面的な空間を王権の直轄地（A型ミヤケ）として管理していたからこそ可能な行為だったのではなかろうか。

さて、頭椎大刀は、神島の八代神社にも所蔵されている。これが坂本一号墳と同じ時期に奉納されたとすると、その奉納の意味を検討しなければならない。すでに確認したように、神島は五世紀後半にはヤマト王権の東国進出時の安全祈願の島として利用されていた。頭椎大刀の奉納は、七世紀に入っても依然として神島が同様の機能を持つ島として重要な位置づけを付与されていたことを表している。あるいは、内陸部でのミヤケのように、伊勢湾西岸南部から志摩地域にいたる広範囲な「海洋権」を確保したことを象徴する威信財《いしんざい》として奉納されたのかも知れない。

第五節　壬申の乱と伊勢湾西岸

七世紀前半に確立した支配地をヤマト王権が「祖先神・天照大神」の鎮座する土地とするにはもう一工夫必要であった。

（1）　迹太川での天照大神望拝

『日本書紀』天武元年六月二六日条は「旦於朝明郡迹太川邊望拝天照太神」と、大海人皇子《おおあまのおうじ》が戦勝を祈願するために朝明郡の迹太川《とおがわ》の辺で天照大神を望拝したとする。王権と伊勢神宮とが直接的関係を有したことを示す初めての史料である。記事によれば、大海人皇子はすでに伊勢湾西岸南部の地に天照大神が鎮座し、戦勝祈願するに値する神であることを認識していたことになる。壬申の乱はその一か月後に大海人皇子の勝利でもって収束する。

ついで、『日本書紀』天武天皇二年（六七三）夏四月条は、「欲遣侍大來皇女于天照大神宮。而令居泊瀬齋宮。是先潔身。稍近神之所也」と、大来皇女《おおくのひめみこ》を天照大神宮に遣わし、泊瀬《はつせ》に斎宮《いつきのみや》を設置して神に仕えるために潔斎させたという。「伊勢神宮」はまだ「天照大神宮」であり、名称すら確立していなかった。ところが同三年一〇月条では「大來皇女自泊瀬齋宮向伊勢神宮」とあり、潔斎の済んだ大来皇女を伊勢神宮に派遣するというのである。この一年余で制度が整えられ、名称も「伊勢神宮」に固定される。大来皇女の派遣をもって斎王《さいおう》制度の確立とするのが定説である。斎宮こそ、「王権の祖先神化」を文献史料からも、考古資料からも実証しうる遺跡なのである。

ついで持統《じとう》朝に式年遷宮が開始されたとされる。当該期こそ、伊勢神宮と王権祭祀とが一体化する時期なのである。

（2） 考古資料からみた斎宮跡と伊勢神宮

斎宮跡の考古資料によって伊勢神宮の成立を直接裏付けることのできる資料は少ないが、伊勢神宮祭祀を具体化させる斎宮の施設が、早ければ七世紀後半には機能していたことを裏付けるのが史跡指定地西部から出土する土器などの考古資料である。王権が伊勢神宮祭祀を斎王制度の整備と並行して進めていたとするなら、斎宮跡でのわずかではあるが関連する資料の検出は、既述のミヤケの形成と合わせて、七世紀後半に伊勢神宮祭祀が確立したとする私見に大きな援軍となろう。

おわりに

以上、考古学から伊勢神宮が王権の祖先神を祀《まつ》って現在の地に鎮座するのを七世紀後半の天武朝と考えた。最後に論点を整理してまとめとしたい。

①四世紀（「垂仁朝」）に関係する考古資料は皆無であり、考古資料による限り、垂仁朝説は成り立ち得ない。

②五世紀前半から後半の考古資料は、王権と深く関わるが、神島や宝塚一号墳の資料は伊勢湾から外洋へと向かう海上交通に関係するものが主であった。

③六世紀前半には、宮川中流域に丁塚古墳が築造され、ヤマト王権の関心が内陸側にも向け始められる。後半の高倉山古墳の築造は宇治山田地域に王権が進出したことを示す決定的な証拠である。

④六世紀終末には伊勢湾西岸北・中部同様、南部にミヤケの設置が確認でき、七世紀前半には伊勢湾岸の水陸を結ぶミヤケのネットワークが完成した。

⑤こうした歴史的背景の中で勃発したのが壬申の乱であった。開始時における天照大神への戦勝祈願が、勝利の形で成就すると、乱後の秩序形成の中で、皇祖神化が図られた。

⑥さまざまな制約の下、考古学的な調査・研究のできない伊勢神宮域に対し、大来皇女に始まる斎王制度は、その検証を可能とし、頭書の課題に迫ることのできる貴重な資料である。持統朝に「式年遷宮」が制度化され、伊勢神宮は確固たる地位を確立するが、その制度化が天武の跡を襲った持統朝に行われる点も伊勢神宮制度化の時期を示して余りある。

（1）『日本書紀』垂仁天皇二五年三月一〇日条によれば、「天照大神鎮座の地設定を命ぜられた倭姫命は、大和國菟田の地や近江國、美濃國を探し求めたあげく、神風伊勢國をその地とした」という。この記事を根拠におよそ四世紀初め頃に推定される垂仁朝に成立したとする説である。

（2）『続日本紀』文武二年（六九八）一二月二九日条によれば、「多氣大神宮を度會郡に遷す」と、短く記す。この記事を根拠に文武朝まで「伊勢神宮」は多気郡に置かれたとする説である。

（3）内宮が今日の位置に置かれるのがどんなに早くみても七世紀中頃以降と考える本稿では、それ以前の現内宮域を「伊勢神宮」や「内宮」と「　」を付して区別して表記することにする。

（4）たとえば岐阜県大垣市に所在する四世紀後半の前方後円墳である昼飯大塚古墳の後円部墳頂部では、滑石製玉類を中心とした多様な玉類を用いた墳頂祭祀の跡が発見されている（大垣市教育委員会『史跡昼飯大塚古墳』二〇〇三年）。

（5）三重大学考古学研究室でも、複数回、内宮境内にて土器の採集を試みたが、いずれも近世以降の土師器であった。いずれにしろ表面採集された遺物でもってその遺跡の年代を決定するのは邪道である。式年遷宮をはじめ、伊勢神宮境内ではたびたび建造物の建設が行われている。これらの建設に際し、文化財保護法に基づいて事前に発掘調査すれば境内の成立年代、年代ごとの機能など頭初の課題を解決する糸口が見つかることはいうまでもない。

（6）二〇一三年七月二六・二七日に開催された国際日本文化研究センターのシンポジウムにおける西山克氏の報告による（本書第8章）。

〔参考文献〕

梅本康広 一九九六「京都府向日市中海道遺跡」（『祭祀考古』五、祭祀考古学会）
岡田登 一九九五「伊勢大鹿氏について(上・下)」（『皇學館大学史料編纂所、史料一三五・一三六号』）
金子裕之 二〇〇四「三重県鳥羽八代神社の神宝」（『奈良文化財研究所紀要』）
金子裕之 二〇〇五「三重県鳥羽八代神社の神宝二」（『奈良文化財研究所紀要』）
清水みき 一九八三「湯舟坂2号墳出土環頭大刀の文献的考察」（久美浜町教育委員会『湯舟坂2号墳』）
鈴鹿市考古博物館 二〇〇四『現地説明会資料 天王遺跡一三次調査』
鈴鹿市考古博物館 二〇一〇『鈴鹿市中流域河曲低地遺跡群十宮古里遺跡発掘調査報告（旧神戸中学校遺跡）』
舘野和己 一九七八「屯倉制の成立」（『日本史研究』第一九〇号）
都出比呂志 二〇〇五『前方後円墳と社会』（塙書房）
都出比呂志 二〇一一『古代国家はいつ成立したか』（岩波新書）
八賀晋 一九九七「伊勢湾沿岸における画文帯神獣鏡」（『三重県史研究』第一三号）
広瀬和雄 二〇〇三『前方後円墳国家』（角川書店）
穂積裕昌 二〇一三『伊勢神宮の考古学』（雄山閣）
松阪市教育委員会 一九八八『山添二号墳』
松阪市教育委員会 二〇〇五『史跡宝塚古墳』
三重県 二〇〇五『三重県史資料編考古一』
三重県 二〇〇八『三重県史資料編考古二』
三重県埋蔵文化財センター 二〇〇〇『長遺跡発掘調査報告』
山中章 二〇〇二a「伊勢国北部における大安寺墾田地成立の背景」（三重大学歴史研究会『ふびと』第五四号）
山中章 二〇〇二b「伊勢国飯野郡中村野大安寺領と東寺大国庄」（三重大学考古学・歴史研究室『三重大史学』第二号）
山中章 二〇〇三「律令国家形成前段階研究の一視点——部民制の成立と参河湾三島の海部——」（広瀬和雄・小路田泰直編『弥生時代千年の問い——古代観の大転換——』ゆまに書房）

山中章　二〇〇四「伊勢国一志郡の形成過程」（藤田達生編『伊勢国司北畠氏の研究』吉川弘文館）
山中章　二〇〇八「律令国家と海部——海浜部小国・人給制にみる日本古代律令支配の特質——」（広瀬和雄・仁藤敦史編『支配の古代史』青木書店）

2 伊勢に見え隠れする仏教 七六六〜七八〇

ヘルマン・オームス

はじめに

天武《てんむ》、持統《じとう》両天皇（六七三〜六九七）によって七世紀末に整備された律令国家は、公式に儀礼国家として出現した。国家の象徴的な土台としてこれを支えていたのが朝廷の祭祀暦であり、皇統の聖なる始祖である天照大神《あまてらすおおみかみ》のための伊勢神宮であった。天武天皇はその治世の始まりに当たり、持統天皇の姉との間にできた娘である大来《おおくの》皇女《ひめみこ》を斎王《さいおう》、「聖別された姫（文字通り、「斎（禁欲）である皇族」）」として伊勢神宮に送り込んだ。斎王は天皇の近親で、処女であり、清くある必要があった。

同時に天武天皇、持統天皇は、藤原氏と中臣氏の二つの氏族を、それぞれ政治と宗教の分野における高位につけることで、政治的権威と儀礼を司る者による精神的権威との分離を企図した。すなわち、藤原氏（鎌足の息子不比等の子孫）は律令の専門知識を提供するとともに朝廷における政治家としてのキャリアを担い、中臣氏（鎌足の甥意美麻呂《おみまろ》の子孫）は朝廷における儀礼制定の責任を負うこととなったのである。言い換えれば、朝廷に仕えるこれら二つの氏族の役割は、別れてはいても家系的には繋がっていたのである。またいうまでもなく、政治、儀礼の両分野とも特定の氏族が重要な役職に就き、強大な権力と威光を誇った。氏族は国家の重要な政治社会的要素だったのである。

七三〇年代までに仏教は新たな儀礼や象徴を提供し始めた。仏教が公的な場に用いられることは仏教組織一般、とりわけ特定の氏族にとっての権力と威光の源となり得た。奈良時代初期、神宮寺は文字どおり神宮と寺が同じ境界内に建てられ、神と仏を崇める儀礼用聖地が併存し、そして一体化していった。このように神仏が融合した神宮寺が建てられたのは、和銅《わどう》八年（七一五）に藤原武智麻呂《ふじわらむちまろ》によるものが初めてと考えられており、その後数十年の間に他にも建立された。

天平神護《てんぴょうじんご》二年（七六六）、仏像が伊勢神宮に設置され、逢鹿瀬寺《おうかせでら》がその神宮寺として指定された。その後の一四年間、仏教と伊勢神宮の間の繋がりは維持され、そして解消された。本章では、伊勢神宮の歴史上、ほとんど語られていないこうした繋がりを、その発展と終局、および背景を追うことにより、明らかにしたい。

中臣氏が仏教の侵食に直面した、国家儀礼の中心におけるこの対立は、単なる儀礼の支配権を巡る戦いではなかった。その背後には、数多くの実質的利害を左右するような、統治権の根拠であるイデオロギーや系統を巡る政治的問題が生じていたのである。政治はもはや宗教とかけ離れた存在ではなくなりつつあった。

第一節　イデオロギーの柔軟性

私は研究者としてのキャリアの大半を統治のイデオロギーに関する研究に費やしてきた。なかでも徳川幕府初期と、近年は主に古代日本における統治の政治的象徴主義に関心を持っている[1]。徳川初期の政治的思想と古代天皇制イデオロギーはいずれも単一のモノローグ的な言説ではなかった。時代を経て変化していったものの、これらの形成過程においてさまざまな組み合わせが作られ、後づけで継続性が主張された。さて、政治的イデオロギーは単に「儒教」あるいは「神道」の枠組にはとどまらなかった。徳川幕府と古代朝廷は構造的に、イデオロギーが多元的な様相を示している点で共通している。統治者は単一の「教義伝統」にみずからを拘束することはなかった。加えて、いずれの場合も民衆に対しては、言説（儒教、神道）よりも劇場的儀礼（参勤交代の大名行列や祈年祭など）を通じてより効果的に訴えかけていた。

明治以前の日本において、統治者のイデオロギー上の要請は、概念上であれ儀礼上であれ、排他的な一元的象徴主義で満たされることはなかった。象徴を具現する媒体は永続的に固定されることはなく、代替可能であった。すなわち、統治者たちは神道、仏教、儒教などさまざまに分散した象徴を利用してその正統性を確保したのである。象徴の代替性が排他性により失われ、国家神道がイデオロギー上で独占的な地位を得て、何世紀にもわたる神道、仏教、朝廷および国家の関係が断たれたのは明治以降のできごとに過ぎない。我々は明治を通して過去を眺めてきたため、神道を皇室の唯一のイデオロギーと見なしがちである。しかしながら、近代以前の日本においては、純粋な単一イデオロギーを固持しようというこだわりは我々が思い込んでいるほどには強くなかった。象徴を構成する概念は穴だらけで、可変的ですらあったのである。だが、七七〇年代は例外として特筆に値する。

ここで用いた、[代替的]、[穴だらけ]、[可変的] といった言葉は、あまりにも長い間、単一で排他的また永続的なものと見なされてきた政治的宗教的変遷の流動性をとらえようとする試みである。このようなダイナミズムを生み出したのは統治者や儀礼執行者の特定の利害であり、それらは必ずしも一貫しているとはいえなかった。

第二節　象徴主義の様相

(1) 言説と儀礼

宗教あるいは政治的宗教の意味や象徴に属する範囲は広い。散文や「教え」、そして語り、視覚芸術（ビジュアルアート）、建築、衣装、生活スタイル。また、儀礼慣行、これにはもちろん舞踊、音楽、劇、呪術などの劇場的パフォーマンスが含まれる。

物語であろうと哲学的言説であろうと、それらは我々が道理と呼ぶ論理としての合理性に訴えかけるものであり、知性に働きかけ、知性の合意を求める。しかしながら、言説は感情的で共感に溢れた反応を導くための象徴的具象と組み合わせなければ、成功しない。統治者とその配下の専門家たちは宗教的な面を打ち出すことにより、人びとが畏敬の念を覚え、権力に服従することを本能的に知っている。正当化行為は必然的に象徴的価値の操作をともなうが、それは儀礼を通して劇場的、神秘的に行われる。象徴的相関関係を梃《てこ》に、統治者と宗教指導者は観客たる支持者に対し、自分たちの舞台におけるイメージと地位を統合するのである。

統治者たちは正統性にはそれほどこだわらないが、イデオロギー的メッセージの重複は歓迎する。彼らはある面では「信仰」よりも弱く、また一方では強いものを求める。すなわち、権力に対する挑戦者からの保身という面では「信仰」より弱くても十分なのである。しかしながら、みずからを承服と敬意を引き出すオーラを持つ存在にまで高めるには、強い力を必要とする。統治者はその権威を臣民が体感することを求める。儀礼は彼らの権力を劇場的に表現し、その結果、超越的な意味で真実へと高め、変容させる。究極的に政治的手腕（statecraft）は、劇場的演出の術（stagecraft）に依存しているということである。

（2） 統治者と儀礼執行者

そこでは宗教と権力は密接に結びついている。マックス・ウェーバーの名言通り、むき出しの権力は何らかの方法により正当化されなければ永続はできない。エミール・デュルケームは「神聖」を社会において欠く事のできないもうひとつの権力であると特定した。フランスの歴史学者であるギルバート・ダグロンは、ビザンチン帝国についての著書の中で次のような簡潔な定義を示している。〈宗教の是認のない権力は正統性のない権力である〉〔Dagron 1996: 17, 20〕。国家権力を神聖な演出や慣行で包み込むためには、祭司、僧、教義学者、儀礼執行者、魔術師、占術師、錬金術師などさまざまな担当官が必要になる。劇場空間を設けパフォーマンスを行い、またそれを適応させ、変化させたいと熱望するこれら多くの人間が競合しながら立ち回るのである。

多くの超自然的慣習の実践者は、祈り、呪い、予想、守りや癒しのための数々の技能を持っているが、多くの場合その技能は競争相手のそれをまねたものである。ジャック・ラカンが述べているように、「万人が共有する象徴主義に盗用は存在しえない」。このように開かれた実践者たちの関係やその慣行は所属や派生を曖昧にする〔Borch-Jacobsen 1991: 2〕。彼らが実践するのは神道なのか、陰陽道か、道教あるいは仏教なのか?

精神世界に仕える者も、統治者や貴族たちも、それぞれが代表するイデオロギーが広く流布することにより利益を得ていた、ということが重要になる。各自が持つ統治手段をブランドとして確立することで地位が上がり対価も上昇するが、逆に失うものも大きい。このようなダイナミズムの事例を天武天皇の治世である六七〇年代から一一〇年後の称徳天皇の治世までの間からとりあげる。焦点をあてる主体は明瞭な時もあるが、多くの場合、陰の中にある。まるでナレーションが映る幕の背後にいる人形使いのようである。しかし、彼らはそこに存在しており、そのことこそ、ここで強調したいことなのである。ここでは二つの範疇の人間がかかわっている。一つは、知識人層で、教義の作成や修正(いわゆる劇のスクリプト)を行い儀礼(舞台、背景や「小道具」)を構成する者たちである。もう一つはそれを権威づける支配層(監督、プロデューサー)である。政治的手腕は実に劇場的演出に似通っている。

第三節　創世神話

(1)　起源が隠す始まり

『古事記』や『日本書紀』の作者たちは作成過程を見せることなく、作成意図を明示した。すなわち、日本の政治的支配階級である天皇と主要な氏族が、神とまではいかなくてもその子孫として現れることを可能にした。歴史や政治を超えた物語であるとしても、そこには歴史と政治が内包されていた。なぜなら、これらは神話のみが与えうる永続性と超越性を保つために、特定の読者に向けてまとめられたものだからである。これらはまた自己発生の体裁をとるが、それは特定の時代に誰かが編み出した物語だ。学者たちは編纂作業の歴史を分析し、起源物語に付随する構成要素を明らかにした上で、それらを始まりにまつわる物語に取って替えた(2)。

我々が習慣的に「神道」と考えているものの「始まり」と、日本初の統一国家の「始まり」は七世紀後半において切っても切れない関係にあった。大和王権は唐の中央集権政策を採用し、その権力と配下の氏族を強化、拡大した。それとともに大王《おおきみ》の名の神聖化により統治者自身も聖なる存在へと化していった。大王が、より大きな古墳を築くことで他の氏族に発揮していた政治的効果は薄れていった。そこで、「命名」という象徴的な装置を使うことで、古墳の築造に要した巨大な費用と労働力を回避できるようになった。命名の独占のために、大王はみずからを太陽神の子孫と位置づけた。天にひとつしかない太陽神の子孫を名乗ることで、命名権の独占をはかったのである。すなわち、太陽の独占が始まった。空には一つしか太陽はなく、地上には唯一の大王がいる。大王たちは、その諱《いみな》や初期の神話的皇祖たちの名前を通じ、現実上の始まりに関する記憶を神の起源という魔力の中に埋め込んだ。

日本神話が語るその歴史的始まりは、神話上の最初の神の系譜と七世紀末皇室の初代天皇との間に強い類似性を示唆している。地上に降臨した天照大御神と皇位を継承した持統天皇はいずれも女性である。いずれも息子であるアメノオシホミミ・夭折した草壁皇子《くさかべのみこ》を皇位に就けることには失敗するが、孫息子のニニギ・文武を皇位に就けるのには成功する。さらに、持統天皇の二つ目の諱である高天原広野姫天皇《たかまのはらひろのひめのすめらみこと》は、天照の支配する天の原を連想させる。これらの七世紀後半に創造された出来事は、いずれも象徴的な物語を通じ、新しく創られた皇統の重要で神聖なる正統性をドラマ化し確立する役割を果たしている。そのメカニズムは、歴史上近い時代に成立した王朝が、起源物語の生みの親ではなく、結果として生まれたものへと焼き直すことである。ただし他の物語にとって代わられることなく、物語が定着すれば、であるが。

今でこそ『古事記』と『日本書紀』は唯一無二の神道神話と見なされている。しかし、神野志隆光《こうのしたかみつ》氏は編纂当時においてはそうではなかったことを示している。むしろ、二つの作品は大和の支配者をまったく異なる方法で位置づける二つの異なる宇宙観を表すものであるという〔Kōnoshi 2000: 51-67〕。同様に、それぞれの物語は異なる論理に基づいてまとめられている。一方は陰陽の宇宙的展開であり、もう一方は神の創造という偉業である。原本解釈をさらに多元化させるため、本文に対する多数の独創的な注記、注釈、異説（「一書《あるふみ》に曰く」）が挿入された結果、『日本書紀』は重層的な書となった。たとえば、天孫ニニギの中津国《なかつくに》への降臨の詳細については六つの異説がある。それぞれの説において、だれが降臨を命じたか、神器《じんぎ》の性質、ニニギの伴侶たち、降臨場所が論じられている。(3) これらの異説は多様で、どれも完全に無視することはできず、何らかの公的な認識を必要としていた氏族の利害を反映している。

（2）「儀礼国家」方式による統治系統の神聖化

大和王権の大王の家系は七世紀半ばには日嗣《ひつぎ》の系統となった。たとえば大神《おおみわ》神社において、七世紀以前から太陽に関する儀礼は行われていたが、大和政権は七世紀半ばに初めて太陽との関係が確立された。これは、おそらくは朝鮮半島の影響を受けていると思われる。[4] 天武・持統両天皇の下、太陽神天照大神の皇祖神社である伊勢神宮は大神宮として重要な位置づけを与えられることとなった。

　天武天皇の治世より数十年前までは、大和支配の正統性を表す璽符《じふ》や璽印《じいん》といった神器は、大和の指導者層より手渡されていた。政治的委託を意味していた。大和王権の大王のもとでは、正統な統治権は太陽神から託されたものであり、大王の後継者への神器の授与は大和王権の儀礼を司る一族の忌部氏《いんべし》が執行した。持統天皇の治世下で、神器は神璽《しんじ》として精神的なオーラと起源を持つ神聖なものとされた。舞台が変わり、役者と小道具に新たなアイデンティティが与えられた。

　特定の神に結びついた神社がさらに古い時代にその起源を遡ることは珍しいことではない。しかし、特定の神に対してだけではなく、諸神祇や諸社に幣を捧げるよういく度も命じた統治者は天武天皇が初めてのようである。その結果、さまざまな種類の栄誉が各神社とその保護氏族に与えられ、朝廷と大神神社との間の拡大する関係を暗示することとなった〔佐々田 二〇〇二：四〇〕。持統天皇は都における春の祈年祭《としごいのまつり》により、こうした関係を日本全国に広げた。祈年祭には公式に認可を受けた神社に属する三〇〇〇人の祝《はふり》が参加した。[5] 地方の「豪族からの貢ぎ物」を天皇に捧げ、その返礼として受け取った地元の神に対する供物や贈物である班幣《はんぺい》を持ち帰る、という巨大な劇場的演出がなされた。

　祈年祭は宮殿敷地内の神事を執り行う神祇官の中庭で、各官位官職にある人びとの前で行われた。これは宮中が執り行った多くの祭の一つである。神祇官の政治的役割は、いくつもの儀礼を通じて支配領域の統合を常に示し、組織するにとどまらなかった。彼らは、全国のあらゆる神や神社を統合するにあたり、それぞれの重要性を吟味し、さらには管轄区域の地方豪族や各地域レベルにいたるまで調整し、序列化することで、神社のヒエラルキーも確立したのである。日本において律令国家は神を中心とした儀礼をその機構の中心に据えた儀礼国家である。そうした統治構造には若干戸惑いも覚えるが、「国家宗教」と考えられるものである。

王朝と同様、すべての氏族は神を始祖とする相異なる主張を通じて自分たちを「非世俗化」し、一般民衆からの差別化を図った。天皇と氏族の神聖な先祖の相関関係は、統治者に家族か企業のような一体感を与え、その中において氏族は神聖な起源におけるある特定の位置づけを得ることとなった。新たに築かれた律令国家において、そのヒエラルキー構造が強力な氏族に受け入れられている限り、そこに仕える集団の地位は安定していたからである。体制の中で儀礼執行者たちは氏族の利害を乱したり見失ったりすることなく、公的地位を求めて争った。氏族はりっぱな先祖の子孫（重要な神にさかのぼることができればなおよい）だと主張することで地位を競った。

たとえば、最高神であり太陽神系統の皇祖男性神タカミムスヒを祖先とすることを公式に認められた氏族は少なくとも四一あった〔黛 一九八二：六五〇〕。その他の氏族は、自分たちの祖先がニニギとともに神器を守り、太陽神系統に仕えるためにニニギにともなわれて降臨したと認定されることを望んだ。『古事記』はこうした氏族として一二の氏族をあげているが、『日本書紀』は一つもあげていない。物部《もののべ》氏と関係の深い歴史書である『先《せん》代旧事本紀《だいくじほんぎ》』は、ニニギには弟が一人おり、最低でも三二の氏族の祖先である神によって助けられていたと述べている〔黛 一九八二：六一八〕。

したがって氏族全体は律令国家において政治的エージェントとしての人材を提供する政治経済的集団であった。彼らは内部に対しては、氏族の秩序を形成し、対外的には相関的な先祖の神話を通して、自分たちの地位を朝廷や天皇に対して位置づけた。律令国家においては時には反乱や陰謀が張り巡らされたが、この氏族全体の秩序を打ち壊すことはなかった。しかし、こうしたことが称徳《しょうとく》天皇の治世下で変わろうとしていた。

第四節　危機

(1) 氏族の利害と仏教的「国家宗教」方式への動き

七六〇年代までには、政治スタイルと国家の精神的地盤に変化が見られるようになった。神聖な起源に依拠した儀礼国家の設立を含む、前世紀の天武・持統天皇による政治宗教的改革は、増大する仏教の影響力の挑戦を受けるようになっていた。八世紀には仏教の僧侶たちは精神的な癒しを施す師（玄昉《げんぼう》、行基《ぎょうき》、道鏡《どうきょう》）として、宮中の内道場でその立場を確立した。寺社は同じ境内に建てられ（神宮寺）、儀礼のために神聖な場を併設し、神と仏の両方を祭る事で融合していった。伊勢神宮も例外ではなかった。こうした宮廷や国家の中心部への仏教の組織的参入は、称徳天皇の即位以前には神事に関わる人びとに問題視されることはなかった。おそらく儀礼的営みや装置が仏と神の間でほぼ共有されたからであると思われる。

しかしながら、孝謙《こうけん》天皇が天平宝字《てんぴょうほうじ》二年（七五八）に退位した後、再び天平宝字八年（七六四）に称徳天皇として重祚《ちょうそ》（一度引退した天皇が再び天皇として即位すること）した際、彼女は自身を仏の僕《しもべ》と定義し、すでに出家していた。重臣の氏族のうち、とりわけ藤原氏やそのいとこである中臣氏は大いに脅かされた。特に、称徳が僧侶である道鏡を太政大臣に任命し、法王の称号と地位を与えた時がそうであった。これはただイデオロギーの問題ではなかった。退位の一年前、天平勝宝《てんぴょうしょうほう》九歳（七五七）四月四日、孝謙天皇は藤原氏から独立した、みずからに忠実な派閥を築こうという政治的な動機から、日本に住む高句麗、百済、新羅からの移民が求めていた名前と称号の変更を認めることにした。その後の四年間に約二〇〇〇人の申請者が五〇程度の氏族に吸収された。[6]

しかしながら、新興氏族の中心としての地位を固めたのは道鏡の属する氏族の人びとであった。八年の在職期間に道鏡は身内の一〇名を五位以上に出世させて中位、高位の役職に就けた他、自分に忠実な者たちを護衛兵に任じるなど、国家の重要な機能をもコントロールしようとした(7)〔横田 一九六四：一六〇〕。僧侶たちが政治的地位を得たのである。「道鏡事件」は八世紀に起きたいくつかの権力闘争の一つではあるが、仏教を「国家宗教」として築こうとした試みのようにみえた独特なものといえる。

天平神護《てんぴょうじんご》三年（七六七）六月と七月、平城京や伊勢の外宮の空に瑞雲《ずいうん》がみえた。その「慶雲」の出現を理由として同年八月神護景雲《じんごけいうん》元年の改元があった。『続日本紀《しょくにほんぎ》』は同年八月八日条に次のように記している。

慶雲見ると、僧六百口を屈し、西宮の寝殿に於いて設斎す。慶雲の見るを以て也。是の日、緇侶《しりょ》の進退、復《ま》た法門の趣無し。手を拍《うつ》て歓喜すること一に俗人に同じ。

この僧侶たちの拍手について、高取正男氏は「ときあたかも道鏡の権勢の絶頂期にあたり、天皇の格別の恩顧に増長した僧侶たちが桑門の身であることを忘れて」の拍手喝采ではないとし、「宮中奥ふかく参入した六百人もの僧侶たちが寝殿の前庭で俗人のようにふるまい、通常の天皇賜宴のように拍手して正面の天皇や、天皇に近侍していたはずの道鏡に拝礼し、歓喜の情を示したとすると、その場の異様な雰囲気はわれわれの想像以上にふかく貴族たちの脳裏にきざまれたろう」という〔高取 一九七九：一〇一～一〇三〕。僧侶たちの、俗人のような、道鏡にも天皇にも同様であるような、振る舞いが貴族たちに強い衝撃を与えたわけである。

事件は、寺社・神社の問題にもなる。聖武《しょうむ》天皇は、奈良の巨大な東大寺を中心として各地に国分寺《こくぶんじ》、国分尼寺《こくぶんにじ》を建立し、仏教徒のネットワークを確立した。また称徳天皇は道鏡をあたかもみずからの共同統治者にしようとしたかのような印象を受ける。しかし、ここに見える仏教を中心化する重大な変革は、これについてうかがいを立てられた八幡《はちまん》神が、当初の是認の神託を覆したことで阻まれたのである〔宇佐八幡神託事件〕。

（2）正統性の根拠の変更――神と仏――

称徳天皇は尼となった子供のいない女帝であった。天武朝の太陽神系統の象徴主義から離れ、新しい形での天皇の神聖化と仏教保護の一環としての王権の委譲へと時代は向かった。『古事記』はその意義を失いつつあった。このイデオロギー上の方向転換は、天平宝字元年（七五七）から神護景雲三年（七六九）の間の詔《みことのり》から明確に読み取ることが出来る。祈願の対象とされた霊的力の順位が逆転したのである。天平宝字元年の詔では、天地の神と皇祖たちの名が読み上げられる順番は一番目と二番目から降格され、神護景雲三年には五番目と六番目（最後尾）となった。最初の三箇の祈禱は、毘盧舎那《びるしゃな》如来《にょらい》、金光明経《こんこうみょうきょう》、観音菩薩《かんのんぼさつ》に向けられた(8)（勝浦 二〇〇四：一〇四）。天平宝字八年（七六四）の即位の礼である大嘗会《だいじょうえ》において、称徳天皇はみずからのアイデンティティを以下のように宣言した。

> 御仏の弟子として私は菩薩戒を受けた。これに従って、まず（御仏の）三宝に拝礼した後、天と地の神社を崇拝して、私は重祚する……そして、神事は三宝を避けるべきであり、互いに触れてはならないというものもいるが、経典は神が仏法の保護者であることを明らかにしていると私は宣言する。忌み（により離されていたもの）はもはや忌みではない。僧侶が神事に参列することに障害はない。
>
> （『続日本紀』第四巻一〇三頁天平神護元年一一月二三日冬）

非伝統的なこの即位式を構想したのは神祇伯《じんぎはく》、中臣清麻呂《なかとみのきよまろ》である。中臣氏は神祇伯の地位を、和銅元年（七〇八）の設置以来占めてきた。清麻呂の供奉は称徳天皇により新しい名誉の授与と格別の昇進でもって大いに報いられた。中納言、右大臣と政治的地位を得、一〇年にわたり右大臣の任にあったのである。宗教儀礼専門職が、朝廷だけでなく権力の中心においてもプレーヤーとしての地歩を固めつつあり、その結果政治の根本的な変革が起きようとしていた。神道の祭司官が政治的役職に就き、仏僧や尼が政府の高位を占め、子供のいない称徳天皇の皇位継承はもはや聖なる後継ぎという問題ではなく、仏教保護の意味合いをもっていた。称徳天皇の個人的介入により新たに地位を得た新参者たちからなる氏族の層が形成されつつあった。統治者一族の正当性を担保していた伊勢が次の標的のようであった。

称徳の教義の領域における権威の現れとして、天平神護二年（七六六）に伊勢神宮に仏像が設置され、翌年には伊勢神宮の神宮寺として逢鹿瀬寺が指定された。しかしながら、七七〇年代には神仏習合の政策は覆された。なぜなら宝亀《ほうき》三年（七七二）八月、道鏡の没後四か月ほどで、神が再び詔で上位に就いたからである。嵐によって神宮に被害がでたという新たな祟りが逢鹿瀬寺を伊勢神宮から離すきっかけとなった。この時点ではまだそれほどの距離は置かれなかったが、宝亀一一年（七八〇）に別の祟りを受けて、仏教建築はさらに遠くへ追いやられた。神と仏は宿敵同士となり、少なくとも伊勢神宮において、彼らの共存関係（神は仏法の保護者である）は忌みへと変化したのである。一方、宝亀七年（七七六）には逢鹿瀬寺の伊勢神宮における神宮寺としての位置づけは取り下げられた。

（3） 武器としての清浄

伊勢神宮の境内が持つ清浄さを、仏教の侵食を阻むものと位置づけたことは、神道の歴史における重要な瞬間であった。それは政治的正統性の領域において象徴的であると同時に実体的な政治的動きでもあった。遡って神《じん》亀《き》二年（七二五）聖武天皇は、寺社ともに儀礼の場を汚れなく、清浄に保つよう宣下した（『続日本紀』神亀二年七月一七日条）。今や、清浄さが祭祀における価値となり儀礼の領域を分断し、政治的な野心を防ぐ道具になった。清浄さが国家の武器として振りかざされることとなったのである。たとえば、延長《えんちょう》七年（九二九）七月一四日の「伊勢国飯野荘大神宮勘注」所引宝亀五年七月二三日太政官符旨には、「多気《たき》および度会《わたらい》（伊勢神宮の所在場所）の領域内の仏の地において、明神の祟りがあったため、祓い清めて神の地とした」と記している。(9) 八幡が二つの神託を通じてその意思を示した神護景雲三年（七六九）からほんの数年後、天照大神は嵐のような怒りを露わにし、より強く好戦的な呪いの言葉を二回も用いている。もちろん、八幡の二回目の神託同様、道鏡の敵によって書かれたものであるが。こうした動きがいつ頃始まったのかは定かではないが、延長七年（九二九）の『延喜式《えんぎしき》』は天皇や斎王の前では彼らを穢《けが》さないために使ってはいけない禁忌の言葉（忌詞《いみことば》）を一六個あげており、そのうち九個は仏教に関連したものであった。

称徳天皇はみずからの治世に仏教による威信を纏《まと》おうとしたが、そうした政策は神道の祭祀執行者の助けがなければ明らかに実行不能であった。さらに、その政策を練り、また反転させたのはいずれも同じ神の祭祀執行者、中臣清麻呂であった。七世紀末以来、藤原氏が優勢だった政治と、中臣氏が主要な地位を占めた祭祀の分野は、法により構造的に分離されていた。しかしながら七六〇年代に称徳天皇は中臣氏を通じて仏教的な要素を彼女のアイデンティティ、名称、儀礼とりわけ即位の礼に持ち込んだ。また中臣氏に名誉で報い、より誉高い大中臣氏《おおなかとみし》（神護景雲三年）という名を与え、さらに高い政治的地位に就けた。それまで高位の官職は、貴族のうち最も高貴な宮廷貴族の家系に法により与えられていたため、ここでも称徳天皇は前例を破ったのである。宝亀元年（七七〇）一〇月一七日、称徳天皇が亡くなって約二か月後、彼女が仏像を安置する半年前に任命した伊勢神宮の大宮司は中臣清麻呂の甥に取って替わられ、以降中臣氏の家系が伊勢神宮を管掌するようになった。

おわりに

激動の一四世紀、天皇家の二つの系統が皇位の正統性をめぐって六〇年もの間闘った（一三三六〜九二）。南朝が正統統治に必要なすべての条件（在位天皇、二人の上皇、皇太子、神器）を満たしていたにも関わらず、最終的には北朝が勝利を収めた。南朝は四人の皇族を神器とともに奪ったうえに、北朝の神器は偽物なので、政治的には無意味だと主張した。伝統は退けられた。その過程で伊勢に斎王を置く習慣は廃止され、復活することはなかった。この間、イデオロギーおよび儀礼の領域に生まれた空白を埋めたのは真言宗の僧侶、賢俊《けんしゅん》（一二九九～一三五七）である。これ以降、真言密教とその儀礼が天皇を聖別することとなった〔Conlan 2011: 122-124, 136-137〕。賢俊の大胆な改革に続き、仏教の儀礼執行者たちは究極的な国家権力を承認する儀礼を執り行う役職を支配するようになり、足利将軍でさえ天皇即位の儀礼に則って将軍の地位に就いた。

実際のところ、仏教による新天皇の聖別はまったく新しい事ではなく、すでに正応《しょうおう》元年（一二八八）、大嘗祭《だいじょうさい》に加えられていた。それは転輪聖王《てんりんじょうおう》の即位灌頂《かんじょう》であり、その後弘化《こうか》四年（一八四七）まで六〇〇年間執り行われた。この超極秘儀礼は摂家の二条家によるものであり、同家は五摂家の間で高い地位を占めるようになった。この儀礼は新しい天皇を生み出すものではなく、新天皇を助ける守護霊を創り出すだけのものである。天皇は大嘗祭により即位することに変わりはなかった。ただし常にそうであったわけではない。文正《ぶんしょう》元年（一四六六）から貞享《じょうきょう》四年（一六八七）の間、二〇〇年以上にわたって大嘗祭が行われなかったため、天皇の後継者を聖別する儀礼は即位灌頂だけであった。象徴としての正統性に付随するイデオロギーはいく度も生まれ変わる。その軌道は予測不可能であり、後づけの継続性を拒否するものである。

日本では天皇が今も存続しており、現在Emperorの称号を有する世界で唯一人の君主である。この皇統の連続性は、実は抜本的な断絶をもともなっており、それはイデオロギーの継続だけでは説明できない。そこには実は、「儀礼」が、イデオロギーが崩壊した後も持続するという歴史的現象がある。ある人間を「非世俗化」させて天皇にするのは儀礼を通して行われる。「慣習」以上の何物でもなくなったとはいえ、大嘗祭は現在も執り行われている。そして伊勢神宮はいまだに二〇年おきに建て替えられる（遷宮）。それは神聖な皇祖よりむしろ日本の伝統を敬っている。

政治的機構というものはイデオロギーがなくても成立する。しかし、儀礼がなくては成立しえない。

(1) 以下の拙著を参照のこと。〔Ooms 1990, 2009, 2010〕。この論文のテーマに関するさらなる歴史的詳細については〔Ooms 2009〕の各所でとりあげている。
(2) この点についての議論は、〔Foucault 1977: 139-164〕を参照。徳川については、〔Ooms 1990〕第一章「始まり」を、奈良については〔Ooms 2009: 99ff, 165-168〕を参照。
(3) ニニギの降臨の六つのパターンについては、〔黛 一九八二：六一八〕の図六一を参照。
(4) 朝鮮の創造神話である檀君神話もまた、天を統べる神が特に詳細のない神器をその息子に授け、地上に降りて統治するよう任じた、と述べている。しかしながら、朝鮮の神話物語にはその他の代替バージョンがなく、統治者である家系はその他の家系と神聖なる先祖を共有しなかった。〔Grayson 2001: 31, 135〕を参照。
(5) 祝はもともと村の祭祀において神の声となった人びとであったが、徐々に首都におけるこうした収穫に関わる祭りを通じて専門職としての名声を得ていった。大宝律令において彼らは職能集団である部の一つとして記載されている。詔には、「都および畿内すべての寺の僧侶および尼」の後に「国のすべての神社の祝部」と記されているが、天平宝字二年（七五八）以降、神祇職が僧職より前、一番目に記載されるようになった。各祝部は、それぞれが属する神社の格に応じ、三二種類の班幣の中から供物を割り当てられた〔西宮 二〇〇四：一四九～一五〇〕。
(6) 新日本古典文学大系『続日本紀』第三巻一八五頁および一八四頁註一四。
(7) 道鏡による一族の取り立てについては、〔横田 一九六四：一一六～一二二〕を参照。また、新日本古典文学大系『続日本紀』第四巻五一五～五一六頁註二八も参照。
(8) 二つの詔（詔一九と四三）については、新日本古典文学大系『続日本紀』第三巻二一七頁、第四巻二四一頁を参照。
(9) 延長七年七月一四日「伊勢国飯野荘大神宮勘注」所引宝亀五年七月二三日太政官符（『平安遺文』第一巻、三三八頁、二三三号）。

〔参考文献〕
『日本書紀』二巻（日本古典文学大系、岩波書店）
『続日本紀』六巻（新日本古典文学大系、岩波書店）
Borch-Jacobsen, Mikkel 1991 *Lacan, the Absolute Master* (Stanford: Stanford University Press).
Conlan, Thomas 2011 *From Sovereign to Symbol: an Age of Ritual Determinism in Fourteenth-century Japan* (Oxford: Oxford University Press).
Dagron, Gilbert 1996 *Empereur et prêtre: Étude sur le "césaropapisme" byzantin* (Paris: Gallimard).
Foucault, Michel 1977 *Language, Counter-memory, Practice: Selected Essays and Interviews* (edited by Donald Bouchard. Ithaca: Cornell University Press).
Grayson, James 2001 *Myths and Legends from Korea: An Annotated Compendium of Ancient and Modern Materials* (Richmond, Surrey: Curzon Press).
Kōnoshi Takamitsu 2000 "Constructing Imperial Mythology: *Kojiki* and *Nihon shoki*," in *Inventing the Classics: Modernity, National Identity, and Japanese Literature* (Haruo Shirane, Tomi Suzuki, eds. Stanford, Calif.: Stanford University Press).
Ooms, Herman 1985 *Tokugawa Ideology: Early Constructs :1570–1680* (Princeton University Press)；1990『徳川イデオロギー』（黒住真ほか訳、ぺりかん社）
———2009 *Imperial Politics and Symbolics in Ancient Japan: The Tenmu Dynasty, 650–800* (University of Hawai'i Press).
———2010 "Politico-Religious Symbolism, the State and Religion in Japan" (Paper. Conference: East Asian Perspectives on Legal Order; National University of Singapore).
勝浦令子 二〇〇四「孝謙／称徳天皇と仏教」（『国文学　解釈と鑑賞』六九巻六号）
佐々田悠 二〇〇二「律令制祭祀の形成過程——天武朝の意義の再検討——」『史学雑誌』一一一編一二号
高取正男 一九七九『神道の成立』（平凡社）

竹内理三編　一九六三～六八『平安遺文』第一三巻（東京堂出版）
西宮秀紀　二〇〇四『律令国家と神祇祭祀制度の研究』（塙書房）
黛弘道　一九八二『律令国家成立史の研究』（吉川弘文館）
横田健一　一九六四『道鏡』（吉川弘文館）

3 『延喜式』制以前の伊勢神宮——八〜九世紀の内宮と外宮をめぐって——

小倉慈司

はじめに

伊勢神宮は、日本国内で最も著名な神社である一方で、その成立をめぐってはさまざまな説が出されており、いまだ定説を見ない状況にある。そしてそれより時代が下った八世紀・九世紀段階においても、いまだ充分に明らかになっていない点が多々ある。『続日本紀《しょくにほんぎ》』などの正史に登場する伊勢神宮は、断片的な記事にとどまり、ある程度、全体像を把握するには、延暦《えんりゃく》二三年（八〇四）に編纂された『皇太神宮儀式帳《こうたいじんぐうぎしきちょう》』『止由気宮儀式帳《とゆけぐうぎしきちょう》』と、延長《えんちょう》五年（九二七）に完成奏上され、その後の修訂を経て康保《こうほう》四年（九六七）に施行された『延喜式《えんぎしき》』によらなければならないのである。この『延喜式』に記される姿が、一般にイメージされる伊勢神宮の姿といえるであろう。

伊勢神宮は、皇太神宮《こうたいじんぐう》などと呼ばれる内宮《ないくう》と度会宮《わたらいぐう》・止由気宮《とゆけぐう》などと呼ばれる外宮《げくう》とからなっており（ちなみに八〜九世紀の史料では内宮は「太神宮」、外宮は「豊受宮」などと記されるのが一般的であるが、本章では便宜上、「内宮」「外宮」の語を使用する）、本章が対象とする八〜九世紀には、そのほかに両宮（内宮と外宮）を管轄する大神宮司《だいじんぐうじ》と呼ばれる組織が伊勢神宮には存在していた。

この大神宮司については、『延喜式』の巻四によって、それが正六位上の官位に相当する官であり、国司と同様に都から派遣されていたこと、その職務は、伊勢神宮で行なわれる諸儀式において内宮・外宮両禰宜《ねぎ》以下の神職や度会・多気《たけ》両神郡《しんぐん》（一般の郡とは異なり特別の扱いを受けていた）の郡司を統率していたこと、神郡や神戸《かんべ》の租調庸の勘納を行なっていたこと、国司とともに神郡内の校班田や計帳作成などに携わっていたこと、さらに斎宮《さいくう》寮《りょう》も含め、神郡内の神社・溝池・堰・駅家《うまや》・官舎の管理や禰宜以下神職の勤務評定を行なっていたことなどが知られる。

この大神宮司創設の経緯を記す史料に先述の『皇太神宮儀式帳』があり、まずはそれを紹介したい（原文は宣《せん》命体《みょうたい》。適宜、平仮名に置き換えるなどした。以下の引用史料も同じく書き下して示す）。

A『皇太神宮儀式帳』神郡度会《わたらい》・多気《たけ》・飯野《いいの》三箇郡を初《はじ》むる本記行事

右、纏向珠城朝廷《まきむくのたまきのみかど》より以来《このかた》、難波長柄豊前宮《なにわのながらとよさきのみや》に御宇《あめのしたしら》す天万豊日天皇《あめよろずとよひのすめらみこと》の御世《みよ》に至るまで、有爾《うに》の鳥墓《とつか》村に神庤《かんだち》を造りて、雑《くさぐさ》の神政所《かんまつりどころ》として仕奉《つかえまつ》りき。しかるに難波朝廷、天下に評《こおり》を立てたまう時に、十郷を以て分けて度会の山田原《やまだがはら》に屯倉《みやけ》を立てて、新家連阿久多《にいのみのむらじあくた》は督領《こおりのみやつこ》、磯連牟良《いそのむらじむら》は助督《すけのみやつこ》に仕奉りき。十郷を以て分けて竹《たけ》村に屯倉を立てて、麻続連広背《おみのむらじひろせ》は督領に、磯部真夜手《いそべのまやて》は助督に仕奉りき。同じ朝廷の御時に、大神宮司というつかさを初めて、神庤の司中臣香積連須気《なかとみのかすみのむらじすけ》仕奉りき。是《こ》の人の時に、度会の山田原に御厨《みくりや》を造りて神庤と云う名を改め御厨と号《なづ》けて、やがて大神宮司と号けき。近江の大津の朝廷、天命開別《あめみことひらかすわけの》天皇の御代《みよ》に、甲子年《きのえね》を以て小乙中《しょうおつちゅう》久米勝麻呂《くめのすぐりまろ》に多気郡四箇郷を申し割《さ》きて、飯野の高宮村に屯倉を立てて、評督領《こおりのみやつこ》に仕奉りき。やがて公郡となす。

右、元三箇郡一処に摂《す》べて大神宮に供奉《つかえまつ》りき。割き分くる由顕《あら》わすこと件《くだん》の如《ごと》し。

要約して示せば、垂仁《すいにん》朝より孝徳《こうとく》朝にいたるまで、有爾《うに》の鳥墓《とつか》村に神庤《かんだち》（神社の役所）が置かれ、さまざまな伊勢神宮関係のまつりごとが行なわれていたが、孝徳朝が天下に評を置いた時に度会の山田原と多気に評の役所が置かれ、また神庤は「御厨《みくりや》」、ついで「大神宮司」と呼ばれるようになって中臣香積連須気がその職に任命された、そして天智《てんじ》朝の甲子《きのえね》年（六六四）に多気郡より割かれて飯野郡が立てられた、という内容である。

これによれば、大神宮司は七世紀半ばの孝徳朝に整備されたということになる（『太神宮諸雑事記《だいじんぐうしょぞうじき》』に見える和銅二年〈七〇九〉に「宮司神館」を立てたという記事を大神宮司の成立と見る説もあるが、誤り〔井後　一九九二〕）。『皇太神宮儀式帳』の記事を傍証する史料は他になく、果たして全面的に従って良いかどうかは不安も残るが、評制施行の記事としてもこの記事に問題点は見出せず、天智朝以前、おそらくは記事の通り、孝徳朝に大神宮司が設けられた可能性がかなり高いと見られる。神郡（神評）の成立にともなってその雑務に関与したと見られる大神宮司が中央から派遣されるようになったと考えることは、自然に理解されるところでもある。

一方、先に触れた『延喜式』の条文によれば、大神宮司が内宮と外宮の上に立つことになるが、その点については『皇太神宮儀式帳』の記述は明確でない。果たして当初から大神宮司はそのようなものとして設置されたのか、内宮と外宮との関係も含め、本章では従来あまり使われることのなかった資史料をとりあげつつ考えてみることにしたい。

第一節　伊勢神宮に伝来した「内宮政印」「大神宮印」「豊受宮印」

伊勢神宮には「内宮政印《ないくうせいいん》」「大神宮印《だいじんぐういん》」「豊受宮印《とゆけぐういん》」の印文を持つ三種の銅印が伝来している（現神宮司庁所蔵）。印面の寸法はそれぞれ五四・一ミリ×五四・八ミリ、六四・三五ミリ×六四・九ミリ、六二・八ミリ×六二・三ミリで、いずれも明治四年（一八七一）まで公印として使用されていたという〔大西　一九二二〕。

「内宮政印」については承暦《じょうりゃく》三年（一〇七九）二月に焼失し、同年七月に改鋳されたとの記事が『神宮雑例《じんぐうぞうれい》

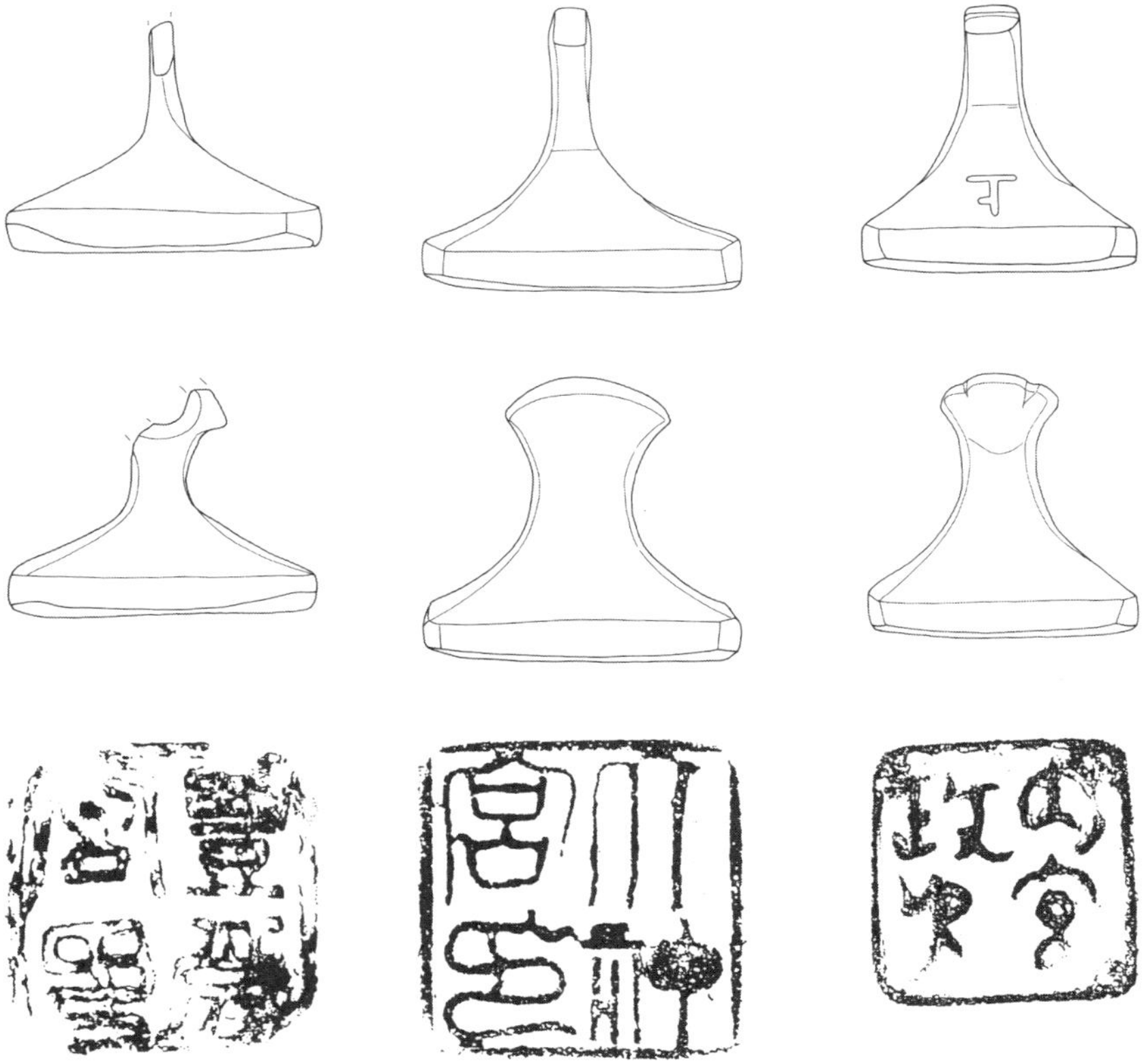

「豊受宮印」 62.8×62.3mm　「大神宮印」 64.35×64.9mm　「内宮政印」 54.1×54.8mm

図１　伊勢神宮に伝来する三種の銅印（縮尺１／２）
（神宮徴古館農業館蔵／国立歴史民俗博物館編『日本古代印集成』）

集《しゅう》』に見えるが、そのときの印が現存印に相当するとの推測がある〔御巫 一九三六〕。「大神宮印」については、延長七年（九二九）七月二一日付大神宮司解《げ》（東大寺文書五―一四一）に押捺されている「大神宮印」の字様との相違から、延長以降の改鋳と考えられ〔御巫 一九三六〕、長徳《ちょうとく》四年（九九八）の銘を持つ印筥《いんけ》（印を入れる箱）とともに伝来している。「豊受宮印」は承徳《じょうとく》二年（一〇九八）の銘を持つ印筥とともに伝来している。「内宮政印」は内宮で用いられた印であり、「大神宮印」は大神宮司で使用された印、「豊受宮印」は外宮で使用された印である。大神宮司の印が「大神宮印」であることは、一般に諸官司の印では「省」「寮」「司」を入れないのが通例であることから、理解できる〔井後 一九九二〕。

これらの伝存印が八世紀あるいは九世紀の印そのままでないことは、ほぼ確かであろうが、印文や印面の寸法が初鋳当初のものを伝えているかどうかという点について、検討してみたい。まず、印文についてであるが、「内宮政印」は延長七年（九二九）一一月二七日度会郡大領解《たいりょうげ》（平安遺文一―二三六）等によって、「大神宮印」は延長七年（九二九）七月一四日伊勢国飯野荘《いいののしょう》大神宮勘注（平安遺文一―二三三）等によって、一〇世紀前半より「内宮政印」「大神宮印」という印文であったことが確認できる（ただし「内宮政印」の延長七年文書は偽文書の可能性が考えられるので、それを除くと永承五年〈一〇五〇〉が初見ということになる）。これに対し、「豊受宮印」は古い時期の文書が確認できず、永暦《えいりゃく》二年（一一六一）二月日 源義宗請文《みなもとのよしむねうけぶみ》（平安遺文七―三一四三、千葉県の歴史資料編古代一四〇八）に捺されているのが一番古い事例であるが、別の印文が確認されるわけではなく、字様の変化は別にして、印文の変更というようなことはなかったと見られる。おそらくは最初から三印ともそれぞれ「内宮政印」「大神宮印」「豊受宮印」であったと考えておきたい。

次に印面の寸法についてであるが、現在の所在が確認できない文書や写しでしか確認できない文書も多いものの、御巫清直《みかなぎきよなお》の調査によれば、現存の印と大きくは異ならず〔御巫 一九三六〕（若干現存印の方が大きめであるが、これは現存印の印面が摩耗していることによるものであろうか）、基本的に当初からほぼその大きさであったと考えてよいであろう。すなわち「大神宮印」が一番大きくて諸国印や東大寺等の寺印と同程度の寸法であり、「豊受宮印」がそれより若干小さめ、そして「内宮政印」が一番小さいということになる。印面の寸法は古代日本では、一般的に言ってその印を使用する機関の格を示すものでもあった〔鈴木 一九七六〕から、このことは大変大きな意味を持つ。一見、単純に考えれば、「大神宮印」が一番格上で、次に「豊受宮印」、その下に「内宮政印」という順序になるとみえるが、実際にはそれぞれの印章が頒下される過程とも密接に関わっており、そう簡単な話ではない。この点については後述する。

第二節　「内宮政印」「大神宮印」「豊受宮印」の成立

(1)　天平一一年に頒下された「太神宮政印」

次にこれらの印章の成立の過程について検討を加えたい。最初に『太神宮諸雑事記』天平一一年（七三九）一二月二三日条をとりあげる。

B 『太神宮諸雑事記』天平一一年一二月二三日条

天平十一年十二月廿三日、太神宮政印一面始めて置かるること已《すで》に畢《おわ》んぬ。方二寸。神祇官《じんぎかん》の解《げ》に依り鋳し下さるるところなり。それより以来、太神宮司の印伝来するなり。しかるに太神宮印は、彼の宮の禰宜従五位下神主石門《いわと》執行の時、本宮の解状《げじょう》に依り、宣旨を賜《たま》いて鋳し下さるるところなり。そもそも宮司家出〔主〕より以前、代々の宮司神宮の印を以て公文《くもん》雑務の時、禰宜と共に執捺の例なり。

これによれば、天平一一年に「太神宮政印」が初めて置かれたという。「神祇官の解により鋳し下さるる」とは、神祇官が太政官に申請して鋳造頒下が認められたということで、伊勢神宮で私的に製作した印ではなく、公印として中央より頒下されたものであったことを意味する。「太神宮政印」とは、続いて「それより以来、太神宮司の印伝来するなり」とあることから見れば、大神宮司の印を指していることになる。その一方で、「太神宮印」、すなわち内宮の印は内宮禰宜石門の時に頒下されており、神宮司家主以前、代々の宮司は内宮の印を禰宜とともに執捺していたということも記されており、全体としてわかりにくい記述となっている。実際、『神宮雑例集』には、この時に頒下されたのは内宮の印である「内宮政印」であったとの異伝を伝えている。

Ⓒ『神宮雑例集』第九政印事　内宮政印事

天平十一年十二月廿三日始めて置かるるなり。但方二寸。禰宜石門の解状に依り神祇官上奏の後、一面を鋳し下さるるところなり。承暦三年二月十八日外印焼亡の次《つい》でに焼失す。（下略）

このように、伊勢神宮の記録の中でも混乱が見られる。

次に『太神宮諸雑事記』の斉衡《さいこう》三年（八五六）二月二七日条を見てみたい（〈〉で示した神祇官符部分は『神宮雑例集』にも引かれている）。

Ⓓ『太神宮諸雑事記』斉衡三年二月二七日条

同三年丙戌二月廿七日、大神宮司の印一面、下《くだ》し置かれ了《おわ》んぬ。すなわち神祇官、太神宮司に符を下されて云《い》わく、〈太政官去る斉衡二年八月十日中務省に下す符に云《い》わく、
「『太神宮司従八位下大中臣朝臣伊度人去る仁寿《にんじゅ》二年十一月三日の解状を得るに偁《い》わく、
「太神宮司印、分附《ぶんづけ》無きに依り、司中《しちゅう》の公文《くもん》、田図《でんず》名籍《みようせき》・符・返抄《へんしよう》等に太神宮印を捺すなり。今もって事情を商量《しようりよう》するに不当なり。望み請《こ》う、宮印を停《とど》め、公印を下されんことを、」者《てえれば》（引用がここで終了することを示す文字）、
官覆審《ふくしん》を加うるに、申すところ実《じつ》あり、謹《つつし》んで官裁を請《こ》う、』者《てえれば》、

右大臣宣《せん》す。『勅を奉《うけたまわ》るに、請《こい》に依れ、』者《てえれば》、（天皇の許可を得る）
（中務）省よろしく承知し宣に依りてこれを行うべし、」者《てえれば》、（太政官から中務省への命令）
「件の印を鋳し作ること已に了んぬ。よろしく彼の宮司に付し下すべし、」者《てえれば》、（中務省から神祇官への通知）
送り遣《つかわ》すこと件の如し。宮司よろしく承知し件に依りて順用すべし。符到《いた》らば奉行《ぶぎょう》せよ、者《てえり》。
従五位上行《ぎょう》大副兼内蔵頭《くらのかみ》大中臣逸志《はやし》、正六位上行大史《だいし》奈《な》男代海山《おしろのうみやま》（神祇官符の署名）〉、者《てえり》。
そもそも旧記を案ずるに云《い》わく、宝亀三年正月四日夜、宮司比登《ひと》の館焼亡の次でに司印・公文共に焼亡し了んぬ。その後、代々の宮司太神宮印を以て、公文に捺《お》し来たるなり。しかる間、宮司伊度人《いとひと》と神宮神主と訴え有り、印を申し下すところなり。ただし氏人等の為に辱恥有るに依り、焼亡の由を申せざるところなりと云々。

斉衡三年二月二七日に大神宮司の印が頒下されたのだが、同日付神祇官符によると、大神宮司大中臣伊度人より、これまで大神宮司の印がなく司中の公文書には「太神宮印」を捺してきたが、今後は大神宮司印を頒下して欲しいとの申請が出され、それが認められたのだという。これに対し、説明が付され、宝亀三年（七七二）に神宮司の館が焼亡した際に大神宮司印や公文書もあわせて焼失し、その後は「太神宮印」が用いられてきた、しかし神宮司と（内宮）禰宜の間で訴えがあり、今回、大神宮司印が下されることになった、これは（焼亡したことが）氏人の恥辱であったため、大神宮司印焼失を申告しなかったことによるものであるという、という説明が付け加えられている。「太神宮印」とは文脈から考えれば、「内宮政印」のことと推定される。

この記事と先の史料Bとを組み合わせて考えれば、

（天平以前）内宮政印頒下

←

天平一一年〔七三九〕大神宮司印頒下
↓
宝亀三年〔七七二〕大神宮司印焼失
↓
斉衡三年〔八五六〕大神宮司印再頒下

ということになる。内宮政印が鋳造された時期については、名前の出てくる内宮禰宜石門が『皇太神宮禰宜譜図《こうたいじんぐうねぎふと》帳《ちょう》』によると七世紀後半の天武朝頃の人とされていて、一応、整合的に解釈できる。しかしこの解釈には実際にはいくつかの問題がある。

一つには、宝亀三年に大神宮司印が焼失してしまったのち、それを八〇年以上もの間、隠しておくということが可能であったのか、という点である。次にそもそも、「内宮政印」がそれ以前、天武朝に造られたということがあったのかという点も疑わしい〔大西 一九二二〕。日本に官印制度が導入されるのは大宝元年〔七〇一〕の大宝律令によってであって、それからまもなくして諸国の印が鋳造され、中央の官司ですら官印が用いられるようになるのは、七一〇年代後半と考えられている〔小倉 二〇〇〇、鎌田 二〇〇一等〕。八省の下に置かれた寮や司で官印が使用されるようになるのは九世紀に入ってからであった。

斉衡三年の大神宮司印鋳造を二度目のものと説明するのは、天平一一年に作られた印を大神宮司印と考えたために生み出された言い訳であって、天平一一年に作られたのは史料[C]『神宮雑例集』が明記するように、内宮政印であったと見るべきであろう。史料[D]が引く神祇官符は一次史料と考えられるが、そこにもこれ以前に大神宮司印の存在をうかがわせることは記されておらず、このとき初めて造られたと考えるのが自然な解釈である。史料[B]の記事の冒頭に「太神宮政印」として「政の印」と記されていることも、この史料[B]の元となった史料でそのように記されていたと見られるが、そうであれば、「太神宮政印」＝「内宮政印」と解釈するのが正しいと考えるべきではなかろうか。

このように考えた場合、内宮政印鋳造を申請した内宮の禰宜石門が天武朝頃の人とされていることについてはどのように考えるのか、ということが問題として残されるが、実はこの石門を聖武《しょうむ》天皇のときの禰宜であると記す史料も存在している。

Ｅ神宮本『皇代記《こうだいき》』聖武天皇条

（上略）この御時《おんとき》、始めて太神宮の政印を置かるる。方二〔一カ〕寸七分。禰宜外〔ママ〕八位下神主石門執行の時なり。神祇官に申請し、仍《よ》りて宣旨《せんじ》に任せて鋳し下さるるなり。同御宇《ぎょう》、天平十一年己卯十一月廿三日、始めて司印一面を下さるる。方二寸。（下略）

神宮本『皇代記』は一般に記事が簡潔であり、これまでの研究ではあまり重視されてこなかったが、中には検討に値する記事も見られ、伊勢神宮に伝来した史料の一つとして無視すべきではない（小倉 二〇〇二）。これに対し、『皇太神宮禰宜譜図帳』は一〇世紀初頭という早い時期に作成された史料ではあるものの、一方で九世紀以前の部分について明らかに疑わしい点があることも指摘されており（池山 一九八四）、石門が天武朝の人物でないことは確実である。宝亀三年（七七二）の宮司宿館焼亡の他にも天平神護《てんぴょうじんご》二年（七六六）の宮司神館焼亡、宝亀一〇年（七七九）および延暦一〇年（七九一）の内宮焼亡など、八世紀後半にはたびたび大神宮司や内宮における火災が伝えられている（『太神宮諸雑事記』等）。そのような火災によって、かなり早い段階から内宮に関する記録には混乱が生じていたのではないか。

以上を整理すれば、史実としては、

天平一一年　内宮政印頒下

←
斉衡三年　大神宮司印頒下

ということにまとめられる。ところがその後に内宮政印の申請者であった石門が天武朝の人物であるという誤伝が生じ、またこのことを記録した原史料に「内宮政印」が「太神宮政印」と記されていたことから、大神宮司印との混同も起きて、それらを整合的に解釈するために天平一一年に造られた大神宮司印がいったん焼失し、それを隠しておいて斉衡三年にいたり再び鋳造されたという解釈が生まれたのである。

なお、この解釈で問題が一点存在するので説明を加えておきたい。それは天平一一年に鋳造された印章の寸法をBやCが「方二寸」と記していることである。方二寸であるならば、それはやはり「内宮政印」ではなくて、「大神宮印」ではないかとの疑念も生じるであろう。実際、これまでの通説が「大神宮印」であると考えてきたのも、この寸法が大きな論拠となってきた。しかし、寸法は「大神宮印」を指すと解釈された後で付け加えられたと考えることも可能であるし、史料Eでは「二寸七分」と記されていて、これが「一寸七分」の誤りでないかと見られることを重視すべきであろう。「一寸七分」はまさに「内宮政印」の寸法であった。

最後に「豊受宮印」の頒下について触れておきたい。

F『太神宮諸雑事記』貞観五年（八六三）九月一三日条

同五年九月十三日、太神宮の例に因准《いんじゅん》して豊受神宮の政印置かるるべきの由、彼の宮の禰宜神主《かんぬしの》真水《まみず》の解状に依り、神祇官上奏して印一面を下し置かるるなり。

これは大神宮司に印が頒下されたという状況を承けて、斉衡三年の七年後にあたる貞観五年（八六三）に外宮においても公印の頒下を願い出たものであろう。真水が禰宜に任じられたのはこの記事の一か月ほど前の八月八日であり（『豊受太神宮禰宜補任次第《とゆけだいじんぐうねぎぶにんしだい》』など）、あるいは頒下年月に誤りのある可能性も考えられる（薗田　一九三四・

五一四〕が、おおよそこの頃に印が頒下されたことは事実であろう。

（2）公印頒下の持つ意味

なぜ伊勢神宮では内宮、大神宮司、外宮の順で公印が頒下されたのであろうか。次にこの問題を考えてみたい。ここまで明らかにしてきたように天平一一年（七三九）であったとしても、「内宮政印」が頒下されたのは、公印の中ではかなり早い頒下例ということになる。実は伊勢神宮関係では、これ以前の養老二年（七一八）八月に斎宮に関する政務を職掌とする斎宮寮に対し、公印が下されていた（『続日本紀』）。これは中務省などの一部の官司を除く省クラスの中央官司への公印頒下に先立つものであり、（省より下の）寮クラスの官司としては異例の早さである。それは単に斎宮寮を重視したというだけではなく、斎宮寮が外国に置かれる官司であり、中央や諸国との公文書のやりとりの必要上から、諸国印（慶雲《けいうん》元年〈七〇四〉頒下）にならって、早期に頒下されたと考えるべきであろう。

斎宮寮に公印が頒下された理由はこのように想定できるが、問題となるのはその次に頒下されたのが内宮であったということである。常識的に見れば、内宮よりも、伊勢神宮および神郡の行政事務を管掌する官司である大神宮司にこそ最初に公印が頒下されてしかるべきであったように思われる。

ここで考えてみたいのは、「内宮政印」はどのような文書に押捺されたかという問題である。先に述べたように伊勢神宮に関する中央への公文書は大神宮司から発されたのであり、中央との文書のやりとりの必要上から「内宮政印」が頒下されたとは想定しにくい。とすれば、「内宮政印」は伊勢神宮内の諸政事において用いられるべきものとして本来頒下されたのではないか。内宮政印の寸法が他の公印に比し一寸七分と小さめに作られたこと、そしてそもそも印文の中に「政」という字が加わっていることからも、そのように考えた方がわかりやすい。

古代の印章でこの他に「政」字を印文に含むものとしては太政官印を除くと「東寺司政」「西寺政所」「延暦政所」などがある。このうち「東寺司政」印については東大寺別当《べっとう》が寺内で用いていた印ではないかと推測されており〔佐藤 二〇〇八〕、「西寺政所」「延暦政所」印はそれぞれ西大寺と延暦寺の政所《まんどころ》の印と考えられる。このような点から考えても、「内宮政印」は内宮禰宜が内宮内の政務に際して用いた印と見て良いであろう。

さらに印文に「内宮」の語が用いられていることについても注意を払う必要がある。一般に「内宮」という語は「外宮」と対《つい》の語として考えられがちであるが、たとえば一〇世紀の儀式書である『新儀式』では、「内宮」と「豊受宮」が対で用いられており、単純に「内」と「外」と捉えることには問題がある。そもそも内宮の「内」を「ウチ」、外宮の「外」を「ソト」の意ととらえることに充分な論拠があるわけではなく、「内宮」は二宮を含めた総称であったとの説が提出されている〔菟田 一九七二：二八九〕ぐらいである。あくまでも「内宮」は皇太神宮のみを指す語として用いられているのであって、総称とまで述べることには疑問があるけれども、内宮の「内」とは、内裏を意味する「ウチ」と同義であって、すなわち天皇や宮中を指して用いられた語であった可能性が考えられるのではないか。

そして内宮にのみ公印が頒下され、外宮には印が頒下されなかったというところから推測すれば、「内宮政印」は内宮だけに関わるものではなく、伊勢神宮を代表する印として、伊勢神宮内の諸政事に関して内宮禰宜が用いたものと理解できる。この点から見ても、内宮と外宮は対等な関係で並列していたわけではなく、内宮に従属して外宮が存在していたことは明らかであろう（なお、儀式帳や『延喜式』段階においては「皇太神宮」「大神宮」の中に外宮が包摂されるという意識があったとの指摘がある〔櫻井 一九七三：四七〜四九〕）。外宮の止由気大神の神格が御《み》饌《け》都《つ》神であること（天照大神が丹波国の比治の真奈井にいます御饌都神である等由気大神を呼び寄せるよう雄略天皇の夢に現れたことが『止由気宮儀式帳』に語られている）を思えば、それは当然のことともいえる。なお「外宮」という語については、元来は離宮を意味する言葉であり、天照天神の離宮すなわち度会の地に設けられた御饌殿《みけでん》を指したとの説が存在する〔櫻井 一九七三：三八、同 一九九一：八五〜八八等参照〕。その当否はにわかに判断できないが、いずれにせよ「内宮」と「外宮」を対概念でとらえることが当初からのものであったと考えるべきではない。

次に、なぜ最初に公印が頒下されたのが内宮であって、大神宮司ではなかったのかということを検討してみたい。一般論としては、八世紀段階で大神宮司に公印が頒下されなかったのは、それほど不思議なことではない。先に述べたように、八世紀段階で公印が頒下された官司はかなり限定されており、（寮より下の）司クラスの小官司に公印が頒下された事例はない。だから外《げ》国に存在する官司とはいえ、規模が小さかったために、大神宮司に公印が頒下されることはなかったのであろう。実際、同時代の公文書である「伊勢国計会帳《いせのくにけいかいちょう》」によれば、大神宮司が中央に文書を送付する際には、直接送るのではなく伊勢国司に付して移送してもらっていたようである。そのため当初は公印を用いなくともそれほど問題とはならなかったと考えられる。

内宮禰宜に先に公印が頒下され、大神宮司への公印頒下が遅れたことは、両者の地位関係とも関わっていた。『延喜式』巻四によれば、大神宮司の官位相当は大宮司が正六位上で少宮司が正七位上、内宮禰宜が従七位、外宮禰宜が従八位と定められていた。このうち禰宜に関しては、内宮と外宮の儀式帳にそれぞれ「卜食《うらはみ》定め補任の日、従七位上に叙す」「補任の日、正八位下に叙す」と見えており、『続日本紀』神護景雲《じんごけいうん》二年（七六八）四月辛丑条にも「始めて伊勢大神宮（＝内宮）の禰義《ねぎ》に季禄を給う。其の官位は従七位に准《なず》らう。度会宮（＝外宮）の禰義は正八位に准らう」とあるので、外宮に正従のずれがあるものの、基本的には八世紀半ばまでさかのぼる規定と考えてよい。

ただし伊勢神宮の神職を一律に昇叙させる総位階《そういかい》のたびたびの実施により、実際には禰宜が五位を授かることも多かった。一方、宮司に関しては『延喜式』の規定が定められたのは元慶《がんぎょう》五年（八八一）八月二六日のことであり、それ以前は従六位相当であったという〔『三代実録』同日条、『類聚三代格』同日官符〕。しかもその規定は宮司の定員が一員であった貞観一二年〔八七〇〕八月以前にまで遡ることは確実なものの、『皇太神宮儀式帳』と『止由気宮儀式帳』に記される大神宮司大中臣《おおなかとみの》真継《まつぐ》の官位が正八位下となっていることから考えても、九世紀初頭までは遡らない可能性が高い。すなわち、八世紀段階においては内宮禰宜の相当官位の方が大神宮司よりも上であったと考えられるのである。この点は、宝亀元年〔七七〇〕に大神宮司に任じられた中臣比登以前は中臣氏のなかでも主に傍系の筋から大神宮司が選任されていたという事実〔田中 一九八五：一三一〜一三四、井後 一九九二：二〇〜二六等〕とも合致する。神宮司制は全国的に八世紀末から九世紀初頭にかけての時期に確立整備されており〔小倉 一九九四〕、そうしたこととも無関係ではないであろう。

九世紀に入って大神宮司印が頒下されたことは、大神宮司の地位が上昇したことに加え、公印自体の使用が諸官司で広まっていったこととも関連する。すでに述べたように、八世紀段階では在京官司においては公印の使用が認められていたのは省クラスの官司を除けばごく一部にとどまっていた。それが九世紀に入ると被管官司においても公印の使用が一般化するようになっていく。『続日本後紀《しょくにほんこうき》』承和《じょうわ》一一年〔八四四〕六月戊寅条では、主水司《しゅすいし》が「司家の政《まつりごと》、類に触れ繁多」にも関わらず印がなくて「白紙」〔＝無印文書〕を用いてきたため、「事、軽疎に渉り、いまだ嫌疑を免《まぬが》れ」ない、として公印の頒下を申請し、認められている。このような風潮が高まるなかで大神宮司発給文書に「内宮政印」を捺すという慣例が生まれたのでないか。あるいは形式上の所管関係とは異なり、大神宮司発給文書を内宮禰宜が勘検するということが早い段階から生まれていた可能性も考えられる。ところがその後、大神宮司の権限が強化されるにしたがって内宮禰宜との対立が起こるようになり、最終的に大神宮司印が頒下されるまでにいたったのである。

そして大神宮司印に続いて外宮にも「豊受宮印」が頒下されることになる。「豊受宮印」の鋳造にあたっては、

表1　一〇〜一二世紀の「内宮政印」「豊受宮印」押捺の事例

No.	印文	種	文書名	文書の年代	文書出典	現所在	原蔵等	印数	備考
①	内宮政印		度会郡大領解	延長7年11月27日	平一―二三六	吉田亀之助旧蔵		7	字面に押印。偽文書の疑いあり。
②		写	荒木田某寄進状写	永承5年2月7日	平三―六七七	神宮文庫 徴古文府	原本伊雑宮神人南忠家所蔵文書	30	内宮禰宜判あり。字面に押印。
③			伊勢太神宮神主牒	応徳元年7月11日	平四―一二一二	吉田亀之助旧蔵	東寺文書	37	内外宮禰宜連署あり。字面に押印。
④		写	皇太神宮政所下文写	大治元年3月19日	平五―二〇六五	徴古文府旧収		10	字面に押印。
⑤		写	下総権介平経繁私領寄進状写	大治5年6月11日	平五―二一六一 千葉県史一二七八	神宮文庫 櫟木文書	原本檜垣文書	16	内宮禰宜判あり。判部分に押印。
⑥		写	荒木田延明請文写	大治5年8月22日	平五―二一六七 千葉県史一二八五	神宮文庫 櫟木文書	原本檜垣文書	7	内宮禰宜判あり(平安遺文には未翻刻)。判部分に押印。
⑦			皇太神宮禰宜庁宣	久安3年8月6日	平九―四七二一	現所在不明	伊雑宮古文書	11	字面に押印。
⑧		写	源義宗寄進状写	永暦2年正月日	平七―三一二一 千葉県史一四〇五	神宮文庫 櫟木文書	原本檜垣文書	20	内外宮禰宜判あり。判以下に一九押印、判以前に斜めに一押印(本来は裏継目印か)。
⑨		写	下総権介平常胤解写	永暦2年2月27日	平七―三一三九 千葉県史一四〇六	神宮文庫 櫟木文書	原本檜垣文書	23	内外宮禰宜判あり。判部分に押印。
⑩	豊受宮印	写	源義宗請文写	永暦2年2月日	平七―三一四三 千葉県史一四〇八	神宮文庫 櫟木文書	原本檜垣文書	13	外宮禰宜判あり。判部分に押印。

注：文書出典欄の「平」は、『平安遺文』を、「千葉県史」は『千葉県の歴史』資料編古代（一九九六年）を意味し、数字は文書番号である。

大神宮司印との関係が考慮され、大神宮司印よりやや小ぶりの寸法で作成されたのであろう。

しかしながら興味深いのは、この「豊受宮印」と「内宮政印」との実際の文書への押捺事例である。残念ながら八〜九世紀の事例は確認することができないので、一〇世紀以降一二世紀までの「内宮政印」「豊受宮印」の文書への押捺事例について整理してみると、表1のようになる。このうち「豊受宮印」が捺された⑩は源義宗が外宮に提出した請文であり、外宮禰宜の判もあるので、それに「豊受宮印」が捺されていることは当然といえる。「内宮政印」が捺された九例のうち、②・④〜⑦は内宮禰宜の判があったり、あるいは内宮禰宜庁が発給した文書であるから、これに「内宮政印」が捺されていることは当然といえる。一方、①は度会郡司の解に宮司が連署したものであり、これに「内宮政印」が捺されている理由は判然としない。同文書は大宮司の名前が当時の大宮司と異なるなど問題があり、あるいは偽文書の可能性も考えられよう。

残る③・⑧・⑨は、内外宮禰宜の連署もしくは内外宮禰宜の判を持つにもかかわらず「豊受宮印」は捺されずに「内宮政印」のみが捺されるという特徴を持つ。単純に考えれば両方の印が捺されるべきであろう。それがそうなっていないのは、これらの文書が作成された一一〜一二世紀段階においても二所の大神宮を代表するのは内宮であり、「内宮政印」が捺されるべきである、という意識が存在したことを物語っていると考えられる。「豊受宮印」が押捺されるのは外宮のみが関わる文書に限られたのである。一〇世紀以降を単純にそれ以前と同一視することはできないが、ここでは時代が下り、外宮の地位が高まった一一〜一二世紀においても、いまだ「内宮政印」こそが伊勢神宮を代表する印として用いられていたということを指摘しておきたい。

このような点から考えても、八世紀段階の伊勢神宮は、基本的に内宮を中心とする形で両宮の祭祀が運営され、それに大神宮司が朝廷の出先機関として関わっていた、という構造であったとみなされる。それが九世紀に入り、祭主の設置、大神宮司の増員および権限強化、禰宜・権禰宜の増加、といった変化〔小倉 一九九四、西宮 二〇〇

四、藤森 二〇〇八ａｂ等参照）を踏まえて、大神宮司、また外宮が地位を向上させていき、『延喜式』に記される形へとつながっていくのである。『延喜式』に見える伊勢神宮の姿はこの転換後の姿であるという点に留意しなければならないであろう。

おわりに

本章では伊勢神宮への公印頒下の問題をとりあげることによって、一般的な史料の読み方からは読み取ることのできなかった八～九世紀の内宮・外宮・大神宮司の関係を明らかにしてきた。基本的には内宮が伊勢神宮の中心であって、外宮はその御饌神（この点については紙幅の都合上、別の機会に論じたい）という付属的位置づけであり、両宮および神郡の行政事務を管掌する組織として設置された大神宮司も、実際的な場面においては必ずしも両宮の上に位置するとはいえなかった。八世紀半ばに内宮禰宜にのみ「内宮政印」が頒下されたのも、実質的に伊勢神宮を代表するのが内宮であったためであろう。

ところが、九世紀に入ってこの構造は転換していくことになる。文書行政が進展し、また伊勢神宮内における大神宮司の地位が向上したことにより、大神宮司も独自の公印の使用が必要となり、「大神宮印」が頒下されることとなった。さらに、九世紀後半には外宮に対しても「豊受宮印」が頒下されたが、その後もしばらくの間は、両宮に関わる案件に対しては「内宮政印」が用いられ、内宮が関与せず外宮のみが関わる案件にのみ「豊受宮印」が使用されたのである。

古代伊勢神宮に関わる史料は、たびたび伊勢神宮が火災に見舞われたことにより、かなり早い時期から混乱や訛伝《かでん》が生じていたと見られる。従来、伊勢神宮研究では、古伝を否定するに急なあまり、ともすれば内宮よりも外宮側の所伝を重視しがちであったが、ことはそう単純ではない。充分な史料検証を踏まえた上で組み立てていくことが求められよう。

〔参考文献一覧〕

池山聰助 一九八四「伊勢天照皇大神宮禰宜譜図帳について」(『神道古典の研究』国書刊行会、初出は一九四二年)
井後政晏 一九九二「「大神宮司」の成立の問題」(『皇學館大学神道研究所紀要』八)
菟田俊彦 一九七二「内宮政印」(『日本古代史研究』二、明文社)
大西源一 一九二一「伊勢神宮の三古印」(『考古学雑誌』一一―一一)
小倉慈司 一九九四「八・九世紀における地方神社行政の展開」(『史学雑誌』一〇三―三)
―――― 二〇〇〇「八～九世紀の伊勢神宮史料に関する一考察」(國學院大學日本文化研究所編『大中臣祭主藤波家の研究』続群書類従完成会)
―――― 二〇〇二「神宮本『皇代記』について」(『瑞垣』一九一)
鎌田元一 二〇〇一「日本古代の官印」(『律令公民制の研究』塙書房、初出は一九九四年)
国立歴史民俗博物館編 一九九六『日本古代印集成』(同館)
櫻井勝之進 一九七三『伊勢の大神の宮』(堀書店)
―――― 一九九一「磯宮と外つ宮」(『伊勢神宮の祖型と展開』国書刊行会)
佐藤全敏 二〇〇八「「東寺司政」印について」(『平安時代の天皇と官僚制』東京大学出版会、初出は二〇〇四年)
鈴木茂男 一九七六「日本古印をめぐる二、三の問題」(『書の日本史』九、平凡社)
薗田守良 一九三四『神宮典略』後篇(内外書籍、著述は一九世紀前半)
田中卓 一九八五「神宮の創始と発展」(『田中卓著作集』四、国書刊行会、初出は一九五九年)
千葉県史料研究財団編 一九九六『千葉県の歴史』資料編古代(同県)
西宮秀紀 二〇〇四「律令国家に於ける神祇職」(『律令国家と神祇祭祀制度の研究』塙書房、初出は一九八五年)
藤森馨 二〇〇八a「平安時代前期の大中臣氏と神宮祭主」(『改訂増補 平安時代の宮廷祭祀と神祇官人』原書房、初出は一九八六年)

――――二〇〇八b「神宮祭主成立再考」（同前書所収、初出は二〇〇五年）
御巫清直　一九三六「太神宮政印図説」（大神宮叢書『神宮神事考証』中篇、神宮司庁、著述は一八八九年）

〔付記〕　本稿は小倉二〇〇〇で論じた内容をもとに、一部修正を加えて再論したものである。

Ⅱ 中世

4　中世伊勢と仏教

ウィリアム・M・ボディフォード

はじめに

中世の伊勢と仏教について語るに当たり、大隅和雄《おおすみかずお》氏が四〇年ほど前に出した見解に対する私の意見を述べたい。氏は「神道史研究の中で、中世という時代は特に軽視された」と書いている。なぜ軽視されてきたのであろうか？　大隅氏によれば「明治以降の国家神道のもとでは、いわゆる復古神道の立場が正統であった為に、仏教その他の諸思想と複雑に習合した中世の神道は、俗神道として、貶されるのみであった」からだ。「復古神道」的なアプローチは、神道を民衆の間に生きている信仰や習俗から隔絶した貧弱なものとしてしまう。初期神道を理解するには、より包括的な神道の定義の可能性を受け入れなければならない、と大隈氏は主張したのである。そのうえで、彼は「神道とは一体何であるかを、常に問いなおさなければならないように、中世において仏教とは何であったかについても、われわれは必ずしも明確で共通の理解を持っていないことに気付くであろう」（大隅 一九七七：三四〇～三四一）という挑発的な指摘をした。

私は大隅氏の真意をこう理解している。つまり、私たちは伝統的な日本仏教の要となる特徴を理解していない。

そして仏教を理解していなければ、神道を理解することもできない、と。この所見は正しいだろう。中世仏教（特にいわゆる新仏教）の研究は、各教団の特色に焦点をあてる傾向があり、ある宗派教学が他の宗派とどう違うかという比較検討は多いものの、すべての教団に共通する文化的特色を説明することは極めて限られている。その結果、日本仏教に顕著に見られる最も重要な特色を見落とす傾向にあり、なかでも仏教を神道および伊勢に結び付ける特色に目が向けられることは稀である。

そこで、本章では仏教と伊勢の間に存在するこれらの結びつきの何点かを指摘したい。そのため、以下に三つの単純な問いを提起する。①従来軽視されてきた仏教の特徴は何か、②中世日本の仏教教団と伊勢の社家の関わりはどのようであったか、そして③中世伊勢が転換期を迎えた時、仏教教団はどのように対応したか。以下に三節をたて、それぞれに答えることにしたい。

第一節　見落とされてきた仏教の特徴

見落とされることの多い日本仏教の主な特徴として、少なくとも三つをあげることができる。すなわち（1）清め、（2）神への祈り、（3）王権とりわけ国土に繁栄をもたらすために神々の祝福を受けた聖なる国王／君主との関係性、である。これらの「特徴」は多くの仏教経典に記されているが、日本史においては『金光明経《こんこうみょうきょう》』に顕著である。いくつかの例を見ることで、その理由が浮かび上がる。

（1）清めについて『金光明経』はこう記している。

翌日悩むような悪い夢を寝ている間に見たならば、洗い清め、この経典を聴くこと

【原文】臥見悪夢、昼則愁悩、当浄洗浴、聴是経典（『金光明経』三三五頁の中）

心身ともに清らかで、あらゆる垢穢から自由であれば、喜びと幸せのうちに在る

【原文】身意清浄、無諸垢穢、歓喜悦予（『金光明経』三三五頁の下）

周知のとおり、日本初の公共浴場は寺院に作られた。『金光明経』では何度も清めについて言及している。ただ願うことは、この世のすべての仏教徒が大いなる慈悲の水を持って私を洗い清めること

【原文】唯願現在諸仏世尊以大悲水洗除令浄（『金光明経』三三七頁の中）

なぜなら、と、経典は記す。

身体や口を清めれば、こころも清まる

【原文】身口清浄、意亦如是（『金光明経』三三九頁の中）

（2）神への祈りについて、『金光明経』は非常に大きなスケールで神による救済の祈願を語る。一、二の神のみを語るのではなく、特定の家族の祖先である氏神《うじがみ》や特定の場所を守る鎮守の神（または産土神《うぶすながみ》）の間の区別もしない。また、天の神である天ツ神や地の神である国ツ神、その他の神も区別していない。その代わり、「無限の百千万億に上るあらゆる鬼、神、女神、天なる者」（【原文】無量百千万億那由他鬼神諸天）による救済を祈願する、と語っている（『金光明経』三四三頁の中）。『金光明経』は繰り返し、ブッダが教えたような正しい道理に従って国王が国を統治するならば、天の四人の王である四天王や弁才天《べんざいてん》、梵天《ぼんてん》、また一般民間信仰で認めているような神々が、その国王または国土を守護するものだと述べている。日本を統治する強大な一族が、かくも多くの神々による守護を重んじたことは想像に難くない。

（3）神々の祝福を受けた聖なる国王／君主との関係性に関して、『金光明経』はこう述べている。

人に生まれ、王として国土を統治するため、人王と称される、しかし人王として生まれながらも、神々の守護を受けているため、神々の子とも称される

【原文】生於人中、王領国土、故称人王……雖在人中、生為人王、以天護故、復称天子（『金光明経』三四七頁

の上）

日本の天皇に即していえば、経典は、天皇は生身の人間かもしれないが、神の守護を受けているのだから、神々の子である聖なるものとみなされなければならない、といっていることになる。とりわけこの一節はなぜ天皇が天照大神《あまてらすおおみかみ》の子孫であるかを説明している。

この教えは日本の初期の統治者たちにとって非常に重要であった。天平《てんぴょう》一三年（七四一）に聖武《しょうむ》天皇は、『金光明経』を広めるべく日本の全土に仏寺を遍く建立するよう命じた。今日これらの寺は通常、国分寺と呼ばれているが、正式名称は「金光明四天王護国之寺」といい、国土を守る天の四人の王である四天王を祀り、『金光明経』を唱える仏寺である。加えて、神護景雲《じんごけいうん》二年（七六八）に天皇は『金光明経』に奉じる祭礼を創設した。毎年行われるこの祭礼は御斎会《ごさいえ》と呼ばれ、天皇が御所に仏僧たちを招き、『金光明経』を唱えるものである。『金光明経』の唱和は大内裏《だいだいり》と呼ばれる御所の住居の中にある大極殿で執り行われた。この場所は即位などの国家儀礼が行われる場所と同じである。

ここで考察の対象を伊勢に戻す。国王／君主との関係性についての考察は、伊勢についても当てはまる。伝統的に伊勢は王権や王位継承権と密接な関わりを持っていたため、『金光明経』と伊勢は同じ事柄（統治）を表す、異なる媒体でもあるといえる。通常、これら二つは並行して機能したが、相対立する可能性がまったくなかったわけではない。この重複した状況は、『平家物語』の中のエピソードに鋭く鮮明に描かれている。巻八の「名《な》虎《とら》」において、清和《せいわ》天皇即位の過程が次のように描写されている。

昔、文徳《もんとく》天皇は天安《てんあん》二年八月二十三日におかくれになった。御子の宮様で非常に皇位を望んでいらっしゃる方々は、内々お祈りなどをなさっていた。第一皇子惟喬《これたか》親王を小原の王子とも申した……恵亮《えりよう》和尚は大威徳の法を行っていられたが、「これは残念なことだ」といって、独鈷《とっこ》で自分の脳髄を突き砕き、それをどろどろにまぜ合せて護摩《ごま》に焚き、黒煙を立ててひとしきり激しく手をもみ合せ祈禱されたので、（惟仁《これひと》親王側の――筆者注）能雄《よしお》（能雄少将――筆者注）が相撲に勝ってしまった。それで惟仁親王が即位なさる。清和天皇がこの方である。後には水尾天皇と申した。

それ以後、比叡山ではちょっとしたことにも、「恵亮が脳髄を砕いたので、弟君が即位され、尊意が智剣を振るい、法力を示したので、菅丞相（道真《みちざね》）がこれをお聞き入れになった」とも伝えている。これだけが法力でもあったのだろうか。それ以外はみな天照大神の御はからいと承っている。（市古貞次校注・訳『平家物語』第八「名虎」一〇五～一〇九頁）

『平家物語』によれば、清和天皇が即位に成功したのは仏僧、恵亮和尚の手助けがあったからと描かれている。当初、皇位継承は清和天皇の兄である惟喬親王が有利と見られていたが、決定的局面において恵亮和尚が火の儀式である護摩焚きを執り行った。恵亮はみずからの頭を突いて脳みその一部を掬い出し、火の中にくべた。この法力の結果、皇位継承に関する神々の意向は清和天皇に傾いたと記されている。『平家物語』の中で比叡山の仏僧たちはこの成果を吹聴する。他の皇位継承は天照大神が決めたが、この継承については仏教儀式（修力霊験《しゆりきれいげん》）が結果を決定づけたと主張した。

この話は作り話であり、実際に起きた出来事だと言及するつもりはない。しかしながら、この物語が『平家物語』に挿入されたこと自体が重要である。この話が現実に起こり得る出来事であると、当時の読者が受け入れなければ物語に挿入されることはなかったであろう。この話やその他のエピソードによって、恵亮和尚は当時、最も修力霊験にすぐれた僧だといわれた。人びとは彼の修力霊験が結果を左右したと信じたのである。

仏教儀式（修力霊験）が神々に影響を及ぼし、地上の出来事の行方を変える可能性を持つことは仏教の大きな魅力であった。日本の支配者たちはこの点に抗《あらが》いようなく惹きつけられ、その仏教支持の主要因の一つとなった。

一方、仏教が神々の行いを直接的に左右しうるという信念は、危機感や不安感をともなった。それゆえ、統治者たちは仏教を注意深く統制する必要も感じていた。

第二節　中世日本の仏教教団と伊勢社家

この節の課題を検討するために理想的な史料が『元亨釈書』《げんこうしゃくしょ》である。書名の「元亨」は、鎌倉時代末期の年号で、「釈書」とは、仏教百科事典である。日本の仏教に関するあらゆる側面についてのテーマ別考察、歴史、伝記などが集められた書であり、日本で書かれた初の包括的な仏教の参考文献といえる。『元亨釈書』は、漢文体で書かれており、中国の世俗史や仏教徒の伝記全集の形式に倣っている。特に大きな影響を与えたのが、高位の僧侶の伝記を集成した歴史的ジャンルである『高僧伝』《こうそうでん》という中国の書物である。

しかしながら『元亨釈書』の内容は、中国で書かれた『高僧伝』とはかなり異なっている。『高僧伝』は、出家した仏教教団のエリート僧侶たちだけの伝記を含む傾向にあり、俗世にある信者についての言及は極めてめずらしい。そして、これらの信者もほとんどの場合その親仏教政策により「護法者」（現代的にいえば、仏教教団の擁護者）と呼ばれることになった強力な皇帝たちであった。

一見したのみでは『元亨釈書』は右の中国モデルに非常に似通っているように見える。『高僧伝』と同様に、伝教大師《でんぎょうだいし》最澄《さいちょう》や弘法大師《こうぼうだいし》空海《くうかい》など仏教教団の偉大なリーダーの伝記が中心だ。しかしまた『元亨釈書』には、中国の『高僧伝』に含まれないような伝記も多く挿入されている。それらは（ア）勧進聖《かんじんひじり》のような巡礼放浪者である「方応」、（イ）「王臣」など政府の一員、（ウ）「士庶」と呼ばれる貴族や地主、（エ）尼や貴族の子女を含む「尼女」、（オ）日本の神々、（カ）危険な鬼たちに分類され、全体の二五％以上を占める。日本におけるこれらの分類の存在は、中国と違って、出家した仏教教団のエリート僧侶だけでなく在家信者たちも仏教コミュニティの一角を占めていたことを示す。この観点からいえば、『元亨釈書』には仏教教団の擁護者という分類が入っていないことも指摘に値する。これは、日本では誰も仏教に反対せず、中国やインドと違って仏教以外の宗教が存在しなかった（無異道）ためである。

『元亨釈書』は、日本の仏教は天照大神によって守られていると述べている。しかしこれは同書に限らず、中世日本の文献にも繰り返し記述されていることである。伊勢については周知のとおり『沙石集《しやせきしゆう》』（弘安六年〈一二八三〉）の有名な一節がある。

日本において仏教が栄えるのは伊勢大神宮の御守護によるのみ

【原文】我国の仏法、偏に太神宮の御守護によれり（『沙石集』六一頁）

同様に『神皇正統記《じんのうしようとうき》』（暦応二年〈一三三九〉）の著者北畠親房《きたばたけちかふさ》は、仏教が日本と特別なつながりがあるのは以下の理由によると述べている。

世界の始まりにあたり天地が別れた時、天照大神に守られた土地全てにわたり、この教えに適さない場所は一つとしてなかった

【原文】天地開闢の根元より始、天照内外の鎮坐楽土に至るまで、一として此宗に無不符合（「真言内証義」二二六頁）

このようにみていくと、中世日本の仏教教団が伊勢の社家を含んでいることは驚きに値しない。伊勢の社家である主な三つの氏族（祭主である大中臣《おおなかとみ》一族、内宮の禰宜《ねぎ》である荒木田《あらきだ》一族、外宮の禰宜である度会《わたらい》一族）はいずれも一族に所属する者たちのための複数の氏寺を維持していた。伊勢の社家たちは彼らの勤めの一環として仏教の戒律を順守していた。とりわけ自分たちの清浄さを保つため、『梵網経《ぼんもうきょう》』の戒を守っていた。伊勢神道を築いた一人で外宮の禰宜であった度会行忠《ゆきただ》はこう書いている。

全ての神と仏法三宝は梵網経の戒を最重要なものとすることと教えている

> 【原文】諸天三宝教令、以梵網経為最極也（「古老口実伝」二四四頁）

同様に『沙石集』における伊勢大神宮の章に以下の記述がある。

従って、伊勢の神官たちは常に梵網経の重要な十戒を守っている

> 【原文】然に当社の神官は、自然に梵網ノ十重戒を持る也（「太神宮御事」六一頁）

伊勢の社家の多くは敬虔な仏教徒であったため、その子弟が出家し、仏教教団に加わることは珍しくない。なかには通海《つうかい》のように有名な僧侶となった者もある。通海という名の僧侶は、弘安《こうあん》九年（一二八六）ごろ、『通海参詣記《つうかいさんけいき》』を記し、伊勢の詳細な記述を残した。通海は伊勢の祭主であった大中臣隆通の息子であり、通海の二人の兄弟は伊勢の祭主を務めていた。これらの事実は、通海の一族が伊勢における中枢的勢力を形成していたことを示している。真言宗の通海自身は僧官の階級において権僧正《ごんのそうじょう》に達した、常に重要な僧侶であった〔小島 一九八五：八九〕別の重要な伊勢出身の仏教徒に真盛《しんせい》がいる。彼は天台宗の僧となったが、のちに伊勢に戻り、伊勢の宗教文化について記した。今日彼は、浄土仏教的なものを強調する天台真盛宗の開祖として崇敬されている。

伊勢の社家はその子弟を仏教教団に捧げただけでなく、彼ら自身も教団に加わった。彼らは氏寺をもち、伊勢における勤めを終え、年老いてからは出家する者が続出した。たとえば、荒木田延平は伊勢の内宮で禰宜として二九年間仕えた。その間、彼は自分の行いを記録しており、今日その記録は『大神宮禰宜延平日記』として知られている。禰宜として二九年間勤めた後、長治《ちょうじ》元年（一一〇四）に延平はみずからの死に備えるため出家した。同様に三社家（大中臣、荒木田、度会）いずれも仏寺に入った神官を輩出している。それぞれの仏寺において、彼らは伊勢の神々のために法楽《ほうらく》を行い、伊勢の拝礼儀式を続けた〔萩原 一九八五：二七〇〕。外宮の禰宜であった度会行忠は、その属する仏寺で毎年行われる儀式について詳細な記録を記した。これらの記録は、伊勢に対する供《く》

物《もっ》儀式だけでなく、お盆など、日本各地の仏寺で行われている儀式をも含んでいる〔「古老口実伝」二四四頁〕。

伊勢の社家の者たちはまた、伊勢の領地をそれぞれの仏寺へ寄進した。承元《じょうげん》三年（一二〇九）に大中臣時定が記した施入状案《せにゅうじょうあん》が現存するが、これには大中臣一族の氏寺大福寺に神宮の領地であった神戸《かんべ》が寄進されたと記録されている。この文書の中で、大中臣時定は「予《よ》敬神の誠を専《もっぱ》らにすと雖も、なお帰仏の理を忘ることなし」と書いている。さらにこう記述している。

神宮の領地を仏寺建設のため分割することは革新的なことではなく、多くの先例によるものである。なぜか？ 神といっても、仏といっても、そこに違いもなく、区別もないからである

【原文】抑割分神領建立仏堂者、是非新義、多訪旧跡許也。所以、云仏云神無異無別〔萩原 一九八五：二五二〕

「先例」と時定が指しているのは、荒木田および度会一族が氏寺に寄進した神宮の領地のことである。彼の言葉は伊勢の社家たちの間で広く共有されていた想いを正確に反映していると思われる。

伊勢の最も重要な仏寺は、京都の醍醐《だいご》寺と縁故をもつ真言宗の寺院である法楽寺であったようだ。伊勢にあって法楽寺は非常に有力な寺であった。四〇〇にも及ぶ寺領を有し、二四以上の末寺をその管理下においていた。また、国家鎮護・皇室繁栄などを祈願する「勅願《ちょくがん》寺」としての役割も果たし、朝廷が伊勢で祈りを捧げたいと望んだ際には、供物とともに勅使を法楽寺に送った。供物は、外宮と内宮それぞれにあった法楽舎《ほうらくしゃ》とよばれる仏教儀式のための御堂に供えられ、真言宗の僧侶たちは護摩焚きをそれぞれの法楽舎で執り行った。弘安四年（一二八一）に亀山《かめやま》天皇は蒙古襲来に対して撃退祈願（異国調伏）のために多くの供物を法楽舎に捧げた。その年の後半、台風のために蒙古が侵略を断念すると、法楽寺と法楽舎の名声はこれまでになく高まった。伊勢における仏教史を考える上で頂点をなす出来事の一つといえる〔小島 一九八五：一三三、二〇二〕。

第三節　中世伊勢の転換期と仏教教団の対応

上述のように、鎌倉時代は伊勢の名声が新たな高みに上った時代だとすれば、戦国時代はまったくその逆といえる。中世末期、とりわけ応仁の乱以後、伊勢は多くの困難に見舞われた。この時期は伊勢の大きな転換期となる。

鎌倉時代、伊勢の財政基盤は京都の朝廷から新たに出現した東日本の武士団へと移行した。鎌倉幕府が滅びたのち、伊勢のこれらの武士団に対する財政的依存度はさらに増した。また、一五世紀ころから、伊勢神宮への参宮の普及にともなって、庶民の参宮者と彼らによる寄進も徐々に増大する。天台仏教の指導者であった真盛は伊勢参宮の人気をこう述べている。

伊勢に一度も参詣したことのないものはいない。よって、人々は全ての人が伊勢を参詣したことがある、というのである。伊勢を一度も参詣していない者は天照大神の守護を得られない。そのような人は一日片時も安心することはできない

【原文】一度御前不参詣者非人中。依之人云人。御前不参者無是。設又一度無参詣者天照太神非御守。一日片時不可有安穏（「真盛上人往生伝記」五〇六頁の中）

逆説的かもしれないが、武士団からの経済的支援や参宮者は増えれば増えるほど伊勢を悩ませることとなった。寄進の必要性が高まると、内宮と外宮の間の経済的対立が芽生え、他の地域と同様に、武力対立へと発展していったからである。今日私たちは伊勢を一つの場所として考えるが、歴史的には二つの異なる場所であった。内宮と外宮という二つの神宮があったように、「鳥居前町」も二つあった。小さいほうの宇治が内宮の鳥居前町であり、より大きい山田が外宮のそれであった。

正長《しょうちょう》二年（一四二九）にはこれら二つの町の間に初の武力衝突が勃発した。暴力と無法に支配されたこうした時代、神宮社家は戦闘以外にも多くの危険に晒された。永享《えいきょう》六年（一四三四）には、内宮が盗難にあい、神殿の金物《かなもの》などが賊に盗まれている。数年後の嘉吉《かきつ》二年（一四四二）には外宮も同じ運命にあい、荒らされた。

しかしながら、最も危険な惨禍はやはり戦闘であった。一五世紀後半にはいると宇治の神人《じにん》と山田の神人が、しばしば武力をもって闘争するにいたったが、とりわけ文明《ぶんめい》一八年（一四八六）の対立は激しいものとなった。武士たちは外宮正殿に放火し完全に焼失させたほか、外宮の他の建築物も破壊した。火災もおきていた。永正《えいしょう》一〇年（一五一三）には内宮の法楽舎とその護摩堂が全焼した。永禄《えいろく》二年（一五五九）内宮の本殿も火事のため破壊された。

よく知られるように、伊勢神宮には二〇年ごとに社殿を再建する「式年遷宮」の伝統がある。伊勢の初期の歴史を通じて、二〇年ごとに内宮が再建され、その二年後に外宮が再建された。内宮・外宮それぞれの式年遷宮は、実は数年にわたって行われる、複数の特別な儀礼から構成されている。したがって、再建にあたって建築費だけでなく、数々の華麗な儀式の費用も必要であった。こうした儀式には多くの人びとが参加し、多くの供物を捧げなければならない。何百年もの間、神宮所有の領地から上がる収益（役夫工米《やくぶくまい》）が数年にわたる儀式や再建の費用を賄ってきた。

中世末期には室町幕府の政治的・経済的無力化と全国的な動乱とは、朝廷や国費はもちろん、役夫工米による造営をも不可能ならしめた。二〇年ごとの再建が定期的に行われたのは、内宮が再建された永享三年（一四三一）までであった。三年後の永享六年（一四三四）には外宮が再建された。次の遷宮は二〇年後の宝徳《ほうとく》三年（一四五一）のはずであった。内宮は文安《ぶんあん》二年（一四四五）に新規造営のための工米を依頼し、遷宮のプロセスを立ち上げたが、財源は得られなかった。資金の国内調達ができなかったので、伊勢は海外に財源を求めることになった〔小

島 一九八五：一〜二六、一九三〜二二四〕。

史上初めて、伊勢は中国の明帝国への勘合《かんごう》貿易使節団に加わった。宝徳三年、九隻からなる小型船団が兵庫から中国へ向けて出港した。そのうちの二隻は大友《おおとも》と大内《おおうち》という強力な大名家の命により交易を行う船であった。その他の船はすべて仏寺のために交易を行っていた。奈良近くの多武峰《とうのみね》にある妙楽《みょうらく》寺、そして九州の聖福《しょうふく》寺のための船がそれぞれ一隻、京都の天龍《てんりゅう》寺のために三隻、伊勢法楽舎に二隻である。おそらく内宮の法楽舎に一隻、外宮の法楽舎に一隻ということだったのだろう。

ただし、伊勢の社家には中国と貿易を行うための専門的知識が欠けていたことはもちろんで、中国への勘合貿易使節は常に僧侶たちによって行われていた。したがって、今回伊勢を代表していたのは、法楽舎の僧侶であった。貿易使節団があげた収益の一部が法楽舎にとどめおかれたことも不思議ではない。使節団が送られた月日から判断して、使節団の目的が外宮と内宮遷宮のための資金調達であったことがうかがわれる。

しかしながらこの使節団は失敗に終わった。日本人はまだ知らなかったことだが、その二年前、明の軍は土木《どぼく》の変において大敗を喫し、明の正統帝は捕虜となり、首都北京城は包囲されていた。これらの軍事上の敗北を受けて明国政府は財政危機に陥っていたのである。そのためにまったく利潤がなく、日本の交易団はその目的を達することができなかった。その結果、神宮の遷宮は計画通りにはできなかった。内宮は一部分だけ再建されたが、それさえ前回の式年遷宮から三〇年以上経った寛正《かんしょう》三年（一四六二）まで行われなかった。外宮に関しては遷宮の試みさえなされなかった。その後も長い間再建の動きは見られなかったのである。

内宮は寛正三年より天正《てんしょう》一三年（一五八五）にいたる一二三年間、外宮は永享六年より永禄六年（一五六三）にいたる一二九年間、式年遷宮を行うことができなかったのである。

式年遷宮が行われなかったこの時期、朝廷の関心は伊勢から京都へと移った。文明一四年（一四八二）吉田兼《かね》倶《とも》が京都神楽岡《かぐらがおか》に特別な斎場を設けていた。斎場所大元宮《さいじょうしょだいげんぐう》と呼ばれたこの斎場は、特別の八面様式で天地すべての神祇を祀っていた。七年後の延徳《えんとく》元年（一四八九）兼倶は伊勢神宮の神霊が降下したと称した。そして兼倶は後土御門《ごつちみかど》天皇の勅書をえて、伊勢神宮の神々を斎場に勧請《かんじょう》して、国土の平和のため、一天安全、四海泰平の祈禱を命じられた。言い換えれば、兼倶は伊勢の伝統的な機能を実質的に奪ったのである。兼倶は、もはや伊勢の遷宮はおろか、財政的支援も賄えなくなった朝廷に対し、安上がりな伊勢の代替物を提供した。内宮と外宮は一致団結して兼倶を糾弾し、後土御門天皇の勅書を撤回するよう朝廷に請願した。しかし請願は無駄に終わった。伊勢は新しい吉田神社に対抗するだけの政治的、軍事的、そして宗教的力を持っていなかったのである。万事この状態であれば、伊勢神宮は栄光ある歴史を掲げつつ国政には何の役割も持たない、ただの田舎神社になり下がる危険に直面していた〔藤谷 一九八〇〕。

伊勢がその威光を失う可能性が差し迫っていたこの歴史上の転換期、その流れを食い止める力を持った人物は誰ひとりいないように思われた。朝廷は吉田兼倶にその権威を与え、室町幕府は軍事力を欠いていた。大名は相争うことに忙しく、未だ伊勢を参宮する人びとには組織力もなく指導者もいなかった。この転換期に伊勢を救ったのはほかでもない仏教尼たちであった。天文二〇年（一五五一）慶光院《けいこういん》の清順尼《せいじゅんに》は伊勢神宮のための資金集めを始めた。永禄六年（一五六三）彼女は伊勢に隣接する諸国において勧進（いわゆる郡県之奉加）を組織し、飽くことなき努力の結果、同年九月には永享六年（一四三四）以来一二九年ぶりに外宮において式年遷宮が行われた。清順尼は続けて内宮遷宮のための勧進を始めたが、目標を達成する前の永禄九年（一五六六）に没した。その後、清順尼の弟子であった周養尼《しゅうように》がこの事業を引き継いだ。周養尼の努力の結果、二〇年後の天正一三年（一五八五）内宮と外宮両方において式年遷宮が実現したのである。両宮が同年に再建されたのは、史上初めてであった。また両宮とも正遷宮《しょうせんぐう》以来およそ一五〇年以上を経ての同時再建となった。

清順尼と周養尼が達成した事業がいかに壮大なものであったか。誇張してもしすぎることはないであろう。彼女たちの事業が、仏教尼が共有する勧進（資金集め）の経験と能力により可能になったことは間違いない。日本の仏寺の多くは、仏教尼（とりわけ熊野の比丘尼《びくに》）によって証明されるような、勧進の力に依存してきた。他の寺の尼たちでも、これほど大胆な事業を試みたものはいなかった。女性の宗教的能力と彼女たちの宗教的目標に対する献身とともに、あらゆる社会的階層を超えて、新興の武士階級と民衆の力を集め、結合する女性の力を示すものである。

おわりに

大隅和雄氏が四〇年以上前に指摘したように、私たちが持つ典型的な仏教および神道の定義づけは中世日本の史料に合致することは滅多にないようである。中世においては仏教と神道を二つの異なる宗教として明確に分離するということはなかった。一方で、二つの異なる伝統が互いに影響しあう、宗教的習合という見方も成り立たない。伊勢で見られるように、仏教組織（出家した僧侶）と神道組織（在家の祭主と禰宜）は互いに分離していたわけではない。さらに仏教教団を形成する人びとを、その教団外の人びとと区別して定義することもできない。一見すると別の異なる教団のように見えるが、構成人員は同じであった。また私が提起したように、彼らの関心事や活動も重なりあっていた。これらの組織、教団、観点がどのように補完的に機能していたかについて、より明確に見ていくことで、中世伊勢の転換期における仏教と神道の理解を深化させることができるだろう。

〔参考文献〕

「古老口実伝」西川順土校注『伊勢神道　上　神道大系』九二冊（神道大系編纂会、一九九三年）

「金光明経」『大正新修大蔵経』一六冊
「真言内証義」宮坂宥勝校注『仮名法語集』日本古典文学大系（岩波書店、一九六七年）
「真盛上人往生伝記」天台宗典編纂書『続天台宗全書』「史伝」二冊（春秋社、一九八七・八八年）
「太神宮御事」渡辺綱也校注『沙石集』日本古典文学大系（岩波書店、一九六八年）
『平家物語』市古貞次校注・訳『新編日本古典文学全集』（小学館、一九九四年）
大隅和雄　一九七七「中世神道論の思想史的位置」『中世神道論』日本思想大系（岩波書店）
小島鉦作　一九八五『伊勢神宮史の研究』（吉川弘文館）
萩原龍夫　一九八五「伊勢神宮と仏教」『伊勢信仰Ⅰ』民衆宗教史叢書（雄山閣）
藤谷俊雄　一九八〇「伊勢信仰の復活」（『神道信仰と民衆・天皇制』法律文化社）

5　夢告と観想——鎌倉時代における僧たちの伊勢参宮——

伊藤　聡

はじめに

鎌倉時代において伊勢神宮は、仏教にとってもひとつの聖地であった。顕密《けんみつ》を問わず多くの僧徒が参宮を遂げ、各宗派は神宮の周辺に拠点寺院を建立した。しかし、神宮には長く仏教忌避の伝統があり、平安時代までは僧侶が参宮することは基本的になかった。つまり、僧徒の参宮は極めて新しい歴史的事態だったのである。では、この行為はどのように信仰的に正当化されていたのであろうか。本章ではそのことを、「夢告《むこく》」と「観想《かんそう》」というふたつの観点から考えようとするものである。

古来「夢」とは仏・神などの「聖なるもの」のメッセージを受け取り、交感するための回路であった。仏・神のみならず鬼神・魔・死霊など冥衆《みょうしゅ》を含め、人間と冥顕《みょうけん》を異にする存在と交流するための最も一般的な手段は「夢」を通しての示現《じげん》であった〔横井 二〇〇一〕。伊勢神宮と仏教との関係をめぐる一連の説話も、「夢」が重要な役割を果たしている。

いっぽう「観想」とは、見かけの現象世界の背後にある異界＝「真実」の世界を感得する実践的方法である。

参宮した僧徒たちは、我々が今日行っているような作法で参拝したのではなく、神前での観想を通じて、神と相対したのである〔伊藤 二〇一二〕。

そして、特に伊勢神宮の場合、仏教忌避の慣習が存在する。それを乗り越えて、いかにして神との交流を図るかが彼らにとっての重大事だった。そのための最も有効な手段が夢告と託宣《たくせん》であった。人と神仏との交感が夢告・託宣を通じて行われたのは、他の寺社も同様だが、僧侶の神拝に何かと制限を設けている伊勢神宮の場合にはとりわけ重要だったのである。

第一節　橘諸兄参宮譚

伊勢神宮における神仏習合は、奈良末~平安初期の神仏隔離政策によって一時的に停滞したが、一一世紀ころより観音信仰と結びついて再び進展した。しかしなんといってもその画期となったのが、祭神天照大神《てんしょうだいじん》と大日《だいにち》如来《にょらい》（摩訶毘盧遮那仏陀《まかびるしゃなぶつだ》）との習合だった〔伊藤 二〇一一a〕。これは一一世紀中期に著された成尊《せいぞん》（一〇一二~七四）の『真言付法纂要抄』において、初めて両者の関係が示唆され、さらに一二世紀初期には、同体であることを示す説話が出現する。それが『東大寺要録《とうだいじようろく》』『大神宮諸雑事記《だいじんぐうしょぞうじき》』が伝える橘諸兄《たちばなのもろえ》参宮譚である。

その語るところによれば、天平《てんぴょう》一四年（七四二）聖武天皇が御願寺建立を思い立ち、右大臣橘諸兄を伊勢神宮に派遣して神裁を請うた。勅使帰還の夜、天皇の夢中に光り輝く「玉女《ぎょくにょ》」が示現し、「本朝は神国なり。神明を欽仰《（きんぎょう）》し給ふべきなり。而して日輪は大日如来なり。本地《（ほんじ）》は盧舎那仏なり。衆生《（しゅじょう）》は之を悟りて当に仏法に帰依《（きえ）》すべきなり」と告げられ、その結果建立されたのが東大寺である、というのである。

ここでいう「玉女」とは天照大神の使い、あるいは大神そのものを指すと考えられ、「夢」を通じて天照大神と大日如来（盧舎那仏）が同体であり、仏寺建立がまさに神慮に叶うことが開示される。このことにより、天皇による勅願寺の建立が正当化されるのみならず、伊勢神宮という神祇の聖地と東大寺という日本仏教の中心とが一対の存在であることが明されるのである。

第二節　重源と東大寺衆徒の参宮と夢告

治承《じしょう》四年（一一八〇）、平家による南都攻めによって焼け落ちた東大寺再建を目指す後白河院《ごしらかわ》が、その重責を託したのが俊乗房重源《しゅんじょうぼうちょうげん》（一一二一〜一二〇六）である。卓抜した行動力と組織力を持つ勧進聖《かんじんひじり》だった重源は、早くも文治《ぶんじ》元年（一一八五）には大仏開眼にこぎ着けている。さらに大仏殿の建造事業が進められるが、そのなかで行われたのが、文治二年四月から五月にかけての東大寺衆徒による伊勢神宮参詣である（伊藤 二〇一一a、阿部 二〇〇二）。

その経緯は直後に編纂された『東大寺衆徒参詣伊勢大神宮記《とうだいじしゅうとさんけいいせだいじんぐうき》』に詳しい。同書「参詣由来事」によれば、文治二年二月のこと、重源は禁を破って伊勢神宮の瑞垣《みずがき》の辺に通夜し、「吾れ近年身疲れ力衰うれば、大事成り難し。若し此の願を遂げんと欲さば、汝早く我が身を肥やさしむべし」との天照大神の夢告を得た。その報告を受けた東大寺では、大般若経《だいはんにゃきょう》六百巻二部を書写し、内外両宮に奉納すべしと決した。そして、同四月二三日から五月三日にかけて、尊勝院主弁暁《べんぎょう》（一一五一〜一二一四）以下六〇人の衆徒が、内外両宮に参詣と、法楽《ほうらく》のための大般若供養と番論義《ばんろんぎ》を、神宮神官ゆかりの寺院で挙行することになったのである。

そのときの表白《ひょうびゃく》に、「即ち勅使を当宮に献じ、霊応を大神に待ち奉り御《（ましま）》すの処、神慮大に感じ、冥助《（みょうじょ）》忽ちに通ず。御託宣の新たなる旨に任せ、悦びて盧舎那の霊像を鋳《（い）》奉るの日」（同前）との一節があり、東大寺の衆徒が先例としての諸兄の参宮をはっきりと意識していたことが分かる。天平の聖武と文治の重源とが、時空を越えて大神からの夢告によって結ばれているのである。

なお、この夢告は、時代が下るとさまざまな伝承を生んだようで、鎌倉後期の『東大寺造立供養記《とうだいじぞうりゆうくようき》』には、

其の後上人、伊勢太神宮に参詣す。造寺の事祈請《きしよう》するに、故に是の念を作《な》す。「若し我が願満足せば、当《まさ》に示旨に応ずべし」と。爾の時、夢にも非ず現《うつつ》にも非ずして、宝殿の前に束帯の俗人有り。又幼童出来きて上人の懐中に在り。上人に語りて言く、「其の願を遂げんと欲さば、我を肥やしむべし」と云々。

とあり、「束帯《そくたい》の俗人」あるいは「幼童（幼児）」の姿で天照大神が示現したとの説を載せる。

また『伊勢大神宮記《いせだいじんぐうき》』の末尾には、供養ののち、神が納受《のうじゆ》したことを示すと思しき次のような夢を、重源の弟子が見たという話を載せている。

一、御示現事

俊乗坊弟子聖人生蓮、五月日夢に見給ふ。米を袋に入れて、多く船に積みて、天覚寺の前の池に差寄せたり。子細を相尋ぬるの処に、船主云く、「此は是、大般若の米なり」と云々。夢中に思ふ様、米の字は八十八と書く。長寿の瑞を表する事か。旧《ふる》く申し置く事なり。是れ定めて官長延寿の告げか。是の如く思ふの間に、傍に人、詠歌して云、

けふこそは　あまつみことの　はじめなれ　あしかびもまた　いまぞみゆらん

是の如き詠を聞くと思ふ間に、夢驚《さ》め了んぬ。驚めて後、三十一字心に銘じ覚悟すと云々。此の歌の意、尤も幽玄為り。賢智之を察するを冀《こいねが》ふのみ。

大般若供養が内宮・外宮両神の満足するものだったということの、重源によるアピールであろう。夢告が効果的に使われているのである。これは後述する重源の宝珠感得《ほうじゆかんとく》の逸話とも共通する。

第三節　行基参宮譚と夢告

諸兄参宮譚と並んで、重源の時代に流布した類似の説話に行基《ぎょうき》（六六八～七四九）の参宮譚がある〔久保田 一九七三、伊藤 二〇一一a〕。同譚は多くの文献に引かれるが、ここでは代表的両部神道書のひとつ『両宮形文深釈《りょうぐうぎょうもんじんしゃく》』上より引いておく。同書冒頭には、先の諸兄参宮の話に続いて、次のような話を載せる。

天平一三年（七四一）、聖武天皇は、東大寺建立が神意に叶うかどうかをあらためて知ろうと、行基に命じて伊勢参宮させた。彼は、七日七夜、内宮の南の木の下に居し、舎利を奉じて大神に祈念したところ、夢中に「実相真如《じっそうしんにょ》の日輪は、生死長夜《しょうじちょうや》の闇を明かし、本有常住《ほんうじょうじゅう》の月輪は、無明煩悩の雲を掃《はら》う。我、遇《あ》ひ難き大願に遇うこと、闇夜に灯を得たるがごとし。亦た受け難き宝珠を受くこと海を度（渡）るに船を得たるがごとし」との示現を受けた。随喜した行基は、舎利を神領内に埋納して帰京、報告した。

重源はみずからを行基に擬していたことは同時代史料よりうかがわれるが、彼が右の説話について知っていたかははっきりしない〔伊藤 二〇一一a〕。重源参宮以降に作られた可能性もある。ともかく、この〈先例〉は、その後の僧徒の伊勢参宮に歴史的根拠を与えるものとなったが、これもまた天照大神の夢告が主要モチーフとなっているのである。

なお、参宮譚が助長した行基信仰の高まりの結果、行基本人の遺骨が出現する〔杲宝『行基菩薩御遺骨出現記』〔堀池 一九六〇〕。天福《てんぷく》二年（一二三四）のこと、慶恩という僧侶に取り憑いた行基自身とその母の託宣をきっかけに、生駒の竹林寺にあった行基墓より、彼の遺骨＝仏舎利が舎利容器とともに発見されたのである。舎利はのちに東大寺に移されることになった。この奇端は行基参宮譚の仏舎利埋納の話と何らかの連絡があったと考えられよう。

第四節 重源の宝珠感得

仏舎利で想起されるのは、重源の舎利（宝珠）信仰である。重源は東大寺再建の事業の過程で、次の年表が示すように、宝珠・舎利・神鏡等々といった「聖遺物」を、あるときは強引な方法でもって取得し、それを再び分与するといった行為を繰り返していた〔中尾 二〇〇一、伊藤 二〇一一a〕。

重源の宝珠関係年表

年月日	事項	出典
治承4（一一八〇）・12・28	平重衡の兵火により東大寺・興福寺焼亡	『玉葉』『明月記』等
治承5・6・26	東大寺造営の知識詔書が発布される	『百錬抄』『玉葉』『東大寺続要録』等
養和元（一一八一）・8	重源に東大寺造営勧進の宣旨下る	『東大寺続要録』『東大寺造立供養記』『南無阿弥陀仏作善集』等
元暦2（一一八五）・4・27	九条兼実、大仏に納入する仏舎利を重源に渡す	『玉葉』『東大寺続要録』『醍醐雑事記』
8・23	大仏胎内に仏舎利奉籠	『東大寺続要録』『南無阿弥陀仏作善集』
文治元（一一八五）・8・28	大仏開眼供養	『東大寺続要録』
・7〜閏7	大仏の眉間が光を発するとの噂広がる	『玉葉』
建久2（一一九一）・5	重源の弟子鑁也、室生山の舎利を盗む	『玉葉』
建久3・4・8	後白河法皇死去後、勝賢（重源の盟友）が鳥羽宝蔵の宝珠を返却	『玉葉』
建久5・10・15	仏舎利三粒を播磨国浄土堂（浄土寺）に奉納	『浄土寺文書』
建久8・11・22	重源、周防国阿弥陀寺に五輪水精塔を施入	阿弥陀寺蔵鉄宝塔銘文
建久9・12・19	重源、敏満寺に金剛五輪塔を施入	胡宮神社蔵五輪塔銘文
正治元（一一九九）・4末	小朝熊社の神鏡が盗まれる	『小朝熊神鏡沙汰文』『大神宮参詣記』

正治2・10・22	東大寺尊勝院再建。五輪水精塔を施入	『東大寺続要録』『南無阿弥陀仏作善集』
建仁3（一二〇三）・5・28	聖徳太子廟に押し入り、太子の歯を盗んだ浄戒・顕戒（重源弟子）を配流	『百練抄』『猪熊関白日記』『聖徳太子伝私記』等
9・15	伊賀新大仏寺の板五輪塔造立	五輪塔銘文
建永元（一二〇六）・6	重源死去	『明月記』『三長記』等
寛喜2（一二三〇）・8	小朝熊社神鏡盗難事件の犯人貞長（重源弟子。阿波民部重能遺児）、自首	『百練抄』『明月記』『猪熊関白日記』『民経記』『皇帝紀抄』

伊勢神宮でも重源は、宝珠を感得している。『東大寺《とうだいじ》衆徒《しゅうと》参詣《さんけい》伊勢《いせ》大神宮記《だいじんぐうき》』には次のようにある。建久《けんきゅう》六年（一一九五）四月のこと、重源は、内宮近くにあった菩提山寺で、貞慶《じょうけい》を導師として神宮法楽のための法会を行い、そのときの奇瑞として、坐禅中に風宮（これは内宮別宮である風日折宮《かざひのみのみや》）より白・紅の薄様《うすよう》に包まれた二つの宝珠を感得した。同様の話は『通海参詣記《つうかいさんけいき》』『吾妻鏡《あずまかがみ》』に見え、また『古今著聞集《ここんちょもんじゅう》』では内外両宮各々より宝珠を授かるとの異伝を載せている〔伊藤 二〇一一a〕。風宮よりの夢中感得は、重源の捏造である可能性が高いが、文治二年の場合と同様、夢告が極めて有効に使われている。

第五節　重源以後の東大寺勧進聖と夢告

東大寺再建事業は重源の死後も続く。そして彼の後継者である勧進聖たちもまた伊勢神宮からの夢告を期待していた。ここではふたりについてとり上げておく。西迎《さいげい》と聖守《しょうしゅ》である。西迎は大仏殿灯油聖《とうゆひじり》の祖としても知られる人物だが、そのいっぽうで戒壇院《かいだんいん》の再建を推し進めた〔永村 一九八九〕。彼はその祈願のためにしばしば伊勢神宮に参詣し、その数は五十余度に及んだという〔伊藤 二〇一一b〕。西迎の参宮の動機は、文治二年（一一八六）

における重源および東大寺衆徒の参宮・神前法楽以来の伝統に沿ったものであろうが、『通海参詣記』の記す、

東大寺戒壇院ノ聖西迎上人、当宮ヲ信シ奉ツリテ、常ニ参テ後世ノ事ヲ祈申ケル夢ニ、
ノリノ師ノ祈ルハチスノ花ノニホヒハ、コ、ノシナナカノナカニソサタメヲクヘキ
中品中生ノ宿望ヲ遂クヘキニコソト悦《よろこび》申サレケリ。

という逸話が示すように、念仏聖でもあった西迎にとって、伊勢参宮は極楽往生に向かう道でもあり、その願いに応えるように、往生を予告する夢告（歌）があったのである。

聖守（一二一九～九一）は東大寺の学侶方《がくりょがた》の出自だが、遁世して真言院《しんごんいん》の再建に尽力した〔永村 一九八九、堀池 一九六五〕。真言院は空海が東大寺内に真言密教の拠点として創建した子院であるが、治承《じしょう》の兵火により廃滅した。聖守によるその再建事業は、建長七年（一二五五）に始まり、弘安三年（一二八〇）に完成する。その経緯については、聖守自身の編纂とされる『東大寺続要録《ぞくようろく》』の「諸院篇」真言院条に詳しいが、関連深い資料として、東大寺図書館に所蔵される聖守筆『東大寺真言院再興略記《さいこうりゃくき》』がある。真言院再建の経緯について和文で筆記した来由の記である。

真言院建立の大願を立てた彼は、寛元《かんげん》の頃（一二四三～四七）高野山奥院に籠って霊夢を受け、その後伊勢神宮へ参って神託を得た。次いで建長六年（一二五四）春にも参宮して祈願をするや、その霊験により有力者からの資金援助を受けた、とある。さらに正嘉《しょうか》三年（一二五九）には三度目の参宮を遂げた。そのとき、聖守は一鳥居の前で神託を担ったひとりの禅尼に迎えられる。禅尼は、自分は菩薩戒を受けようと神に祈ったところ、禰宜《ねぎ》氏忠が御殿より出てきて、明日来る南都より参詣の僧にみそうづ（味噌入り雑炊）賜うべし、との夢告を得たと申した。

一四日間の参籠の間受戒を施し、仏を供養したところ、禅尼は何を布施といたしましょうと訊いた。それに対

して聖守は、自分には真言院再建という大願があり、「結縁奉加の人」（つまり、再建を援助してくれる人）は一人残らず往生できるように、天照大神に祈願している。あなたも大神にそのことを申しいれてほしいと答えた。それに応えて禅尼が祈請すると、数日後（おそらく禅尼に）託宣があり、来世の往生を約束する神歌が下り、さらに尼が荒祭宮《あらまつりのみや》に参ったところ、「みさき」（烏）が社殿の門の上より稲ひとたばを咥えて飛び立った。彼女が袖を広げて「聖の大願が成就して、真言院結縁の者がすべて得脱するならば我が袖にその稲入れ」というと、烏は袖に稲を落とした。その「霊稲」を三粒ずつ七大寺に納め、残りは真言院に安置させた。その間にも多くの不思議な出来事があり、力を得た聖守はさらに参籠して「これらの神託が真実ならば、三三貫の銭貨を与えたまえ。それを以て神のご意志を確認したい」と祈請した（このように神意を試みるような姿勢は誠に興味深い）。そこに一人の禅尼（先の者とは別人?）がいて、七日の説法を勧めたので行ったところ、僧俗が集まり、銭貨を置いた。結願の日に数えるとちょうど三三貫あった。これにより神意を知り、「奉加結縁」の者すべての往生も確かであると分かった、とある。このように度重なる夢告・託宣に力付けられながら、再建事業を行っていた様子が分かる。

なお、『通海参詣記』下によると、建長七年に参宮した「南都ノ上人」たちの法楽を、父延季（内宮一禰宜）が止めようとしたところ、氏忠が神の納受せることを夢見、以後父も仏法に帰依したという。「南都ノ上人」とは発心《ほっしん》上人とよばれた源慶《げんけい》という僧のことだが、二件ともに氏忠が登場、しかもいずれも夢告に関わっていることは興味深い。氏忠は南都の僧たちに天照大神の意志を伝える媒介者だったのである（伊藤 二〇一一a）。

また叡尊《えいぞん》は、弘安三年、内宮長官延季（氏忠の父）の招請に応じて、三度目の参宮を遂げた。法会を催して大蔵経転読を行ったのち、風日折宮にて禰宜らと対面したとき、ひとりの巫女に天照大神の使者たる「牟山神《むやましん》」が憑依し、経供養を納受したとの託宣を下す。この巫女もまた、同様の媒介者だった。

第六節　僧侶参宮の隆盛と忌避

康永《こうえい》元年（一三四二）に参宮を遂げた医者の坂十仏《さかじゅうぶつ》の記録『伊勢太神宮参詣記』によれば、外宮は二鳥居を越えたところに参詣の限界を示す指標として五百枝杉なる杉があったという。この杉は同時代の『正暦寺《しょうりゃくじ》伊勢《いせ》曼《まん》荼羅《だら》』に「五百枝杉」と註記の上描かれる。室町後期にも存在したことは山田大路元長《ようだのおおじもとなが》『参詣物語』より確認できる。同書には内宮についても「百枝杉」という同じような杉があり、そこが限界点を示したと思しい（『正暦寺内宮曼荼羅』にも百枝杉と思しき木があるがはっきりしない）。

このような認識がいつから現れたかについて参考になるのは、『通海参詣記』である。同書で、対話者のいっぽうである僧は内宮にては「(二)鳥居ノウチ」の「大ナル木ノモト」に、外宮でも「御池ノ辺ニ霊木ノ下ニ」とどまっているのである。これらが「五百枝杉」「百枝杉」を指すとすれば、少なくとも同書が成った弘安年中には存在したと認められよう（文保二年〈一三一八〉成立の『文保記』「宮中禁制物事」によれば、持経者の類は二鳥居の内にも入れないが、威儀を正した僧尼については三鳥居に入らなければ制限を加えないとある。つまり法文上ではかくなっていたが、慣習的にこれらの杉が指標とされるようになっていたのではあるまいか）。

ところが、鎌倉初期にはまだこの規定はなかったらしい。文治二年の『東大寺衆徒参詣伊勢大神宮記』によれば、僧徒たちは、外宮では神官たちの諫めにより、夜陰に乗じて瑞垣辺まで参籠、内宮では一禰宜の案内で夕刻に宝前まで参っている。ただし群参を憚って二・三人ずつ参拝させている。また、同書によれば重源自身も夢告を受けるために、秘かに瑞垣近くに数日にわたり参籠している。つまり、鎌倉初期には、僧徒参詣の禁は生きていたものの、夜中参拝などの手段での参拝が半ば黙認されていた、あるいはこのときの参宮が後白河法皇のバックアップの下に行われたことから黙認されたのであろうか。しかし何れにせよ、この時期には二鳥居のうちのある地点までという規定が確立しておらず、その後の僧徒参宮の流行のなかで決められていったのではないだろうか。

第七節　曼荼羅としての伊勢神宮

このような僧侶による伊勢参宮はどのように意義づけられ、正当化されていたのだろうか。もちろん大前提となったのが天照大神を大日如来の垂迹とする説である〔櫛田 一九六四、伊藤 二〇一一a〕。加えて、伊勢神宮は天照大神を祀る内宮（皇大神宮）と豊受大神を祀る外宮（豊受大神宮）から成るという特異な編成を持つことにより、伊勢両宮を胎金両部《たいこんりょうぶ》に配当する発想が生まれた。この説は秘されていたものでなく、参宮する僧徒に広く知られていたことであった。そのことは『沙石集』巻一第一話「大神宮御事」や『西行物語《さいぎょうものがたり》』などの記事より明らかである。

しかし前述したように、僧侶は正式に宝前に参ることができない。かかる状況で僧たちは、伊勢両神に対してどのように祈りを捧げていたのだろうか。このことをめぐって『通海参詣記』には次のようなくだりが見える。

（上・二）僧云……抑《そもそも》是レマテ参リ侍レトモ、法施《ほうせ》ヲタテマツル斗《ばか》リニテ、宝前ニ参リチカツカサレハ神拝ノ次第モ知給ハス。別宮等ノ法施ノタメニ、其次第御在所ナト承リテ、法味ヲカサリタテマツルヘクヤ（侍ラム）。

（下・一）僧云、神拝ノ次第、託宣ノ旨趣貴ク承リヌ。抑当宮ニ仏法ヲ忌セ給トテ、加様ニ二鳥居ノ内マテ参リ侍レトモ、中院ノ神拝ヲユルサレス。此辺ニテ法施ヲ奉レハ、事モ相ヘタ、リ念モ及サル心地シ侍リ、……

「法施」とは経・真言を読誦することである。彼らは遠くから遙拝していたのではなく、経文を唱えていたのである。

ただ近づくことができないのは正殿のみで、別宮・末社には参拝できたはずである。そこでは俗人と同じように神拝作法を行っていたのかというと、そうではなく、同様の法施をしていたらしい。

実際にどのような作法が行われたかを知る上で重要な著作が、梁の宝誌に仮託された『天照大神儀軌《てんしょうだいじんぎき》』である。同書は上下二巻より成り、上巻は天照大神・豊受大神と別宮・摂社の本地と印明《いんみょう》、下巻はその口伝たる縁起譚である。上巻の冒頭に、「華蔵世界の毘盧遮那仏」は、我が朝では「天照皇太神宮」というのだと述べ、次いでその眷属《けんぞく》たる「十一王子」について記される。そのくだりを以下に引く（引用は尊経閣文庫本〈称名寺旧蔵〉）。

十一王子有り、以て仕者と為す。第一を随荒天子と名づく。閻羅法王所化なり。此は荒祭宮と言へり。第二を龍宮天子と名づく。難陀龍王なり。此には滝原《たきはら》の宮と名づく。第三を水神天子と名づく。抜難陀龍王なり。此には滝祭《たきまつり》と言ふ。第四を月夜《つくよ》の宮と名づく。天官なり。第五を月読の宮と名づく。地官なり。第六を伊象《いぞう》宮と名づく。又伊雑《いぞう》の宮と名づく。司命神なり。第七を伊忍天子と名づく。此れには伊佐奈岐《いざなぎ》と名づく。司禄神なり。第八は高山天子と名づく。此は高宮と名づく。泰山府君なり。第九は並宮と名づく。五道大神なり。並に五道の神なり。第十を風の宮と名づく。風伯神なり。第十一を興玉と名づく。水神なり。又水宮なり。此の十一天子に各四百万億眷属有り。彼の天衆の所に小天衆有り。之を略して四十四所之を祭る。上求菩提下化衆生の願力に於て、邪悪無慈小智の者の為めに、事業精進の法を説く。

これらは内外宮の別宮・摂末社に当たるもので、梵衆天《ぼんしゅうてん》の眷属としての名も併記されている。さらにその後には「天照大神各別印真言経　金剛手菩薩撰」として、彼らの印・真言が列挙され、その利益が注記される。

横浜の称名寺《しょうみょうじ》には『天照大神儀軌』の鎌倉写本が伝来しているが（県立金沢文庫保管）、これと一具をなしていたと思しき複数の曼荼羅図が伝来している（櫛田　一九六四）。その図様は、内外宮とも四重曼荼羅を象《かたど》り、内外両宮（種子にて表す）を置き、二重目以下に別宮・摂社を配する構成を取る。つまり、『儀軌』を本説とした両宮曼荼羅を本尊とする作法が行われていたことを、これらの曼荼羅は示している。これらは寺院内の道場だけではなく、実際に伊勢参宮した際も、社前において行われていたと考えられる。

第八節　神体観想

このような神前作法の中心になるのが神前における観想である。それを伝えるテキストとして『神法楽観解深法巻下《しんほうらくかんげしんほうまきげ》』『天照坐二所皇大神正殿観《あまてらしますにしょこうたいじんしょうでんかん》』がある。前者では内宮の宝殿にて、まず浄土のなかの吽字《うん》（[梵字]）を観想し、それが金剛宝殿↓風気↓神↓生↓王↓人↓正覚正智《しょうがくしょうち》と変ずる観想法を記す。また後者では次のようにある。

正殿（内宮か）の床下の心御柱《しんのみはしら》（国璽天御量柱）を大日本国の中心の金剛宝柱であると観想することから始まり、そこに三種神器・十種神宝を観ずる。これらは二所皇大神が天下を治めた当初に使用した武具であるとし、そこより、大日如来が皇大神両宮として降臨した原初を観ずる。その姿は霊鏡であり、それは摩尼宝珠であり、日・月として天下を照らして、十仏刹微塵数世界に遍満する。その光りは衆生の心中にも及んで菩提心を起こさしめる。菩提心は鑁・阿の本有曼荼羅で、鑁字は変じて金剛界九会の聖衆となり、阿字変じて胎蔵界十三院衆生となる。内外両宮と諸別宮は、その曼荼羅世界を構成する云々

神殿中の霊鏡を観想しながら、それがこの地に降臨した大日如来の化身たる宝珠であり、環境世界と衆生の内的世界に遍満していること、内外両宮の社域はそれを表象した曼荼羅であることを感得するのである〔伊藤 二〇一四〕。

興味深いことに、観想の書である『正殿観』の字句表現は、『大和葛城宝山記《やまとかつらぎほうざんき》』『中臣祓訓解《なかとみはらいくんげ》』『両宮本誓理《りょうぐうほんぜいり》趣摩訶衍《しゅまかえん》』『両宮形文深釈《りょうぐうぎょうもんじんしゃく》』等の両部神道書と密接な関係を有する。このことは、両部神道書の記述が机上の文

献操作によって作り上げられたのではなく、神前観想などの宗教体験を繰り返すなかで、紡ぎ出され、積み重ねられたイメージ群を文章化していったものだったことを示唆している〔伊藤 二〇一四〕。

おわりに

以上、本章では「夢告」と「観想」をめぐって、鎌倉時代僧徒の伊勢参宮について、考えてきた。「夢告」についていえば、伊勢神宮（天照大神）が、東大寺大仏（盧舎那仏＝大日如来）と同体であり、伊勢両宮はそのまま胎金両界曼荼羅であるとの「真実」は、その起源譚たる橘諸兄・行基参宮説話において、天照大神からの夢告という形を取ることで開示された。東大寺・興福寺再建、蒙古調伏、自宗・自門の興隆を祈願して参宮した重源以下の多くの僧徒たちも、大神から夢告を受けることを期待したのである。

いっぽう「観想」についていえば、神前で結印読誦しつつ、社殿を五輪塔と観じ、殿中にあるはずの神鏡を表象することで、大神即真如（＝大日如来）なることを体感していたのである。伊勢神宮の社域とは地上に出現した曼荼羅世界であり、両宮と別宮の諸神は胎金大日如来以下の諸尊にほかならない。そのことを彼らは、社前での観想を通じて身をもって体験したのである。鎌倉時代の伊勢参宮を遂げた僧たちにとって、参宮とは「夢告」と「観想」による神＝仏と一体化するための秘儀だったといえよう。

〔参考文献〕

阿部泰郎 二〇〇二「伊勢に参る聖と王――『東大寺衆徒参詣伊勢大神宮記』をめぐって――」（今谷明編『王権と神祇』思文閣出版）
伊藤聡 二〇一一a『中世天照大神信仰の研究』（法藏館）

――二〇一一b「中世神道の形成と無住」（小島孝之監修・長母寺開山無住和尚七百年遠諱記念刊行会編『無住――研究と資料』あるむ）
――二〇一二「神道の形成と中世神話」（苅部直・黒住真・佐藤弘夫・末木文美士・田尻祐一郎編『日本思想史講座2―中世』ぺりかん社）
――二〇一四「幻視される始原――中世神道書における天地開闢説――」（『古代文学』五三）
久保田収 一九七三『神道史の研究』（皇學館大学出版部）
櫛田良洪 一九六四『真言密教成立過程の研究』（山喜房佛書林）
中尾堯 二〇〇一『中世の勧進聖と舎利信仰』（吉川弘文館）
永村真 一九八九『中世東大寺の組織と経営』（塙書房）
堀池春峰 一九六〇「行基菩薩御遺骨出現記について」（『ビブリア』一六）
――一九六五「造東大寺大勧進聖守文書に就いて」（『大和文化研究』一〇―一）
横井清 二〇〇一『中世日本文化史論考』（平凡社）

〔引用文献〕
『大神宮諸雑事記』（神道大系『皇太神宮儀式帳・止由気宮儀式帳・太神宮諸雑事記』）
『東大寺衆徒参詣伊勢大神宮記』（真福寺善本叢刊『古文書集一』）
『東大寺造立供養記』（大日本仏教全書『東大寺叢書』一）
『伊勢御正体厨子納入文書』（『西大寺叡尊伝記集成』）
『大神宮参詣記』（大神宮叢書『神宮参拝記大成』）
『伊勢太神宮参詣記』（同右）
『東大寺真言院再興略記』（堀池春峰「東大寺真言院再興奏状・同再興略記に就いて」（『大和文化研究』六―一一、一九六一年）
『天照大神儀軌』（尊経閣文庫本）
『神法楽観解深法巻下』（真福寺善本叢刊『両部神道集』）

『天照大神口決』（『真言神道集（下）』）
『天照坐二所皇大神正殿観』（真福寺善本叢刊『両部神道集』）

6　地中の仏教——伊勢神宮の地下からの眺望——

D・マックス・モーマン

はじめに

伊勢神宮は今日、永続的かつ不変である宗教的伝統の地として喧伝されている。神宮のウェブサイトに記されている通り、まさに伊勢は「変わることなくここにある」と。一方、本書のテーマである「変容」が示唆するのは、これとは異なる伊勢神宮の姿であり、不変よりも変化に特徴づけられたものでる。式年遷宮は、しばしば永続的で不変である伊勢神宮の連続性を永久化するメカニズムと見られてきた。しかしながら、本書では、現在の式年遷宮をきっかけに、伊勢神宮の変容の場面、そしてその歴史を検証する。

伊勢神宮における神と仏の関係についての我々の理解は歴史を通じて変化し続けた。仏教の影響を受けていない、土着の宗教的伝統の故郷として伊勢神宮をみなす（明治政府下において制度化され、広められた国学由来の神話である）見方は一般的であり、今日でも神社本庁が前面に出しているものである。明治の神仏分離令の下で行われた日本の宗教的景観の再編成は、日本宗教史上最も革新的な転換点であった。そしてその結果、伊勢神宮の地位、構造、管理運営は変わったのである。しかしながらそれ以前の一〇〇〇年もの間、仏教的儀礼、法典、神々、信心は伊勢神宮の宗教的文化の欠くべからざる一部であった。伊勢神宮における神と仏の関係は単純なものでも、自明のものでもなかった。それはいくつもの転換点や変容に富んだ独自の歴史であり、その歴史はしばしばあいまいにされ、時には埋没させられてきた。

古代の伊勢神宮に見ることができた神仏隔離の政策は、神と仏との関係史の大きな転換点であったことは間違いない。特定の儀礼の場において、仏教的単語、慣習、そして僧たちに対して取られた禁令は、神仏間の歴史的緊張関係を浮かび上がらせると同時に、両者の緊密さをも表す。

第一節　無住の起源論

伊勢神宮のこの神仏隔離については、鎌倉時代後期の臨済宗《りんざいしゅう》の僧、無住一円《むじゅういちえん》が説話集である『沙石集《しゃせきしゅう》』において次のように述べている。

去る弘長年間に、大神宮に参詣しました折、ある神官が語るには、当社では三宝の御名を言わず、御殿の近くは僧であっても詣でないならわしである。そのわけは、昔、この国がまだ存在しなかった時、大海の底に大日如来を表す種子があったので、天照大神が御鉾を海中にさしおろしてお探りになった。その鉾の滴りが露のようになった時、第六天の魔王が遙かにこれを見て、『この滴りが国となって、仏法が流布し、人間が悟りをひらく兆しである』と言って、それを取り除くために下ってきた。天照大神は魔王に会って、『私は三宝の名をも言うまい、我が身にも近づけまい。だから安心してすぐに天上にお帰り下さい』と、なだめすかしておっしゃったので、魔王は帰ったのである。……神宮は表向きは仏法をいとわしい事にし、内々には三宝を守りなさることにしていらっしゃる。だから、我が国の仏法は、ひとえに大神宮の御はからいによるのである。

（『沙石集』五九頁）

無住の起源論によれば、伊勢における神と仏の歴史はわざとあいまいにされている。日本が存在する以前から続いている歴史であるが、未だ海の底に隠れている。つまり、伊勢神宮から仏教的な組織、個人、講話、儀礼、象徴を排除するというこの明らかに不可解な状況に対して無住がとった行動は、日本の起源論を書き直すことだったのである。仏教に対する明確な禁令は、仏法の敵を阻むための天照大神《あまてらすおおみかみ》の賢明な策略であり、伊勢神宮を全国仏教徒の地下本拠地として位置づけるためになされた、と説明した。表面的には禁忌《きんき》にみえる禁令が、実は神国日本が形成されるよりも前に、天界の仏陀によって海の底に刻まれた深い歴史的背景を持ち、そこに顕在するのは仏教の禁止ではなく、その守護と維持の約束なのである。無住はこのようにして伊勢の歴史的転換点を起源として再提示したのである。

伊勢における仏教についての議論はもはやタブーではなかった。実際、仏教は神職による伊勢研究の中心的な要素でもありつづけてきた。それは無理もないことである。なぜなら、仏教的な個人、組織、慣習、講話、象徴は一〇〇〇年以上神宮に存在していたからである。『続日本紀《しょくにほんぎ》』文武《もんむ》天皇二年（六九八）一二月二九日条によれば、この年、伊勢神宮への一層の奉仕のため、斎宮の多気大神宮寺《たきだいじんぐうじ》が度会《わたらい》郡に移された。天平神護《てんぴょうじんご》二年（七六六）七月二三日に天皇は同寺に勅使を派遣し、丈六の仏像を本尊として贈った。そして神護景雲《じんごけいうん》元年（七六七）一〇月一二日には、逢鹿瀬寺《おうかせでら》を永久に伊勢大神宮寺となす宣旨をくだした〔萩原 一九八五：一二三一〕。

しかしながら、無住の説明通り、伊勢が完全に仏教徒のための場と化したのは中世以降であった。マーク・テーウェン氏の両部神道・度会神道の研究は、一二～一三世紀の伊勢の発展を仏教的講話と象徴の中心として位置づけている。また、伊藤聡氏は、一三～一四世紀の天台宗および真言宗の仏書（『宀一山秘密記《べんいちさんひみつき》』、『渓嵐拾葉集《けいらんしゅうようしゅう》』、『神祇秘抄《じんぎひしょう》』、『鼻帰書《びきしょ》』）は伊勢を大日如来の原土としての日本という広い仏教的な地理の上に捉え、曼荼羅《まんだら》や婆娑羅《ばさら》など密教の図像などで構造化した(1)、と論じる。しかしながら、中世の文献に見る伊勢の仏教的イメージは、歴史的発展というより伊勢神宮の超源論として示されている。すなわち、海底に天照大神が刻んだ印のように、本源的な状態であり、常にそこにあったものとして描かれているのである。本章では、このような中世の伊勢像の前提となる、神職が一二世紀末に行った特定の儀礼行為について検討したい。この儀礼を検討することによって伊勢神宮における宗教文化および宗教風景の変革を実施した人びとや組織に新たな光をあてることができるのではないかと思われる。

第二節　地中の仏教

海底にある天照大神の印や、三宝に対する天照大神の秘められた保護と同様、これらの儀礼はある意味で水面下における行為といえる。一二世紀後半、伊勢神宮の名だたる氏族（度会、荒木田《あらきだ》、大中臣《おおなかとみ》）に連なる人びとは、特に聖別された仏教の経典、真言、陀羅尼《だらに》、曼荼羅《まんだら》を内宮や外宮のすぐ近くにある聖地の地中に埋めた。(2) 経典その他の視覚的・物質的な文物の埋蔵という行為は、緊迫した宗教危機の時代にあって公然の秘密であった。多くの日本の仏教徒にとって一二世紀は末法《まっぽう》、すなわち仏法が退廃するという最後の時代の始まりであった。経典の入手はもとより、人びとが経典の教えを実現する能力が最低となる時代だったのである。

仏法の不可避的な衰退は、伝統と個人双方の救済にとって問題となった。仏法の死は仏教そのものに対する挑戦であり、その持続や存続のための行動が必要になった。また個人の仏教徒にとっても末法は、教えの発祥が過去のものとなり、人間の精神的能力が減退し、個人の救済がますます困難になることを意味していた。

末法への自覚は明らかに平安期における経典の埋納慣習に活気を与えたが、こうした活動に関与した人びとには他にも動機があった。経典埋納に添えられた願文などを見ると、この作善行為により、奉献者（あるいはこの善行を捧げられた相手）の末法までの阿弥陀浄土往生を願う、といったことも書かれている。経典埋納は、仏法救済と個人の救済という二重の願望を併せ持ち、このふたつの目的は同じ作善行為によって実現可能だという認識があった。経典埋納は末世の準備をし、極楽を確保するための儀礼的枠組みと物質的手段を人びとに提供したのである。

一二世紀までには経典埋納は薩摩から出羽にいたるあらゆる地域で行われるようになっており、多くの場合、仏寺またはその近く、あるいは仏教の聖山において、仏僧の管理のもとで、信徒によって執り行われた。伊勢における埋納について特筆すべきことであり、また伊勢神宮に関する一般的な理解からして驚くべきことは、内宮・外宮の神職が仏教的救済のために行ったという事実である。

伊勢の神職一族（度会、荒木田、大中臣）による仏教儀礼は長い歴史を有する。早くも一〇世紀には伊勢の神職たちは死後の救済を得るために仏寺を建立し、晩年には剃髪をして仏僧となり、仏教式の葬式と法事を授かっていたということが分かっている〔萩原 一九八五：二三一～二三九〕。しかしながら、伊勢における経典埋葬地からの出土品が示しているのは、伊勢の神主たちの深い仏教的信心についての歴史的かつ特定性を有する物理的証拠であり、関係者の名前、日付、動機が明らかにされているのである。

伊勢に埋められたこれらの経典は厳格な儀礼手順に則って写経されたものであり、五六億七〇〇〇万年後の弥《み》勒来迎《ろくらいごう》まで守護し維持するために地中に埋められたのである。経典や関連物品は伊勢の異なる八か所に埋められていたが、ここで焦点をあてるのは、そのうち重要性の高い二か所である。その第一は、内宮の東に位置する朝《あさ》熊山《まやま》の経ヶ峰《きょうがみね》と呼ばれる地に埋められた経典である。これらは、紙に墨で書写され、青銅や銅で作られた筒型の経筒に収められたのち、陶製の外容器に入れられていた。さらにこれらの容器は石壁で覆われた地中の小さな室に入れられ、石で蓋をした上に墓のような小さな塚と石塔で目印を付けられた。第二群の経典は、教えの維持に対する懸念の高まりを反映してか、粘土瓦に刻まれ、外宮のすぐ西にある小町塚《こまちづか》経塚《きょうづか》に埋められた。

これらの経塚は、この時代の社会的また信仰上の不安の存在を示すだけにとどまらない。同時に、伊勢こそそのような不安が現れた場所であり、そのような不安に対する勝利が得られる場所であることを示すのである。

第三節　経ヶ峰——末法と浄土——

朝熊山の頂上に近い金剛證《こんごうしょうじ》寺の脇にある約三〇平方メートルの場所から、平治《へいじ》元年（一一五九）から文治《ぶんじ》二年（一一八六）頃の埋蔵経典が四三点発掘されている。ほとんどの埋蔵地は、自然石で覆われ、上から蓋をされた孔の中に、高さ二五〜三五センチの陶製の容器が入れられていた。そこに金銅あるいは銅の経筒が入れられ、その中に紙に黒墨で書写された経典の巻物が納められていた。経典とその容器の他、仏の姿を彫った鏡や仏像のための台座、刀身、鋏《はさみ》、玉、針、陶器、漆器、大小さまざまの皿、茶碗、酒の徳利、盃、扇子、ガラス玉、銭等、幅広い埋蔵品も含まれていた。

近代以前の伊勢の宗教的景観において、金剛證寺と朝熊山は重要であった。その重要性は「お伊勢参らば朝熊をかけよ、朝熊かけねば片参り」という江戸時代の言い回しによく表現されている（大阪市立博物館編　一九八七：一八二）。朝熊山はまた、伊勢参りの最終地点として「伊勢参詣曼荼羅《いせさんけいまんだら》」の上部左端に重きをなして描かれている。

金剛證寺の埋蔵品のうち最も古いものは、平治元年八月一五日勧進比丘尼真妙《かんじんびくにしんみょう》による、と刻まれた銅製の経筒で、『法華経《ほけきょう》』や『観普賢経《かんふげんきょう》』などを含む巻物一三巻が納められていた[3]（図1）。『観普賢経』の奥書には、一日前の一四日付で、書写と埋納の理由が説明されている。刻まれた説明には「雅彦の高貴なる霊が阿弥陀極楽浄土で往生できるように書写された（平治元年八月十四日雅彦尊霊為出離生死往生極楽書写了）」と記している[4]。この祈願の享受者はその四か月前に死去した外宮の禰宜《ねぎ》、度会雅彦《わたらいまさひこ》であった。また、「雅彦の尊い霊が成仏し道を得ることができるよう（為雅彦尊霊成仏得道也）」にと写経された『仏頂尊勝陀羅尼経《ぶっちょうそんしょうだらにきょう》』も同日埋められた[5]。儀礼に則

図1　経ヶ峰経塚出土の経筒と『観普賢経』

って如法経《にょほうきょう》を写経した勧進比丘尼真妙は、度会一族に連なる神宮近くの常勝寺の尼と特定されている。巻物の第三巻の奥書はさらに長い。六人ほどの度会氏の人びとの名前と肩書が記され、「六世における往生を避け、成仏して道を得るよう（六道衆生普成仏道故也）」請願者が祈っている(6)。

経典に加え、埋蔵された三つの青銅の鏡がある。三つのうち二つは丸く、三つ目は四角であり、いずれも阿弥陀の姿が彫られている。丸い鏡の一つは裏に鳥や蝶、楓《かえで》の浮き彫りが施され、表に観音菩薩と勢至菩薩《せいしぼさつ》を従えた阿弥陀の座像が刻まれている。もう一方の丸い鏡は、両面が阿弥陀像で飾られている。片面の阿弥陀は瞑想の印相《いんぞう》で蓮の台座の上に坐している。もう一面では、観音菩薩と勢至菩薩を従え、後光《ごこう》を発しながら雲と花びらの中を降臨し、扉が開いた建物にいる輪郭だけが示された信者たちに光を照射している。長方形の鏡は、鶴や松、不滅の島で飾られ、海のほとりの山の麓へ仏が菩薩たちを従え来迎している様子の浮き彫りが見られる(7)（図2）。

『法華経』の選定や、極楽浄土往生への祈念は平安後期の経典埋納の慣行に則ったものだ。天台宗の伝統によれば、『無量義経《むりょうぎきょう》』と『観普賢菩薩行法経《かんふげんぼさつぎょうほうきょう》』を含む『法華経』は、最も一般的な奉納品であった。『法華経』はその流布、鎮座、崇拝に努めることを奨励していた。その他の初期大乗経典同様、『法華経』は仏陀の教えの集大成である経典としての位置づけから、仏法を真に体現するものとして、仏そのものの姿を超越するものとされた〔Schopen 2005: 25–

図2　経ヶ峰経塚出土の鏡

62）。『法華経』はまさに、それを「受け取り、保護し、読み唱え、説明する人、また『妙法蓮華経』のたった一節でも書写する人、あるいは仏本人であるかのように経典の書かれた巻物を崇め見る人」を最も賞賛に値すると教えるのだ（『大正新修大蔵経』第九巻：二六二頁）。経典埋納の発願者は、この教えの実践により、写経による経典の保護と、卒塔婆《そとうば》建設により経典を鎮座し崇めることの両方を実践するという功徳を積むことができた。『法華経』では、仏陀が経典の保護とそれに対する献身を「私が滅びた後、邪な時代に」行うよう特に強調していたため（『大正新修大蔵経』第九巻：二六二頁）、末法の世にはこの経典の埋納がとりわけ時宜に適ったものとされた。

　極楽浄土往生は平安期の宗教文化における一般的な目標であり、『法華経』において唱えられ、理想化されたものでもあった。埋納された鏡に刻まれた阿弥陀の来迎の表象は、この時代の数多くの文献や絵画に見られる一般的なものだ。鏡に描写された風景は海に切り立つ山々、遠望される群島だが、それは、仏教・道教の極楽における理想的な情景として一般に表されたものである。朝熊山頂上から伊勢湾方面の風景に近似しており、明らかに地元の影響も見られる。だが土着文化とのさらに密接な関連性として、経ヶ峰経塚に関連した人びとの名前を指摘できる。

経ヶ峰経塚の埋納には外宮の神職のみならず内宮の神職も加わっていたことに注目したい。ここから出土した外側の陶製の壺（図3）には承安《じょうあん》三年（一一七三）八月一一日と記されており、伊勢大神宮権禰宜正四位下荒木田神主時盛のため「後生安穏太平」を願って如法経が書写され、奉納された(8)。

外宮と内宮それぞれの禰宜をつとめてきた度会氏と荒木田氏は、伊勢の歴史において代々対立してきた家系として認識されている。しかしながら、両家の指導的立場にある神職たちが浄土で生まれ変われるよう刻んだ経典が、隣り合って埋蔵されているという事実自体が、この二つの家系が仏法的儀礼において極めて近かったことを表している。このことを示すもう一つの事例として、伊勢神宮の神職の家系に属する八つの寺のうちの一つである定泉寺《じょうせんじ》に久安《きゅうあん》元年（一一四五）奉納された薬師如来坐像があげられる（図4）。この像は荒木田氏の人物とその妻と思われる度会氏の者が連名で奉納したもので、像の内側には二人の名前が連なって刻まれている(9)。

図3　経ヶ峰経塚出土の陶製の壺

図4　定泉寺旧蔵薬師如来坐像と内側に刻まれた文字

第四節　小町塚経塚——粘土の中の法典——

二つの神職家系のさらに大がかりな協力の例として、内宮近くの小町塚に埋められた経典がある。四二〇枚以上の瓦経はそれぞれ約二五センチ×三〇センチの大きさであり、小町塚経塚に承安四年（一一七四）に埋められた(10)（図5）。これだけの規模の事業は大中臣、磯部、度会、荒木田の各氏に属する多くの個人の参加だけでなく、何百もの瓦経を制作、刻文、運搬するための資金、材料、技術をも必要とした。経典は『法華経《ほっけきょう》』が一六九瓦、『大日経《だいにちきょう》』が一二二瓦、『金剛頂経《こんごうちょうきょう》』が四〇瓦、『蘇悉地経《そしつじきょう》』が八三瓦、『理趣経《りしゅきょう》』が七瓦、『阿弥陀経《あみだきょう》』が四瓦、そして『般若心経《はんにゃしんぎょう》』であった。これらの経典に加えて納められたのは真言と陀羅尼、法華曼荼羅、胎蔵界《たいぞうかい》曼荼羅、金剛界曼荼羅、そして瓦と同じ薄灰色の粘土で作られた卒塔婆の一部、蓮台座、光背《こうはい》である。同年、菩提山に別の瓦経セットが同じ者によって奉納され、同じ僧が式を執り行った。

図5　小町塚経塚出土の瓦経と光背

長い年月に耐えうるよう、屋根瓦と同じ素材である火をいれた粘土の使用が、末法の暗い世においても仏法を維持するという意思を明示している。彼らの願文には、末法について特に明記され、三つの異なる瓦で「釈迦末法之時」が告げられている(11)。経ヶ峰経塚同様、釈迦末法の時代において、経典埋納は神職の死後救済への祈りでもあった。小町塚経塚の瓦経は外宮の禰宜を務めた度会常行《つねゆき》が、天養《てんよう》元年（一一四四）から七四歳で没する永暦《えいりゃく》元年（一一六〇）までの間に、浄土往生を祈願して捧げたものである。請願者の名前には、多くの度会氏の神職（度会常章《つねあき》、度会春章、また彼らの妻、息子、そして娘たち）とともに、荒木田、磯部、大中臣氏

の者と特定された人びとの名も見られる。(12)

願文は神職氏族相互の繋がりを示すだけでなく、複数の神社や寺の間における資材や技術の繋がりの存在をも示唆している。経典は伊勢に埋められたが、瓦の願文によれば、これらは地元ではなく三河国渥美《あつみ》郡伊良湖《いらこ》で作られた。伊勢湾の対岸渥美《あつみ》半島の先端にある伊良湖には、伊勢神宮へ神饌《しんせん》や資材を奉納する多くの荘園（御厨《みくりや》・御園《みその》・御園）が存在し、古墳時代より陶器生産の中心地であった（本書第1章参照）。一一世紀の東大寺修復のために作られた屋根瓦が伊良湖の瓦窯から発掘されたほか、同じ地域の一一の窯からも出土した。

瓦経の製作と埋納に指導的な役割を果たし、願文全般にその名がみられる二人の僧は、沙門《しゃもん》西観と金剛仏子《ぶし》遵西である。彼らは渥美郡伊良湖郷万覚寺の僧であることが判明している。同寺で瓦経に願文が刻まれ、焼成されたようである。前述のように、同年に同じ請願者、神職、僧侶の名が書かれた近似した瓦経のセットが伊勢神宮のすぐ近くにある菩提山に埋められた。また、同じ形状、書のスタイル、そして同じ灰色の釉薬がかかった瓦経も渥美半島の先端の各所で発見されている（奥村 一九六七：一六）。

その他の出土品も、渥美半島が伊勢で埋められた陶製品の製造元であることを示す。伊勢の別の経典埋納地である神宮寺から出た経筒の陶製外容器には、渥美半島にある内宮の荘園の僧観秀が作った（「加治御薗住人僧観秀造」）と刻まれている。数多くの窯がある加治は、小町塚経塚から出土したものと同じ種類の蓮台座も製作した地である。同地から出土した陶製の光背には藤井成重により、「渥美郡伊良釈迦末法胡万覚寺に於ける釈迦末法の時にあって極楽浄土往生のため白土を捧げる」（「［三河国渥美郡伊］良胡湖……願臨終正念万覚寺釈迦末法之時往生安楽国以白瓷奉造立」）と刻まれている（奥村 一九六七：二〇）。したがって、伊勢に埋められた陶製の瓦経、容器、光背、蓮台座は伊勢神宮の神主氏族のために、渥美半島に伊勢神宮が所有する荘園の土を用い、万覚寺において職人と僧侶と筆写者によって製作・刻文され、伊良胡の窯で火を入れられ、そして他の供物同様船で伊勢湾を横切り運ばれた。

この巨大な仏教経典――いってみれば「粘土に刻まれた聖典」は、以降五六億七〇〇〇万年の間仏法を護るため、また奉納願文によると、神宮の神職たちが、死の瞬間に相応しい精神を保ち、極楽浄土往生、国土全一〇方向の守護、感覚のある全ての生物に対する恵みと喜び、弥勒菩薩《みろくぼさつ》降臨の際の参列、そして全ての仏教祈念儀式を正しく実践するため、伊勢神宮の地中に埋められたのである。

おわりに

一二世紀、伊勢に埋められた仏教教典、物品、偶像の数々はいくつもの転換点を表している。伊勢の神職一族（度会、荒木田、磯部《いそべ》、大中臣）の人びとにとり、経典埋納は仏教徒としての歴史の上で重要な転換点を示すものであった。願文に書かれている通り、それは「釈迦末法之時」、長期にわたる仏教の衰退期であり、「弥勒菩薩降臨」までの間下降し続ける永続的な仏教の年代記なのである。それと同時に、埋納は神職たちの人生サイクルにおいても個人的な転換点であった。それは生から死への変遷であり、残された者が「死に際しての正しい心を持ち、阿弥陀浄土での生まれ変わり、……そして仏教徒としてのすべての法事を正しく執り行うこと」を祈ることであった。経典埋納は、伊勢の神職の宗教的、家族的人生におけるこれらの転換期が一つに集約した場面において氏族の人びとがとった対応であり、必然的な変化に対応しようとした試みであった。

今日の我々から見れば、伊勢における経典埋納は別の転換点、すなわち継続性の主張によりあいまいにされた変化の歴史に注意を惹きつけるきっかけとなる。明治政府により法制化された継続性の主張は、過去に一度も実現しなかった宗教的過去を近代日本に復元しようという試みであった。こうした伝統を生み出すには、伊勢における仏教の歴史を抹消し、仏教が語られないという過去を築き上げることが必要であった。

しかしながら、伊勢の経塚埋納が明らかにしているのは、そうした近代のイデオロギー上の構築物の下に、初期の宗教的複雑性が重層的に横たわっているということである。そこでは、伊勢の神職たちが、仏教経典、仏像、仏教的実践、そして僧侶にうったえ、みずからの人生の転換点や宗教史上の転換点に対応しようとした。この意味で、伊勢の経典埋納は別の宝物を我々に提供している。すなわち、我々が長い間知っていると思っていた場所に関する地下の歴史を明らかにしているのである。それらは、タイムカプセルのように、宗教的情熱を今に伝える考古学的資料といえる。我々はこれらの資料によって伊勢の仏教的歴史を発掘することができ、近代に主張された伊勢の統一的で不変の伝統より深いところに眠る事実に気づかされる。そこで明らかにされているのは、相違点の歴史、変化の歴史、そして仏教的伝統から隔絶されたものではなく、それらに深く根ざした宗教的景観である。

（1）この点に関しては、〔伊藤 二〇〇一：二九～三九〕、〔伊藤 二〇〇〇：五九～七四〕および英文では〔Teeuwen 1996〕を参照されたい。
（2）ここでいう「地下の仏教」に関する先行研究には、下記のような業績がある。〔和田 一九〇三〕、〔奥村 一九六七〕、〔佐藤 一九三二〕、〔岩出 一九一六〕、〔小玉 二〇〇〇〕などがある。
（3）以下引用する刻文については、〔関 一九九九〕を参照されたい。勧進比丘尼真妙については、〔関 一九九九：№一二四：四五六〕参照。
（4）〔関 一九九九：№一二三：四五六〕。
（5）〔関 一九九九：№一二二：四五六〕。
（6）〔関 一九九九：№一二五：四五七〕。
（7）これについては、とりわけ〔東京国立博物館編 二〇〇九：五六～五九〕参照。
（8）〔関 一九九九：№一二八：四五七〕や〔東京国立博物館編 二〇〇九：五五〕を参照されたい。

（9）〔竹内 一九五四〕や〔東京国立博物館編 二〇〇九：五四〕参照。
（10）小町塚経塚の埋蔵に関しては、〔奥村 一九六七〕および〔関 一九九九：四六七〕を参照されたい。
（11）〔関 一九九九：№一三四・一三五・一四五：四六〇～四六三〕。
（12）〔関 一九九九：№一三四～一六二：四六〇～四六七〕。

〔参考文献〕

高楠順次郎・渡邊海旭編『大正新修 大蔵経』（大正一切経刊行会、一九二四～三二年）
無住一圓『沙石集』（渡辺綱也校注）（岩波書店、一九六六年）
Schopen, Gregory 2005 *Figments and Fragments of Mahāyāna Buddhism in India* (University of Hawai'i Press)
Teeuwen, Mark 1996 *Watarai Shinto* (CNWS)
伊藤聡 二〇〇〇「沙石集と中世神道説」（『説話文学研究』三五）
―――― 二〇〇一「大日本国について」（『国文学』七〇―五〇）
岩出斎三郎 一九一六「朝熊岳の経塚と家蔵の遺物」（『考古学雑誌』七―四）
奥村秀雄 一九六七「伊勢地方における埋経」（『MUSEUM』一六七）
関秀夫 一九九九『平安時代の埋経と写経』（東京堂出版）
佐藤虎雄 一九三二「伊勢国の経塚」（『史林』二〇―一）
小玉道明 二〇〇〇『伊勢山田の瓦経』（光出版）
大阪市立博物館編 一九八七『社寺参詣曼荼羅』（平凡社）
竹内森太 一九五四「伊勢明星寺久安元年銘薬師坐像」（『史跡と美術』二四―八）
東京国立博物館他編 二〇〇九『伊勢神宮と神々の美術』（東京国立博物館）
萩原龍夫 一九八五「伊勢神宮と仏教」（『伊勢信仰Ⅰ』雄山閣）
和田千吉 一九〇三「伊勢発見の瓦経」（『考古界』二―一二）

〔収録図版一覧〕

図1　経ヶ峰経塚出土の経筒と『観普賢経』（三重・金剛證寺蔵／東京国立博物館他編　二〇〇九）
図2　経ヶ峰経塚出土の鏡（同前）
図3　経ヶ峰経塚出土の陶製の壺（同前）
図4　定泉寺旧蔵薬師如来坐像（三重・明星寺蔵／東京国立博物館他編　二〇〇九）
図5　小町塚経塚出土の瓦経と光背（重要文化財、東京国立博物館蔵／Image: TNM Image Archives）

7 混沌の始めを守る——度会行忠の混沌論と徳政——

マーク・テーウェン

はじめに

伊勢神宮の古代から中世への転換を一つのキーワードで形容するならば、「多様化」または「多極化」がふさわしいであろう。古代の神宮は、斎王の宮殿である斎宮寮《さいぐうりょう》と神宮の行政機関として機能した大神宮司を通して朝廷に独占されていた。経済的にも宗教的にも、伊勢神宮とその神々は皇室の祭祀として存在し、開かれた存在ではなかった。

だが、王朝時代にこの独占体制にひびが入り始めた。外宮・内宮の神職集団が「御厨《みくりや》」「御薗《みその》」という独自の土地支配を始めたことによって、ある程度の自立性を獲得することに成功した。また、両宮に「禰宜《ねぎ》庁」という組織ができて、大中臣《おおなかとみ》氏が独占していた大神宮司に抵抗する力を身につけていった。神宮の神領内の墾田として始まった御厨・御薗が、寄進地系《きしんちけい》荘園の形を取り始めた一二世紀が大きな転換期だったようだ。外宮・内宮に、口入神主《くにゅうかんぬし》・御祈禱師などという禰宜庁のエージェントを通して土地を寄進する領主の多くは、朝廷とは直接関係のない武士だった。禰宜庁と関東武士の新しい関係が、大中臣氏と朝廷の独占支配から脱する道を開いた。

中世初期は伊勢神宮の秘伝化の時代でもあった。古代にはまったく存在しなかった、伊勢を対象とする言説が秘伝、聖教、説話などの形で広がっていく現象が目立つようになる。この現象は、伊勢神宮の経済的・社会的な多極化と深く関わっていた。院政期から発展していった秘伝文化の一つの焦点として、伊勢神宮が注目を集めるようになったのである。

その始まりは、王朝時代初期に天皇側近で活躍していた護持僧《ごじそう》であった。護持僧の秘伝の対象は伊勢神宮そのものよりも、一〇世紀に朝廷に現れた天照大神《あまてらすおおみかみ》の内侍所《ないしどころ》の鏡だった。天皇と皇后の寝室（夜御殿《よるのおとど》）の裏の部屋（二間）で護持僧が毎晩修法を行っていたのだが、その口伝書には、天照大神の内侍所の鏡が大日如来と同体であり、天皇がその化現《けげん》として日本中に如意宝珠《にょいほうじゅ》を降らすことによって日本の「大日の本国」としての性格をあらわにしているという思想が見られる〔阿部 一九八九、上島 二〇〇四〕。大中臣氏や両宮の神職集団・禰宜庁よりも早く、特に真言宗小野流の法流の中で天照大神や伊勢神宮の秘伝や口伝が創られ管理されたことは、神宮の多様化のもう一つの重要な要因だった。

護持僧が創り伝えた伝承は伊勢秘伝化の第一段階と考えることができる。その第二段階が始まったのは、鎌倉時代初期のことだった。源平の乱の最中の治承《じしょう》元年（一一八〇）に東大寺が焼かれた後、東大寺衆徒の集団が数回にわたって伊勢へ参詣して大掛かりな法楽《ほうらく》を行った。天照大神関係の秘伝が内侍所から伊勢神宮へと焦点を替えたのはこの時だったようだ。

そのまた一〇〇年後、蒙古襲来をきっかけに伊勢神宮の秘伝化は第三段階に入った。一二七〇年代から、朝廷関係の有力な寺門が伊勢に末寺を建立するという動きが広がっていった。特に注目を引くのは醍醐《だいご》寺関係で、宮川沿いの大神宮法楽寺（もと大中臣氏の氏寺、蓮花寺）と両宮のすぐそばに位置する「法楽舎」の建立だった。法楽舎だけでも、数百人の僧が伊勢神宮の法楽儀礼に専念していた。醍醐寺のほかに、奈良の東大寺と西大寺、そして京都の東福寺の伊勢における活躍も目立つようになっていった。これらの末寺の建立によって、伊勢神宮をめぐる「プレイヤー」が増えて、神宮の秘伝化がさらに加速する結果となった。

朝廷に独占された古代の神宮に比べて、中世の神宮は多様なアクターによって、多様なオーディエンスのために意味づけられていった。中世の伊勢神宮言説の研究史を顧みると、奥書《おくがき》や書写歴の分析、そして思想的な分析は進んでいるが、これらのアクターの動機にまで踏み込んだ考察は少ないように思われる。

しかし、中世の伊勢神宮をめぐる文献の特徴の一つは、秘書の多いことだ。秘書の保有権は奥書に記されるが、その信憑性には疑問を抱かざるをえない。もう一つの特徴は、度重なる書き入れや書き換えの跡が多く認められることだ。これらの問題は、神宮に関する中世文献の成立年代の確定を非常に困難なものにしている。伊勢神宮をめぐる社会的変遷と、それぞれのアクターの具体的な関心という角度から神宮関係の中世文献の展開を考え直す必要があると考えるのは、そのためである。

第一節　混沌論

第二段階に入ってから伊勢関係の秘伝を大きく変えていったのは、いわゆる「混沌論」の出現だった。ここでいう「混沌論」とは、混沌という用語に限らず、もう少し広く『老子道徳経《ろうしどうとくきょう》』やその注釈書（『老子河上公注《ろうしかじょうこうちゅう》』、『老子述義《ろうしじゅつぎ》』）に基づいた、「道の始め」についての議論を指す。要するに、伊勢両宮の祭神を天地開闢《てんちかいびゃく》以前の混沌とした「道」そのものと規定して、万物の究極の根元と見直す論評だ。

仏典から外れたものとして、この混沌論は早くから神道家や神道史学者の注目を引いた。たしかに、伊勢神宮を大日如来の宮殿に比して両部曼荼羅《りょうぶまんだら》との関係を説く伊勢説とは一見相容れないもののようにも見える。これを理由として、混沌論が、「本地垂迹《ほんじすいじゃく》思想から脱出し、神道の側よりする新たな神道理論を構築する」ために、道教から借用した「ロゴス」と解釈された時期もあった〔高橋　一九七七：二〇〕[1]。その後の研究で、このような「神道対仏教」という図式に基づいた説明は無理であることが明らかになってきたが、混沌論の意義・動機の問題が解決されたわけではまったくない。

「神道」も「仏教」も実存するアクターではなく、抽象的な概念にすぎない。伊勢混沌論の作者であった人物（または集団）の具体的な立場と関心を明らかにしない限り、混沌論の意義が見えてこないはずだ。ここでは神道、仏教、道教などの関係を題材とする形而上学《けいじじょうがく》的な議論を避けて、だれが、どういう理由や目的で混沌論を伊勢神宮に関係づけたのか、その当事者の関心がどこにあったのかという問いを追究したいと思う。

そこで刺激的な示唆を得たのは、中世史の専門家、海津一朗《かいづいちろう》氏の『中世の変革と徳政』である。海津氏は鎌倉時代後期の伊勢神道説の台頭について、「朝廷の宗廟としての伊勢信仰が直線的に発展したものというよりも、幕府の神戦体制の延長でこそ理解できる」と論じ〔海津　一九九四：一二六〕、その神戦体制の大事な一側面として、鎌倉幕府と朝廷の徳政令を詳しくとりあげている。これらの徳政令の一環として、伊勢神宮の経済的基盤を強化するために行われた数回にわたる「神領興行法《しんりょうこうぎょうほう》」が海津氏の分析の対象となる。

しかし、この短い指摘以外には、海津氏は徳政令と伊勢神道説の展開の関係には立ち入らない。だが神領興行法こそ、神宮をめぐるさまざまなアクターの大きな、具体的な関心事であったことはまず間違いない。徳政令と時期を同じくして浮上した混沌論との間に、何らかの関係があったのではないだろうか。

第二節　度会行忠の混沌論

海津氏の指摘を念頭に置きながら、度会行忠《わたらいゆきただ》の『伊勢二所太神宮神名秘書《いせにしょだいじんぐうしんめいひしょ》』（以下『神名秘書』）に焦点を当てることにしたい。混沌論がまとまった形で現れた最初の伊勢の神道書は、この『神名秘書』だった。いわゆる神道五部書(2)などとは違って、この本の成立をめぐる事情はかなり詳しく知られている。弘安《こうあん》六年（一二八三）、外宮の禰宜だった行忠は、内宮の仮殿遷宮《かりどのせんぐう》の担当者として神路山《かみじやま》とは別のところで伐採された木材の利用を許したという罪で、禰宜の職から追放されてしまった。禰宜職に付き物だった禁戒から自由になった行忠は宮川を越え、京都に入って短い期間でこの「負け」を「勝ち」に変えることに成功した。行忠は二年後の弘安八年に関白鷹司《たかつかさ》兼平《かねひら》の依頼により、伊勢神宮の新しい史料集とでもいえる『神名秘書』を著し、朝廷に提出する機会を得た。さらにその二年後の弘安一〇年に、行忠は外宮の禰宜として復活して、伊勢に凱旋した。伊勢に帰ってすぐ、『神名秘書』を修訂して朝廷に再提出したのだが、今伝わっているのはこの修訂された本だけである。

弘安一〇年の『神名秘書』は、伊勢内宮・外宮とその別宮・摂末社の御神体や縁起を紹介するもので、『倭姫《やまとひめ》命世紀《みことせいき》』などといった中世の書からの引用文が散見できるものの、驚くほどの新説は含んでいなかった。しかし『神名秘書』の目新しいことは、これまでの伊勢論説では見られないほどまとまった「混沌論」を含んでいることだ。この混沌論は、内宮の正殿の祭神、天照大神の項目に集中的に現れる。行忠はこの項目でまず『日本書紀』の天地開闢の条を引用して、そして『老子道徳経』や『老子河上公注《かじょうこうちゅう》』を引きながら「混沌」、「道の始め」について語っていく。内宮の祭神、天照大神とは一見まったく関係のない議論を、この項目で詳論していく理由は不明であり、どのように解釈してもかなり不自然に見える。まず、この項目に現れる混沌論の意味を考えてみたい。

行忠が引用する『日本書紀』天地開闢の条は、『三五歴紀《さんごれつき》』や『淮南子《えなんじ》』によりながら『老子河上公注』と同じ系統の混沌論・開闢論を展開している。「開闢の始め」には、卵のような混沌としたモノが、葦牙《あしかび》のような「一物《ひとつもの》」を含んでいた。次に、混沌が陰と陽に分かれ、天と地が成立するのだが、「然て後」その中で「神聖」が生まれたという。開闢以前の混沌の段階ですでに存在していた葦牙が、天と地が分かれて「後」国常立尊《くにとこたちのみこと》という最初の神になったという話になっている。

『日本書紀』のこの条を曖昧にしているのは、「混沌」や「開闢」の議論を借りながらも、老子や淮南子の根本的な構造を省いていることである。老子・淮南子の宇宙生成論は、一から二、二から三、三から万という構造を持っている。一である道（混沌）は二である陰陽の気に分かれ、陰陽が三である天地人を発生させ、天地人が万物の形を育むという分かりやすい説明になっている。しかし、『日本書紀』はこの構造をぼやかし、混乱を生じてしまう。最初の神が「一」の段階の葦牙（一物）でもあり、また同時に「三」の段階の天地人の「人」の位置を占めているようにも見える。

『神名秘書』の中で、度会行忠は『老子河上公注』の説明を引用しながらこの『日本書紀』の天地開闢の条に新しい解釈を施していく。行忠の解釈では、「神聖」は開闢以前の「原始」である「一」または「道」そのものになる。それに対して、「諸神」または「神明」は、「道」が「散る」時に発生する、と行忠は論じている。言い換えれば、神々は、開闢以後の万物の世界に形を現しながらも、実は開闢以前の「道」の次元に属する「神聖」の垂迹のようなものなのだ。

先ほど指摘したように、『神名秘書』の文脈の中で、この『老子道徳経』に則った混沌論の意義は分かりづらいものになっている。天照大神の項目のなかで、開闢をここまで詳しく論じる必要はなさそうだ。高橋氏が説いたように、行忠はやはり「本地垂迹思想から脱出」しようとして、少々無理をしてでも道教理論を『神名秘書』に盛り込むことによって仏教に対抗しようとしたのだろうか〔高橋　一九七七〕。だが、そのような見解が成り立たない証拠を二つあげることができる。

まず、『神名秘書』のこの段の出典である。久保田収《くぼたおさむ》氏が一九五〇年代にすでに指摘したように、この条に含まれた引用文は、直接『老子道徳経』や『老子河上公注』からではなく、『天地霊覚秘書《てんちれいかくひしょ》』というテキストに由来するものだった〔久保田　一九五九〕。『天地霊覚秘書』の奥書によると、行忠が弘安九年（一二八六）に神祇官で

「明師《めいし》」からこの「記」を学び、同年七月に灌頂を受けたのち、弘安一〇年に『天地霊覚秘書』を伊勢に持ち帰ったとされている。行忠自身によると、この灌頂《かんじょう》で得た知識は、仏教に対抗するためのものではなく、印呪によって密教儀礼を修する資格を獲得するためのものだった。『老子河上公注』の混沌論を伊勢に関連づけたのは、もともと外宮の禰宜などではなく、朝廷の神祇官で密教の灌頂を伝授する人物だったことがはっきりしているわけである。

もう一つの証拠は、『神名秘書』の混沌の解釈そのものである。『老子道徳経』の用語を使いながらも、『神名秘書』の議論は、道教よりも密教の曼荼羅思想に基づいたものとして理解したほうが自然だと思われる。行忠によると、「道」の本質である「神聖」が「諸神之本地」であって、「諸神」はいわば「道」の垂迹になる。『天地霊覚秘書』は、『老子河上公注』の引用文の後、伊勢神宮を両部曼荼羅に比して、大日の阿字本不生《あじほんぷしょう》の宮殿として解釈している。『天地霊覚秘書』にしても、『神名秘書』にしても、伊勢神宮の主なイメージは不浄の「万物」の世界の中に存在する「清浄本源」の宮に違いない。混沌論を囲む密教の大きな枠組みを無視しては、その意味を誤解することになる。

第三節　行忠の情報源

神祇官で密教の灌頂を伝授した行忠の「明師」とは、どのような人物だったのだろうか。この問いに具体的な答えを提示した研究者が二人いる。牟禮仁《むれひとし》氏は、神祇官で職を持った卜部兼文《うらべかねふみ》の名をあげている〔牟禮 二〇〇〇：三六〇〕。それに対して、小川豊生《おがわとよお》氏は、無本覚心《むほんかくしん》という禅僧に焦点を合わせる〔小川 二〇〇三〕。兼文にしても、覚心にしても、確証がなく、「明師」の個人名には特にこだわらなくてもよいのかもしれない。しかし、この二つの仮説で興味を引くのは、牟禮氏と小川氏の『天地霊覚秘書』の読み方の大きな違いである。

牟禮氏は神祇官との関係を重視して、大中臣氏と婚姻関係にあった卜部家の学者を候補にあげている。兼文は『古事記裏書《こじきうらがき》』の作者で、数人の天皇や院に対して『日本書紀』を講義した人物として知られ、子の卜部兼方《かねかた》が編纂した『釈日本紀《しゃくにほんぎ》』に貢献した可能性も高い。しかし、『釈日本紀』は神宮関係の中世文献の特徴である秘伝言説を避けているように見えるし、卜部家が密教的な灌頂を伝授するようになったのは一五世紀に入ってからのことである。牟禮氏は、伊勢神宮の混沌論を「日本紀の家」として知られていた卜部家の学問の産物と見て、「神道」内部の独自の展開として理解しているが、(3)『天地霊覚秘書』と類似の卜部・大中臣系の伝書が現われない限り、論証に飛躍があるといわざるを得ないだろう。

小川氏の議論は、『天地霊覚秘書』の内容の分析に基づいているので大いに説得力がある。「混沌論」は、鎌倉時代に日本に流入した禅書（特に『圜悟心要《えんごしんよう》』）を通して日本に広がっていったという指摘は大変貴重である。鎌倉末期に伊勢神領内に東福寺の末寺が三か所も建立されたことを考えれば、伊勢と禅の強固な関係を疑うことはできない。しかし、小川氏も強調するように、行忠を直接覚心に結びつけることは難しい。覚心は『天地霊覚秘書』を自分で書けるほど伊勢に詳しかったとも考えにくいので、小川氏は、行忠がそれを自分の禅と神道の比較研究の成果としてまとめたのではないかと示唆している。しかし、『天地霊覚秘書』と行忠の文章との間には思想的にも文体的にも大きな隔たりがあるので、疑問が残る。特に気になるのは、『天地霊覚秘書』を除いて、『圜悟心要』などといった禅書がその後の伊勢神道書（『神名秘書』や元応二年〈一三二〇〉の『類聚神祇本源《るいじゆうじんぎほんげん》』）にまったく引かれていないということである。

第四節　混沌論と徳政

神道内部からの教理の刷新だったのか、または禅僧を通した外部からの刺激に応える刷新だったのか、という議論は、現代の立場に立って神道の教理化を掘り下げるには興味深いが、当時の現実から遠く離れたものである。当事者だった度会行忠にとって、「神道・仏教・道教」の概念はほとんど意味をなさなかったと思われるし、禅に特別な興味があったわけでもなかっただろう。混沌論を自分の「神宮学」に取り入れた動機は、別のところにあったと考えるべきである。

もう一度『神名秘書』の成立事情を見てみよう。弘安六年（一二八三）に京都に着いた行忠は、無職の元禰宜でしかなかった。弘安七〜八年にかけて、幕府と朝廷が共同で大規模な徳政を行い、特に伊勢神宮と宇佐八幡宮《うさはちまんぐう》の神領の復興を推進しようとした。理由は、もちろん弘安四年の元軍襲来と神風であった。朝廷は伊勢神宮関係の訴訟を迅速に裁断するために、その訴訟制度を強化して、伊勢奉行という者をさえ置いた。しかし、これが大きな反発を招いた。瞬く間に外宮の禰宜庁の者が中心となって伊勢で騒動を起こし、訴訟人が京都に殺到し始めた。在京領主まで巻き込まれたこともあって、一年後の弘安九年閏一二月にこれらの伊勢神領興行法は撤回されてしまった。

行忠が京都で関白鷹司兼平に抜擢されたのは、この「弘安徳政」の真最中だった。行忠は弘安八年に『神名秘書』を提出した直後、「神祇官の明師」に紹介されて、『天地霊覚秘書』を教わり、灌頂まで許可された(4)。行忠の後援者（兼平）が『神名秘書』に不満を感じて紹介したのだろう。弘安一〇年に、行忠は院宣《いんぜん》によって外宮禰宜として還補《げんぶ》され、伊勢に帰った後『天地霊覚秘書』からの引用文を『神名秘書』に書き入れた。行忠が京都で手に入れた『天地霊覚秘書』は、外宮における混沌論の出発点だったとは必ずしも言い切れないのだが、少なくともこのテキストが混沌論のその後の展開に大きく貢献していったことは間違いない。

そこで、海津氏の指摘に戻りたい。海津氏によると、一四世紀は「徳政の時代」だった。徳政とは、戦乱や天災の後に、為政者の「徳」を示すための政策を指す概念だが、具体的な政策として、仏神領興行がその中心的な要素だった。行忠が『神名秘書』を著し提出するように求められたのは、伊勢神領興行法の最終的な準備が京都で行われていた時のことだった。そして、行忠が『天地霊覚秘書』を伝授されて、特に混沌論を抜き取って『神名秘書』に盛り込んだ時は、伊勢神領興行法がすでに混乱を招いていた。

混沌論と徳政の関係をどう考えればよいだろうか。徳政とは、乱れた状況をもとの正しい形に復興することを目的に行われるものである。当時の伊勢神宮で実際起こっていたのは、弘安八年の内宮の正遷宮も同一〇年の外宮の正遷宮も危うく不完全に終わるほどの、神領の喪失による経済危機であった。行忠がもともと職を失った事件も、神宮の御杣山《みそまやま》の木材の不足がきっかけとなったもので、この経済危機の一つの表れに他ならなかった。神領が、曼荼羅化された「玄妙」で「清浄」な土地といわれるようになっていったのはこの時のことだった。そして、「混沌の始めを守る」などといった神道五部書に繰り返し出てくる言い回しも、この危機的な大問題とは無関係であったはずはない。具体的に守ってほしかったのは、「神代」の昔から続いた神宮一円支配の神領に他ならなかった。

弘安八年の段階で、関白鷹司兼平などが『神名秘書』に伊勢神領興行法を正当化する修辞を付け加えてほしかったと考えてもおかしくないだろう。『神名秘書』の序は、確かにその目的に沿った言説を含んでいる。その序で行忠は神と君、神々と天皇が「内証《ないしょう》」（仏意）と「外用《げゆう》」（仏・菩薩などが衆生の機に応じて現す働き）の関係にあることを強調している。そして、神々と天皇を結ぶのは「徳」だという。「徳政」の世には、天皇が神明の根源を学び、尊重する。天皇が神々の根源を知って崇敬さえすれば、「明一（道、混沌）の化」は穏やかであるだろう、といった議論が綴られている。この序を『神名秘書』の次の項目に展開される混沌論と総合して読めば、神々は「一」・「道」・「混沌」の垂迹になる。天皇も、その「徳」さえ現せば、神々と同じく「道」そのものを体現して、徳政によって道の「化」を穏やかに治めることができるはずだという内容になっている。『神名秘書』が成立した事情を顧みながら再読すると、その序は徳政と神領興行を、混沌論を通して結びつけるマニフェストであることに気がつく。

しかし、弘安一〇年、行忠が外宮禰宜の地位を取り戻した段階では、伊勢神領興行の事業はすでに有名無実のものに変わっていた。神宮祭祀の経済的基盤を回復する希望を裏切られた中で、行忠はどういう気持ちで『神名秘書』を書き直して兼平に再提出したのだろうか。結果として、『神名秘書』は公武一同の徳政を褒めたたえるものから、その必要性を訴えるものへと、性格を変えることになった。その後、実行は滞っても、徳政・神領興行の理想は捨てられなかった。一四年後の正安《しょうあん》三年（一三〇一）に、弘安徳政の時の伊勢神領興行法が一時復活したが（正安三年徳政令）、伊勢神宮の神郡がまたも混乱に陥ってしまったので、効果をあげることなくあっという間に断念される結果となった。両宮の神宮学の成熟期を通して、徳政と神領興行が一貫して両禰宜庁の最大の課題だったはずである。

混沌論が徳政と繋がっているとしたら、その鎌倉後期の禰宜たちにとっての魅力が見えてくる。そこには仏教に対抗する気持ちに起因するものではなく、伊勢神宮の神領を復興するという具体的な問題意識が絡んでいた。混沌論を伊勢に持ち込んで、独自の方向に発達させていく行忠の動機は、主にその点にあったと、この小論で論じてきた。そのきっかけとなった弘安九年の徳政の後も、「混沌」や「道の始め」をめぐる「道教的」（禅的？）な理論は、少なくとも正安三年までは徳政の必要性をアピールする一面があったはずだ。

おわりに

混沌論を含む神道教理の展開は、中世後期にもなると吉田兼倶《かねとも》の唯一神道の形成を可能にし、神道全体の発展に非常に大きな意味を持ったのはいうまでもない。仏教に対する神道といった抽象的な議論をしたくなるのは、そういう理由からである。しかし、仏教や神道といった後代のカテゴリーを前提としてしまうと、度会行忠の時代の思想的、政治的、経済的環境では、まったく意味をなさない物語を生み出す結果となりかねない。混沌論に限らず、中世の伊勢神宮で始まった神道の自立への道のりを語るには、それに実際に関わった多様なアクターの具体的な事情と関心を掘り起こすしか方法はあるまい。

（1）〔高橋 一九九三：六〇〕では、伊勢神道の両部神道からの自立と言い換えられている。

（2）『倭姫命世記』『宝基本記』『御鎮座本記』『御鎮座伝記』『御鎮座次第記』という鎌倉時代の伊勢神道書。度会行忠が関与または執筆したと思われるものも含まれているが、詳細は不明である。

（3）牟禮氏は、「神家神道」という新しい概念を提案している〔牟禮 二〇〇〇〕。

（4）『天地霊覚秘書』だけではなく、おなじく混沌論に関係する史料を集めた『太元神一秘書』もこの機会に行忠の手に入った可能性が高い。

〔参考文献〕

阿部泰郎 一九八九「宝珠と王権――中世王権と密教儀礼――」（『岩波講座・東洋思想』第一六巻日本思想Ⅱ、岩波書店）
上島享 二〇〇四「日本中世の神観念と国土観」（一宮研究会編『中世一宮制の歴史的展開』下、岩田書院）
小川豊生 二〇〇三「中世神学のメチエ――『天地霊覚秘書』を読む――」（錦仁・小川豊生・伊藤聡編『「偽書」の生成――中世的思考と表現――』森話社）
海津一朗 一九九四『中世の変革と徳政――神領興行法の研究――』（吉川弘文館）
久保田収 一九五九『中世神道の研究』（神道史学会）
高橋美由紀 一九七七「伊勢神道の形成と道家思想――神観を中心として――」（『日本文化研究所研究報告』一三）
―――一九九三『伊勢神道の成立と展開』（ぺりかん社）
牟禮仁 二〇〇〇『中世神道説形成論考』（皇學館大学出版部）

III 近世

8 復活か創造か——天正一三年の神宮式年遷宮をめぐって——

西山 克

第一節　社殿の様式などどうでもいい

一六・七世紀に描かれた伊勢参詣曼荼羅図《いせさんけいまんだらず》には内宮・外宮の社殿が描かれている。[1] 日本国内にあってよく知られているのは神宮徴古館本《ちょうこかんぽん》と三井文庫本であるが、その両方とも社殿は朱塗りにペイントされた瑞垣《みずがき》をともなう、棟木と直角の面に入口のある妻入《つまい》りの建物として表現されており、神宮の特徴である唯一神明造《ゆいいつしんめいづくり》（白木の高床・平入り・茅葺《かやぶ》き・独立棟持柱《むなもちばしら》をもつ）の建物としては描かれていない（図1）。これは何とも奇妙な印象をあたえる。現代の私たちからみると、神明造は神宮のアイデンティティに関わる様式である。神明造ではない神宮など想像もできない。ではなぜこのような絵が描かれたのだろう。

伊勢参詣曼荼羅の画面には、勧進聖《かんじんひじり》や山伏などの姿があちこちに描き込まれている。彼らは遍歴と土着のはざまにいる宗教者で、伊勢参詣曼荼羅の成立にも重要な役割をはたした人びとである。つまり伊勢参詣曼荼羅は神宮本体が制作した絵画ではなく、もともと仏教と神祇信仰との微妙な接触領域であった伊勢を、勧進聖たちの立場から描く絵画であったのだ。それにしてもこの社殿の異相は何ごとだろう。

図1　「伊勢参詣曼荼羅」外宮正殿（三井文庫蔵）

勧進とは、寺社などの造営・修理のために、金銭・資材などを寄付によって集める行為のことをいう。神宮周辺の寺院に組織された勧進聖は、第一義的に神宮社殿や橋の造営・修理を目的に勧進を行っているのである。それならば、なおさら社殿の様式に敏感であってもよいように思える。しかし事態はまるでそうではない。朱塗りにペイントされた妻入りの建物を見ていると、白木・高床・平入り・棟持柱の唯一神明造の様式など、彼らにとってはどうでもよかったのだ、としか思えないのだ。

勧進聖たちだけではない。伊勢参詣曼荼羅は絵解き（絵の内容を解説すること）に供されたと考えられている。実際に絵解きのアイテムとして社会的に受容されていたというなら、勧進聖＝絵解きの主体だけではなくその享受者も、この絵画に矛盾を感じていなかったことになる。享受者である観客が違和感を感じるような絵解きが、持続的に可能であるとは思えないからである。享受者にとってもまた、唯一神明造の様式の誤りなどたいして気にもならない、要はどうでもいいものだったのではないだろうか。

神仏習合を歪んだかたちでしか受容しなかった伊勢神宮では、熊野や春日、日吉信仰における宮曼荼羅《みやまんだら》のような、中世の垂迹画《すいじゃくが》がほとんど残っていない。奈良市南市町自治会蔵本（鎌倉時代）やMOA美術館蔵本（南北朝時代）の春日宮曼荼羅のように精細な建築表現をもつ画像史料は、伊勢では望むべくもないのである。唯一の例外は奈良市正暦寺《しょうりゃくじ》に伝来した伊勢曼荼羅図であろう(2)〔西山 一九九二〕。

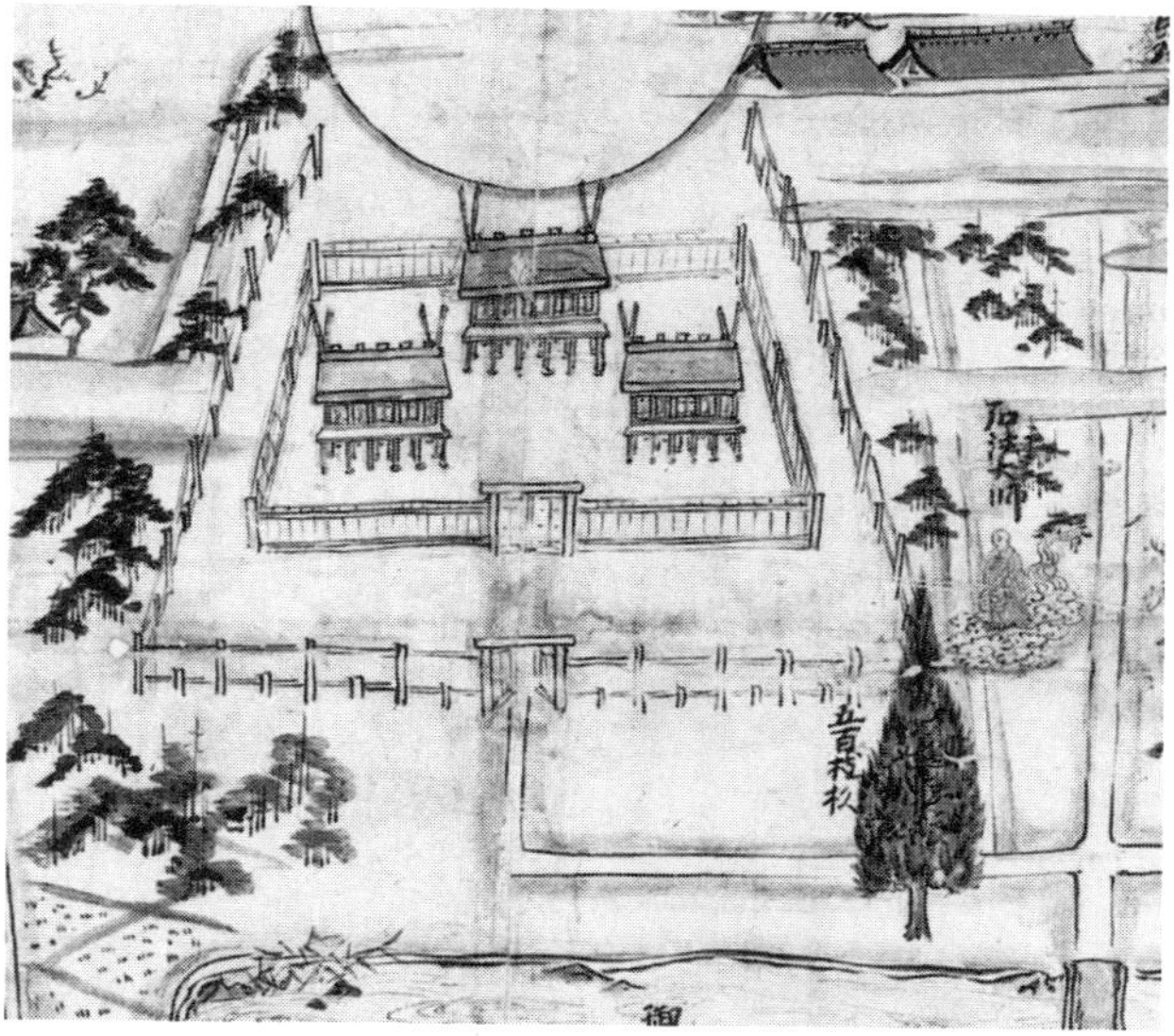

図2 「伊勢曼荼羅図」外宮正殿（正暦寺蔵）

南北朝期に描かれたと推定されているこの曼荼羅は、伊勢神宮が仏教的な「象徴」＝禿頭《とくとう》・香・袈裟などを忌避する特異な神社であったにもかかわらず、神域を守護する四天王を四隅に配置するなど仏教色の濃い絵画である。内宮幅、外宮幅ともに僧尼の侵入を認める限界点を差異化された樹木で表現する。これもまた神宮の公的な組織が制作に関わったとは思えないが、しかし正殿の様式はほぼ正確に描かれているのである（図2）。

そこには白木・高床・平入りの社殿が描かれている。独立棟持柱は描かれないものの、この曼荼羅が神宮社殿の実景を意識していたことは確かである。それと比較すると、伊勢参詣曼荼羅の建築表現のいい加減さがいっそう際立つように思われる。

伊勢参詣曼荼羅が描かれた時代の現実の社殿が、唯一神明造でなかった訳ではない。伊勢参詣曼荼羅を描いた絵師はなぜ社殿の様式を正確に描かなかったのか。ちなみに徴古館本は清水寺参詣曼荼羅図（中島本）と同一工房の作と考えられている〔下坂 一九九三〕。五条橋中島と大仏殿らしい建物が共存する景観からみても、中島本は秀吉政権の時代に描かれた可能性が強いが、その清水寺本堂は建築様式の特徴を自覚的に描いている。伊勢参詣曼荼羅の絵師が社殿を適当に描いたのは、要はそれをどのように描くかについての情報を持ち合わせていなかったからであろう。

伊勢参詣曼荼羅は、両宮庁のような公的な組織や、その組織全体に連なる御師のネットワークとも関わりなく、その周縁部に集まる勧進聖たちの唱導ツールであったと考えられる。絵師に描くべき図像情報をもたらしたのは彼らであり、その情報のなかに唯一神明造という様式は含まれていなかったのである。そのことは、絵解きの場においても同様であったろう。建築様式の神明造という情報は、絵解きの聴衆《ちょうしゅう》もまた必要とはしていなかったのである。

ところで、神宮徴古館本・三井文庫本・パワーズ氏本など、高津古文化会館本を除く伊勢参詣曼荼羅の原図は、天正《てんしょう》期（一五七三〜九二）の両宮遷宮時からさほど下らない時期に描かれたと私は考えている。神宮の式年造替制は一四世紀の中葉からほぼ一二〇年にわたって断絶していた。断絶の理由は、一般的には財政的な手当ができなかったからとされているが、また当時の国家が王権の正統性（正当性）を担保する装置として、必ずしも神宮を必要としていなかったことにも関係がある。

その断絶の時期を内宮・外宮別に掲げるとつぎのようになる。

〔内宮〕寛正《かんしょう》三年（一四六二）〜天正一三年（一五八五）

〔外宮〕永享《えいきょう》六年（一四三四）～永禄《えいろく》六年（一五六三）

このきわめて長期にわたる断絶を再興に導いたのは、織田信長・豊臣秀吉という新たな国家の建設者たちであった。特に両宮造営が実施された天正一三年の正遷宮は、豊臣秀吉の全面的な財政支援のもとに実施された。天正期の両宮遷宮は、だから後世の識者から式年造替制の「復活」と評価されることが多いのである。

伊勢参詣曼荼羅諸本の画面で、宇治橋上の手輿《てごし》に乗る人物は、天正一三年時の幣使《へいし》を意識した可能性が高い（図3）。幣使は、幣帛《へいはく》を神宮に届ける朝廷からの使者のことであり、このときは吉田兼有がその役にあたった。吉田神社の神主でありその神道の継承者であった吉田兼見の日記『兼見卿記《かねみきょうき》』天正一三年一〇月九日条には、兼有が幣使として伊勢に下ることが記録されている。

未明兼有伊勢へ発遣、斎服絹、今度免許之令乗馬、磯谷馬、借用之 雑色中間カケテ五人、殿原三人右近允・修理進・左介、人夫五人、御幣唐櫃持之、著黄衣共二人、中ニ大麻入之、

その一行には雑色《ぞうしき》・中間《ちゅうげん》あわせて五人・殿原《とのばら》三人・人夫五人等とともに、兼有の乗る馬が含まれていた。高津古文化会館本以外の伊勢参詣曼荼羅の画面では、宇治橋上に巾子冠《こじかん》をかぶり束帯《そくたい》を身につけ手輿に乗る一人の貴人を描いている。その貴人の一行は手輿を担ぐ者や馬をひく者を含めて一〇名ほどの規模となる。吉田兼有の一行と比較しても従者の人数にそれほどのずれはない。

さらに高津古文化会館本を除く諸本は、宮川の渡しに舟橋を描いている（図4）。残る高津古文化会館本は渡し舟を描いており、日常的な伊勢参詣という意味では、こちらの方が正しい描写となっている。一方で恒常的には存在しない舟橋の描写は、この橋を渡る貴人の存在を強く示唆している。伊勢参詣曼荼羅諸本——あるいはその原図が、中島本清水寺参詣曼荼羅と同様に秀吉政権期に描かれていたとすれば、そこに描きこまれた貴人が幣使吉田兼有その人であった蓋然性は極めて高いのである。

図 3　「伊勢参詣曼荼羅」宇治橋（三井文庫蔵）

図 4　「同上」舟橋

すなわち高津古文化会館本を除く伊勢参詣曼荼羅諸本は、天正一三年の両宮遷宮の後、その余韻がまだ覚めやらぬ時期にその原図が描かれたと考えられる。そしてその時期、伊勢参詣曼荼羅を制作した絵師や絵解きした勧進聖、さらにその絵解きの語りを享受した人びとにとって、神宮社殿の様式などどうでもいいものであった。

一六世紀の列島は寺社参詣のブームに覆われている。伊勢御師と道者（檀那）との関係を示す道者売券が激増し、列島規模で御師―道者の関係が整備されていくのがこの世紀なのである。伊勢参詣と連動しながら西国観音霊場の札所をめぐる巡礼者もまた激増したことは、私も以前に指摘したことがある〔西山 一九八七〕。

注意がいるのは、この参詣ブームは正遷宮を知らないということである。正遷宮の歴史は遠い昔、一五世紀の半ば前後にいったん終わっており、一六世紀の参詣者にとっては、それは個人の思い出以前の出来事にすぎなかった。一六世紀半ば以降の参詣者の場合、正遷宮は百年前に終わっていたのである。

第二節　仮殿を「とこしなへの御坐処」に

先述したように、神宮の式年遷宮は――内外宮で若干の差はあるが――一二〇～三〇年にわたる断絶を経験している。この四世代にわたる断絶の影響は決して小さくはない。正暦寺本伊勢曼荼羅と他の参詣曼荼羅との建築様式に対する意識の差も、この断絶の結果であった可能性があるだろう。その断絶は天正一三年の両宮正遷宮の「復活」で終わることになる。そのとき、正統的な両宮庁のメンバー、つまり禰宜《ねぎ》たちがどのような意識をもっていたのか。それを確かめておくことは、正遷宮「復活」の意味を考える際に、きわめて重要な意味をもつ。

天正一三年時において外宮長官（外宮一禰宜）であった松木貴彦という人物がいる。その松木貴彦が花押を据え、外宮神主中《かんぬしちゅう》（二禰宜～十禰宜）と作成したつぎの注進状《ちゅうしんじょう》（松木文書）を検討してみたい(3)。宛名の上部越中守《うわべえっちゅうのかみ》は上部貞永。彼は豊臣秀吉の御師で秀吉政権の神宮支配の要の位置にいた人物である。

覚

遷宮前後相論之事、御尋候者、外宮神主申分、粗注進之候、

一、御造宮打つゝきかさなり候事ハ、往古も御きう損ゆへにて候、然者　外宮御朽損之事ニ候間、尤可為先御事ニ候、又順番之次第にても　内宮ハ今の御殿　秀吉様之御造宮にて候なれハ、御かり殿之由、内宮より申され候とも、御神居之御殿ニ御座候へは、正遷宮御殿におなし御事に候、

一、御かり殿と申事ハ、御神居之御殿御修理等これある時、御かり殿へうつし申さんための御殿にて候、しかれとも、只今　内宮の御殿ハ、不断御神居之御殿ニ候間、正殿同然之御事ニ候、

一、内宮御託宣ニ、我をまつらは、先　豊受之宮をまつり奉るへし、しかうして後に、我宮をまつり奉るへし、しかうして後に、我宮をまつりたてまつるへしとの御たくせんニ候、これによつて、諸祭事ハ、外宮をもつてさきたる事なり、

以上、

(天正十二年)十二月吉日

外宮長官
貴彦（花押）

同
神主中

上部越中守殿

この注進状は全体としては遷宮前後相論（内宮と外宮の遷宮の順序をめぐる論争）についての答申書となっている。(4)統一権力によって立ち上げられつつある新しい国家秩序のなかに、神宮がどのようなかたちで組み込まれていくのか。この遷宮前後相論は内宮・外宮庁にとって、きわめて重要な歴史的意味をもっていたから、その相論は執拗に行われた。

第三条の「内宮御託宣《ごたくせん》」という神話的根拠――我を祀らば先に豊受宮《とゆけのみや》を祀り奉るべし――は、遷宮・祭事の順

序を決定する際に、外宮側が常に利用する皇祖神アマテラスの神託である。しかしこうした外宮側の主張にもかかわらず、秀吉はこの正遷宮で内宮を優先するという判断を下した。関係する文書二通（藤波文書）を掲げる。

(1)今度伊勢内宮・外宮、就正遷宮前後相論之儀、窺叡慮候処、被任往昔之神蹤、内宮理運之趣、被成綸旨上、於末代不可有相違之状、如件、

天正十三年壬八月日　　関白（花押）

内宮社家中

(2)伊勢内宮・外宮正遷宮前後相論之事、被任往昔之神蹤、内宮理運之趣、被聞食畢、殊更殿下被尋申処、尤内宮可為理運旨、被申入之由、早得其意、遷宮之事可被下知之状、如件、

天正十三年後八月廿三日　　左中将（中山慶親）（花押）

四位史殿

(1)は関白豊臣秀吉の判物《はんもつ》であり、(2)は正親町《おおぎまち》天皇の綸旨《りんじ》である。形式上は正親町天皇の「叡慮《えいりょ》」＝綸旨を受けて、秀吉が「内宮社家中」宛に最終的な判断を与えたことになっている。しかし(2)のなかに「殿下」＝秀吉への諮問と、その答申のことが書きとめられているように、正遷宮前後相論の決着は、朝廷単独ではなしえず秀吉の補佐をまって始めて行われたのである。

かつてなかった強力な国家体制の登場にむかって、伊勢神宮はその居場所を確保していくことになる。あるいは確保していかざるをえなくなる。先に引用した松木貴彦らの注進状は、その時点の神宮禰宜たちの意識を知るうえで興味深い史料である。

その第二条を見ておこう。正遷宮の断絶が一二〇年以上の長きにわたって続いた「いま」の段階で、禰宜たち

は社殿をどう見ていたのか。第二条には、禰宜たちの社殿への思いが奇妙に生々しく書きつづられている。問題となるのは、「不断御神居之御殿」という概念についてである。

この注進状では「不断御神居之御殿」と正殿・仮殿という三つのレベルが比較されている。そのうちの仮殿については、「御かり殿と申事ハ、御神居之御殿御修理等これある時、御かり殿へうつし申さんための御殿」という貴彦の主張が当を得ている。仮殿の設定はあくまで神殿を造営・修理する際の一時避難的な臨時の措置であるはずである。恒常的な建造物と臨時的な措置、この両者は対極にあった。神宮では一般的に正殿と仮殿がこの関係にある。

しかしそれなら「不断御神居之御殿」とは何か。

貴彦は「只今」の内宮御殿を「不断御神居之御殿」と言い、「正殿同前」ともいっている。「正殿同然」というかぎり、この場合の「不断御神居之御殿」は正殿のことではありえないだろう。「不断御神居之御殿」ではあるが正殿ではない。じつのところ、社殿の朽損がひどかった内宮では、天正三年（一五七五）に慶光院周養《けいこういんしゅよう》の尽力で新たな仮殿を造替している。貴彦のいう「不断御神居之御殿」はこの新たに建造された仮殿のことをさしている。

そうすると、仮殿には二つの位相が生じたことになる。「御神居之御殿御修理等これある時、御かり殿へうつし申さんための御殿」という仮殿本来の位相と、仮殿でも「不断御神居之御殿」になりうるという位相と。前者の場合は正遷宮の将来的な実施を前提とするから、遷宮儀礼のオフィシャルな一環ということになる。しかし後者の場合は、単なる臨時の避難所ではなく、御神体を恒常的に安置することを意図して造営された御殿であるという可能性を排除できなくなる。もしそうであるなら一般の神社ではこれがむしろ常態であろう。

この発想をつきつめれば、一般的に仮殿すらも「とこしなへの御坐処」とする考え方がありえることになる。

現実に、天正一三年七月二四日付の外宮使申状《もうしじょう》には、

近キ世と也テ、外宮ハゑいきやう《（永享）》、内宮ハ寛正ヨリ此かたハ、御かり殿ヲとこしなへの御坐処トなし奉ルニより、ほん御てんにもちいきたり、……

とある。

万一、一六世紀末に統一権力の関与がなければ、神宮の式年遷宮が放棄され、仮殿を遷宮儀礼をともなわない「不断御神居之御殿」として、「とこしなへの御坐処」とする可能性も存在したのである。これを仮殿と称さなければ、これがむしろ常識的な社殿のあり方であろう。その常識的な社殿のあり方が、伊勢神宮においてなし崩しに選択される可能性もあった、ということなのである。

第三節　誰が正遷宮を必要としたのか

皇祖神アマテラスを頂点とする神々の住居として唯一神明造の社殿があり、神々の日常を支えるものとして大量の神宝類がある。それらを定期的に更新することで、皇統譜の正統性や反復性が再認識される。その過程が正遷宮であるとすると、正遷宮が一二〇年以上にわたって断絶するとはどういうことなのか。

わかりやすくいえば、正遷宮は必要とされていなかったのである。

いや、両宮禰宜のような神宮の当事者にとっては、正遷宮の実行はつねに悲願であったろう(5)。それはいうまでもないことである。しかし国家的・社会的にそれが必要とされなければ、悲願はただの愚痴で終わる。しかし一六世紀の最後の四半世紀に、事態は大きく動くことになった。

近世国家の建設者たちが神宮を必要としたのである。特に豊臣秀吉は中世王権に成り代わって神宮を必要とした。天正一二年の小牧《こまき》・長久手《ながくて》の戦いで徳川家康を軍事的に圧倒できなかった秀吉は、翌年七月一一日に関白と

なった。秀吉は朝廷の権威を抱き込みながら列島に覇権を及ぼす方途を選んだのである。(6)

統一的な国家権力の創出を試みるものにとって、天皇の伝統的権威やその神話的世界はきわめて有用なものであったし、天皇の伝統的権威もまた、新たな国家権力の出現によって列島社会に再布置される。天正一三年には、秀吉が皇祖神アマテラスに接近する強い必然性が存在したのである。正遷宮の復活とされる天正一三年の両宮遷宮は、まさに秀吉の遷宮であったということだ。

内宮側の記録である『天正十三年造宮記』によれば、内宮の正遷宮が実施された翌日の一四日に、秀吉の母なかが参宮している。それと同時に遅れていた神宝も到着している。外宮の正遷宮はさらに翌日の一五日のことである。おそらく秀吉の母は神宝とともに伊勢に下り、両宮の遷御に立ち会う予定であったのだろう。この正遷宮が秀吉の遷宮であったことが、母なかの関与に象徴的に示されている。

現代であれば伊勢神宮に不可分な建築様式として言挙げされる唯一神明造が、正殿を描く際にすら優先されない絵解きの場、あるいは神宮祀官たちの社殿に対する意識の変容などを念頭におくとき、私は天正期の式年遷宮を、「復活」という言葉で評価することに疑念を抱く。

それはむしろ再創造というべきではないのか。新しい国家の創造に対応して伊勢神宮の新たな体制が、祭主―宮司―禰宜の側からすれば他律的に模索される。それを象徴的に物語るのが正遷宮の再創造だったということなのだ。

こうした問題については、私も今後継続して考えていきたいと思っている。

（1）　伊勢参詣曼荼羅図の図版については、〔大阪市立博物館編　一九八七〕を参照。また〔西山　一九九八〕に「胎金両部世界の旅人」と題して伊勢参詣曼荼羅の読みを載せる。

（2）　なお、〔奈良国立博物館 二〇〇七〕に図版が掲載されている。

（3）　〔西山克編 一九九四〕に載せる。なお、天正一三年時における神宮正遷宮関係の史料は、『大日本史料』第十一編之十九～二十一に収められている。本文で引用する藤波文書は『大日本史料』第十一編之十九による。

（4）　正遷宮をめぐる両宮前後相論については、〔神田 二〇一一〕の第一部第四章「伊勢神宮遷宮前後相論とその裁決」に詳しい。

（5）　室町時代の伊勢神宮の遷宮要請については、〔山田 二〇〇六〕がユニークな視点を提供している。

（6）　この点については、「国際シンポジウム　転換期の伊勢」（本書「あとがき」参照）当日の質疑応答のなかで笠谷和比古氏からご教示を受けた。

〔参考文献〕

大阪市立博物館編　一九八七『社寺参詣曼荼羅』（平凡社）
神田裕理　二〇一一『戦国・織豊期の朝廷と公家社会』（校倉書房）
下坂守　一九九三『参詣曼荼羅』（『日本の美術』三三一、至文堂）
西山克　一九八七『道者と地下人――中世末期の伊勢』（吉川弘文館）
――――一九九二「鶴と酒甕」（『日本文学』四一―七）
――――一九九八『聖地の想像力』（法藏館）
西山克編　一九九四『伊勢松木文書』（『京都大学文学部博物館の古文書』一二、思文閣出版）
奈良国立博物館　二〇〇七『特別展図録　神仏習合』
山田雄司　二〇〇六「室町時代伊勢神宮の怪異」（『神道史研究』五四―一。のち『怨霊・怪異・伊勢神宮』思文閣出版、二〇一四年）

9 読み替えられた伊勢神宮——出口延佳、本居宣長を中心に——

斎藤英喜

はじめに

近世社会における伊勢神宮といえば、おびただしい数の人びとが押し寄せた「おかげ参り」の様子を思い浮かべよう。「伊勢参宮太神宮へちょっと寄り」の川柳に見られるように、庶民の娯楽として享受された、きわめて世俗化した伊勢神宮の姿である。その様子は、十返舎一九《じっぺんしゃいっく》の大ベストセラー『東海道中膝栗毛《とうかいどうちゅうひざくりげ》』（一八〇二～二二年）の弥次さん、喜多さんの珍道中にも見ることができる。ふたりは、外宮と内宮の途中にある、有名な遊郭、古市《ふるいち》でもドンチャン騒ぎを繰り広げているのである。

けれども、実際にふたりが参宮する場面では、「自然と感涙肝《かんるい》にめいじて、ありがたさに、まじめとなりて、しやれもなく、むだもいはねば……」と急に生真面目な様子に変わってしまう。さらに外宮を参拝したところには、こんな興味深い記述もある。

【A】……外宮へまいる。是すなはち豊受《とようけ》太神宮なり。天神七代のはじめ国常立《くにのとこたち》の尊と申せし御神なり。

（『東海道中膝栗毛』五編・追加）

外宮祭神「豊受太神宮」（以下、トヨウケ）は、一般にはアマテラスの食事を担当する御饌津神《みけつかみ》とされている。平安時代初期の『止由気宮儀式帳《とゆけぐうぎしきちょう》』によれば、雄略天皇の時代に丹波国から、アマテラスの要求で伊勢山田の地に勧請《かんじょう》されたとある。しかし『東海道中膝栗毛』では外宮のトヨウケを「天神七代のはじめの国常立の尊」と述べているのだ。クニノトコタチとは、『日本書紀』の神代巻に、天地開闢に続いて顕現《けんげん》する始原の神である。なぜ外宮祭神で御饌津神たるトヨウケが、天地開闢の始原神クニノトコタチと同一の神とされるのだろうか。

ここに浮上してくるのは、中世の外宮祠官たちによって作られ、伝えられた「伊勢神道」の教説である。中世という時代に、あらたに読み替えられた伊勢神宮の神話が、トヨウケとクニノトコタチとの同体説であった。それが、江戸時代中期の滑稽本《こっけいぼん》のなかに、そのまま登場してくるのである。近世の庶民のあいだにも、中世のトヨウケ＝クニノトコタチ説が認められていた、ということになろう。

では、弥次さん・喜多さん（すなわち作者の十返舎一九）は、どのようにして、トヨウケ＝クニノトコタチの教説を知ったのか。それは、彼らのような庶民の参拝者たちの旅の案内役をしていた御師《おんし》たちからの知識である。御師は内宮・外宮の中下級神職の権禰宜《ごんねぎ》から派生した職能であるが、彼らのなかにトヨウケ＝クニノトコタチという中世の神道説が伝承され、それが一般の参拝者たちに伝えられていたことが、ここから想像されるのである。

弥次さん、喜多さんの伊勢神宮参拝記。そこには江戸中期において、中世的な伊勢神道の教説がどのように伝えられていたのか、という興味深い課題が立ち上がってくる。すなわち伊勢神宮を舞台とした神々が、中世においていかに読み替えられ、さらにそれが近世へとどう変貌していったのか、という問題である。

本章では、伊勢の御師たちの「教育」を担当したという江戸時代前期の外宮の権禰宜・出口延佳《でぐちのぶよし》（一六一五〜九〇）と、伊勢神宮とも深い繋がりをもった江戸中期の国学者・本居宣長（一七三〇〜一八〇一）にスポットをあてて、伊勢神宮を舞台とした「近世神話」創造の現場を探っていきたい。

第一節　出口延佳の「神道」と伊勢神宮

（1）出口延佳とはだれか

出口延佳は、元和《げんな》元年（一六一五）に、外宮祠官の延伊《のぶただ》の子として生まれ、権禰宜として伊勢神宮に奉仕して、元禄《げんろく》三年（一六九〇）に、七六歳で没している。一般にはほとんど知られていない人物だが、近世における「伊勢神道」の復興者として有名だ〔平出 一九〇二〕。

まず延佳の業績としてあげられるのが「豊宮崎文庫《とよみやさきぶんこ》」の創設である。延佳は慶安《けいあん》元年（一六四八）に、伊勢神宮の下級祠官である与村弘正、岩出末清、青山真清らを中核メンバーに、総勢七〇名近い賛同者を得て、散逸した伊勢神宮に関わる神道書、史書、和漢の典籍を蒐集し、広く一般にも閲覧できる文庫を作った。文庫の運営には「籍中《せきちゅう》」と呼ばれる中核メンバーが組織され、一人が三年間にわたり金一両ずつ自腹を切って、その運営資金を供出したという。また文庫には全国から寄贈される本も多く、幕府の儒官たる林羅山《はやしらざん》・鵞峰《がほう》親子からも寄贈があったようだ〔樋口 二〇〇九〕。

図１　豊宮崎文庫旧跡（筆者撮影）

また文庫の隣には学舎を建て、講義・討論の場とした。そこには諸国から多様な学者たち、たとえば貝原益軒、伊藤仁斎《いとうじんさい》の息子・東涯《とうがい》、谷重遠《たにしげとお》、吉見幸和《よしみゆきかず》なども来訪し、学問的な交流をしたという。まさに「書籍を集め、万代に残し、且は所の人にも学問をすゝめんためなり」（『伊勢太神宮神異記』）というわけだ。

これは中世では考えられないことだ。従来、伊勢神宮では伝来した文書、典籍などは公開されることはなく、とりわけのちに「神道五部書」と呼ばれた中世成立の神道書は、内部でも六〇歳未満には「披見及ばず」とされ、徹底的な秘密主義が貫かれていたからである。このように外部との交流を遮断したために、中世に発展した伊勢神道は、その後、学問的に衰退し、文明《ぶんめい》（一四六九～八七）、延徳《えんとく》（一四八九～九二）の内宮と外宮の御師を中心とした争乱・兵火なかで、多くの蔵書も失われてしまった。たとえば伊勢神道の根本の書とされる『倭姫命世記《やまとひめのみことせいき》』も外宮でも失われていたという。それで延佳は内宮の側に借覧を申し出たところ、他家の者には見せられないと拒否されてしまう。そこで延佳が他所を探したところ、なんと京都の下賀茂神社の祠官・岡本保可《おかもとやすよし》の家に秘蔵されていることがわかり、仲間と費用を出し合って借り受け、書写したという〔近藤 一九八七〕。

もうひとつ、延佳の業績として重要なのは、『古事記』の注釈書を刊行したことだ。貞享四年（一六八七）刊行の『鼇頭古事記《ごうとうこじき》』である。その執筆意図について、跋文にはこうある。

【B】近世刊行ノ古事記、文字謬リ多ク、ソノ義暁ニシガタキモノ往々コレ有リ。旧史カクノゴトキナリ。誰カ以テ歎カザルヤ。予、多年ニ善本ヲ故家ニ求ム。乃テ数部ヲ得タリテ挍讎《こうしょう》シ、誤字ヲ正シ、欽語ヲ補ヒ、衍文ヲ刪《けづ》リ、訓点ヲ加フ。頗ル以テ是正ス。然レドモソノ本、嘗テ回禄ヲ羅シ、烏有ニ成ル。偶、外弟司権主典正六位上橘成近ニ授クルトコロノ本、幸ニシテ存ス。今亦、彼ノ本ヲ取テ再校、以テ一本ヲ子孫ニ貽《おく》ル。猶疑ヒ有ラバ後ノ訂考ニ期スト云フ。

（『鼇頭古事記』跋文）

「近世刊行ノ古事記」とは、寛永《かんえい》二一年（一六四四）に京都寺町誓願寺《せいがんじ》下、前川茂兵衛が刊行した『古事記』の刊本のこと。一般に『寛永版古事記』と呼ばれる。つまり延佳は、『古事記』が印刷され世間に出回ったという時代のなかで『古事記』の研究を始めているのである。

延佳によれば、その寛永版の『古事記』には誤りが多いことが判明した。そこでより正しいテキストを作成するべく、複数の古写本を求めて、正しい『古事記』の本文と訓読を定めるための校合の作業を行った。誤字を訂正し、文章中に誤ってはいった不要の文を削り、訓読するための返り点や送り仮名、振り仮名などをつけて是正した本文を作成したのである。これは近代の文献学者が行うような、複数の伝本をつき合わせて正しいテキストを作っていく「校訂」という作業である。

正しい本文・テキストを作成したうえで、次に「鼇頭《ごうとう》」＝本文のうえに頭注《とうちゅう》をつける作業を行った。その頭注に引用されたのは、『日本書紀』『先代旧事本紀』『万葉集』『和名抄《わみょうしょう》』『延喜式祝詞《えんぎしきのりと》』『新撰姓氏録《しんせんしょうじろく》』『出雲国風土記』など五〇種におよぶ夥しい文献であった。これもまたきわめて実証的な研究とされるところだ。延佳の学問は、豊宮崎文庫を設立し、多数の書籍を蒐集し、学者たちとの交流を積むという姿勢とも通じていることがわかるだろう。

なお、延佳が校訂作業をするときに活用した古写本は、『真福寺本古事記《しんぷくじぼんこじき》』であったという（青木 一九八二）。『真福寺本古事記』とは、南北朝期の後半、応安《おうあん》四年（一三七一）から翌年にかけて、名古屋の真福寺の僧侶、賢瑜《けんゆ》が書写した『古事記』である。現存する最古の写本として、現在国宝に指定されている。

さて、このように『古事記』の正しいテキストの作成、注釈の作業は進んだが、跋文によれば、それは火災（回禄）にあって焼失してしまったという。その火災とは、寛文《かんぶん》一〇年（一六七〇）一一月、山田の街の大火のこと。その大火災で延焼五万一〇〇〇戸におよび、延佳の自宅、書庫も被災し、多くの蔵書、執筆原稿も失われたのである。せっかくの長年の『古事記』研究が灰燼に帰してしまったわけだ。ただ運よく、作成した本の一部が外弟子・橘成近《たちばななりちか》のもとにあったので、それにもとづいてさらに研究を進めて完成したのが、貞享《じょうきょう》四年（一六八七）であったということになる。ときに延佳、七三歳。そしてその三年後、元禄三年（一六九〇）に、彼は死去した。『古事記』の研究をし終えて、その生涯を閉じたということになろう。なお宣長は延佳の『鼇頭古事記』

を自身の『古事記伝』執筆に大いに利用している。

(2)「中世神道」との繋がりと転換

延佳は慶安三年（一六五〇）の「おかげ参り」を体験している。多数の民衆が伊勢神宮に参宮する姿を目の当たりにした彼は、参拝者の導き手となる神役人＝御師たちに正しい信仰知識を普及させることを自分の任務と考えたようだ。

伊勢神宮、とりわけ外宮の祭神についての「正しい知識」として延佳が記したのは、以下のようなものだ。

【C】抑我国のおこりを尋るに、太虚の中に一つのものあり、形ち葦牙の萌出たるごとし。則化して神となる。国常立尊と申奉る。又は天御中主尊とも名付奉る。／この神を人皇二十二《（ママ）》代雄略天皇の御宇に、天照太神の御告によりて丹州真井原《マナヰノハラ》より勢州山田原にむかへしづめ奉り、瓊々杵尊を東の相殿とし、天児屋根命・太玉命も瓊々杵尊に添て西の相殿として御同殿にましまし、豊受皇太神宮と名付奉る。今の外宮是也。

（『陽復記《ようふくき》』上）

『陽復記』は、慶安三年に執筆した延佳の主著である。印刷され、かなりの部数が出回ったようだ。「抑《そもそも》我国のおこりを尋るに……」と始まる、天地創成神話は、『古事記』『日本書紀』ではない。中世の外宮祠官たちによって作成された、いわゆる神道五部書のなかに見られるものだ。すなわち伊勢神宮を舞台とした「中世神話」の世界である。

【D】天地初発の時、大海の中に一物有り、浮く形は葦牙の如し。其の中に神人化生し、名付けて天御中主神と号す。故に豊葦原中国と号す。亦因りて以て豊受太神と曰ふなり。

（『豊受皇太神御鎮座本紀《とようけこうたいじんごちんざほんき》』）

【E】古語に曰く、大海の中に一物有り、浮く形は葦牙の如し。其の中に神人化生し、名付けて天御中主神と号す。

亦名を国常立尊といふ。亦、大元神ともいふ 故に豊葦原中国と号す。亦因りて以て天照止由気皇太神と曰ふなり。（『天照坐《あまてらします》伊勢《いせ》二所皇太神宮《にしょこうたいじんぐう》御鎮座次第記《ごちんざしだいき》』）

外宮祭神のトヨウケを、天地開闢の始原神たるアメノミナカヌシと同体化し、あるいはアメノミナカヌシとクニノトコタチとも同一の神とする、まさしく中世神話の世界である。延佳の『陽復記』の記述が、これら伊勢で作られた中世神話をルーツとすることはあきらかであろう。『東海道中膝栗毛』の「豊受太神宮なり。天神七代のはじめ国常立の尊と申せし御神なり」という一節が、延佳らを経由した御師たちの教説であったことは、ここからも確認できる。

あらためて中世の神道五部書では、なぜ外宮祭神のトヨウケが天地開闢の始元神と同一化される必要があったのか。一般には内宮への対抗として、外宮祠官たちが、みずからの経済的な基盤を確保するために作成したことがいわれてきた。もちろんそうした社会的・政治的な背景があることはたしかであろう。

しかし、それだけではないこともたしかだ。ここに見られるのは、絶対的な始原神への希求という、中世の伊勢祠官たちの神学的なモチーフである。『記』『紀』神話のさらに向こう側へと、より深い始原を求めていく中世の宗教的な情動がこれらの神道書の作成をもたらしたのである。そこにあるのは、伊勢の祠官たちの突出した宗教実践の現場である。トヨウケの「本当の姿」を見いだせるのは、秘められた「古語」の知識とともに、それをビジョン化できる宗教実践においてなのである。神々の変貌、神話の読み替えは、宗教実践と切り結ぶことで果たされるわけだ。けっして机上で改変されたものではない〔山本 一九九五〕。

このように延佳の「神道」が、中世の伊勢神道をルーツにもつことは間違いない。では、豊宮崎文庫を作り、神書を公開し、また刊行された『古事記』の注釈書を作るといった近世びとたる延佳の特質はどこにあるのだろうか。そこには中世とは違う、延佳の「神道」の認識があった。延佳にとって「神道」とはなにか。

（3）「近世神道」への展開

延佳は以下のように「神道」を定義していく。

【F】神を祭る法などは禰宜神主のする事にて、神道と云は上一人より下万民まで行ふ且暮の道なり。

（『太神宮神道或問《だいじんぐうしんとうわくもん》』）

【G】それ神道と云は、人々日用の間にありて、一事として神道あらずと云事なし。君神道を以《テ》下にのぞみたまふ時は仁君なり。臣神道を以《テ》君につかへ奉るときは忠臣也。父神道を以《テ》子をやしなふ時は慈父なり。子神道を以《テ》父母につかふるときは孝子也。

（『陽復記』下）

「神道」は、神主が神を祭る法だけではない。神道というのは、天皇をはじめとして下々万民の日常の生活に関わる教えなのだ。それゆえ君が神道をもって臣下にのぞめば「仁君」、臣が神道で君に仕えれば「忠臣」となる……。

こうした論法は、近世社会に開かれた神道の教えということができよう。けっして一部の神官たちの祭祀作法や秘儀秘伝といったものではなく、支配者、被支配者ふくめたすべての人びとの公共的な倫理に繋がっているのが神道である、というロジックである。通俗道徳の世界と神道がドッキングする発想といってもよい。

さらに次のような教説へと展開する。

【H】上一人ヨリ下万民マデ、天御中主ノ分身ノ神ヲ、心中ニヤドシ奉リテ、自性トスレバ、心ハ神明ノ御舎ト云ヘリ。分ツ時ハ百千万ノ天御中主、合スル時ハ只一体ノ天御中主ニテ御坐セバ、根本ハ神ト人ト差別ナシト云ヘドモ、汚穢不浄ノ悪心ニヨリテ、神明ノ舎ノ御戸ヲ閉テ、人々ノ心中ニ坐マス天御中主ヲ拝ミ奉ル人マレナリ。……吾心中ノ天御中主ヲ拝ミ奉レバ、モトヨリ天地遍満ノ御体ナル故ニ、吾心天地ニ遍満シテ、万物一体ノ神人トナル也。コノ天御中主ノ神ノ道ナレバ神道ト云。

（『中臣《なかとみの》祓《はらえ》瑞穂《みずほ》鈔《しょう》』上）

「神道」が日常生活のすべてに関わる教えであるのは、上は天皇から下々万民まで、アメノミナカヌシの「分身ノ神」を心に宿しているからだ。人の心とは、「神明《しんめい》」の棲家である。人の心に宿ったときは百千万のアメノミナカヌシに分化するが、集合すれば唯一のアメノミナカヌシとなる。だから神と人との間には差別はない。ただ人の側が穢《けが》れ、不浄の悪心を起こすと神は扉を閉ざしてしまい、人の心には宿らなくなる。そして私の心のなかのアメノミナカヌシを拝めば、もともとアメノミナカヌシは宇宙、天地に遍満している存在なのだから、私の心も宇宙、天地に遍満し、万物一体の神人となりうるのである……。

史料【H】に出てくる「心ハ神明ノ御舎《おんしゃ》」とは、中世の伊勢神道以来の基本的なテーゼだ。

【I】人は天下の神物なり。須らく静謐を掌るべし。心は乃ち神明の主たり、心神を破ることなかれ。神垂は祈禱を以て先となし、冥加は正直を以て本となす。（『造伊勢二所太神宮宝基本記《ぞういせにしょだいじんぐうほうきほんぎ》』）

これは神道五部書のひとつ『宝基本記』に載るアマテラスの託宣《たくせん》である。アマテラスが神を祭る者たちにむけて、その心得を語るところは『皇太神宮儀式帳』の神宮起源譚にもとづく。古代のアマテラスの託宣では、神宮の創建とともに、神に仕える人びとに、穢れを排除し、忌《い》み言葉を定め、祓《はら》えの法を決めている。これを受けて、中世のアマテラスは、さらに神を祭る者の「心」のあり方へと踏み込んでいく。中世の神官たちにとって神は外側に実在するだけではなく、みずからの「心」のうちに宿る。そして神を心に宿すためには、正直、清浄であることが一番大切だと説かれていくのである。

その言い方も、一般受けするような「神さまは私たちの心に宿ります、だから清浄な心を保つことを目指しなさい」といった神道道徳と似ているように見える。しかし、その意味するところは、もっと奥深い。

「神を己れの心に宿す」とは、神との合一をめざす、シャーマニックな体験が背景にあるのだ。中世に展開する伊勢神道の教義とは、けっして机上の観念的な世界ではなく、シャーマニックな体験にもとづく「教え」であった。しかしそれを「体験」しうるのは、特定の修行をへた神官たちだけだ。神を祭る者にむけた託宣が、この「心は乃ち神明の主たり」なのである。

それにたいして、延佳はあらゆる人間たちに遍く内在する神というロジックへと展開していく。それもまた近世的な神の認識だ。宇宙、天地の根元的な神なるものを宿す存在としての人間、という視点である。

こうした「普遍性」は、天竺《てんじく》・震旦《しったん》、日本という世界性へと通じていく。そこにも延佳特有な言説が見いだされる。

【J】神道ハ日本ノ道也。儒道ハ震旦《シンダン》ノ道也。仏道ハ天竺ノ道也。吾身ハ異国ノ人カ、本朝ノ人カト省ヨ。如レ此料簡ノ上ニテ本朝ヲ主トシテ異国ノ聖賢ノ書ヲ学《マナビ》バ、吾神道ノヨキ羽翼ナルベシ。（『神宮秘伝問答《じんぐうひでんもんどう》』）

神道は、天竺の仏教、震旦の儒学と同列に扱われることで「日本の道」として自覚された。それは中世的な三国世界観の崩壊であり、また一七世紀の近世前期における普遍性を支えた「中華思想」「華夷思想」の相対化である〔桂島 二〇〇八〕。そのことによって「神道」の固有性が発見されたわけだが、延佳においてその神道は「易《えき》」との共時性という、普遍的な根拠をも必要としていた。彼の神道が「儒学」系神道＝垂加《すいか》神道との連続性をもつことの理由である。

では、一八世紀の本居宣長によって、「伊勢神宮」はどのように認識されていくのか。次に伊勢神宮を舞台として、本居宣長の「近世神話」の世界へと踏み込んでみよう。

第二節　本居宣長の「近世神話」と『伊勢二宮さき竹の弁』

(1) 伊勢神宮と本居宣長

本居宣長が誕生し、また生涯そこで「町医師」として暮らした松坂の地は、伊勢神宮へと繋がっている。宣長と伊勢との接点は、たとえば一九歳のときに伊勢・山田の今井田《いまいだ》家の養子になっていることに見てとれる（二一歳で離縁）。「祝部《はふりべ》」を名乗っていた今井田家は、山田妙見町に当時一三件あった有力な御師の家だったらしい（中根 二〇〇二）。また母方の家系には出口延佳の系統の「伊勢神道」の弟子もいた。若い宣長は伊勢神宮と深い関わりのなかにいたのである。

また宣長の日記によると、以下の伊勢参宮が確認できる。

・宝暦《ほうれき》七年（一七五七）一一月一日
・明和《めいわ》六年（一七六九）四月四日
・安永《あんえい》二年（一七七三）四月六日
・安永六年（一七七七）四月二二日
・安永九年（一七八〇）四月一二日
・天明《てんめい》八年（一七八八）三月一八日
・寛政《かんせい》二年（一七九〇）九月六日
・寛政七年（一七九五）四月九日
・寛政一一年（一七九九）四月四日

さらに宣長の学問的な交友の関係者にも神宮祠官の学友、門人が少なくない。たとえば荒木田久老《あらきだひさおゆ》・蓬萊尚賢《ほうらいひさかた》・中川経雅《なかがわつねただ》・菊屋末偶《きくやすえとも》・益谷末寿《ますたにすえほぎ》らとの学問的な交流は親密であったようだ。とくに尚賢を中心とした内宮の林崎文庫《はやしざきぶんこ》の再興にあたっても、宣長は「林崎のふみぐらの詞」を寄せて、顕彰している。

図２　本居宣長旧宅（筆者撮影）
２階の書斎が「鈴屋」

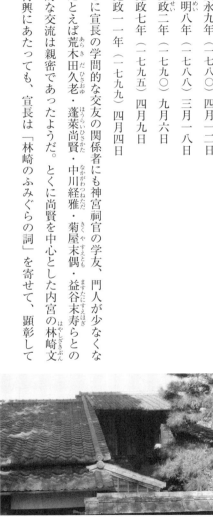

では、一八世紀の宣長は、伊勢神宮、内宮・外宮の祭神をめぐって、どのような教説を展開しているのだろうか。それは一七世紀の出口延佳とどこで繋がり、どこに相違点があるのか。それを「近世神話」の視点から探ってみよう。

(2) トヨウケ＝御食津大神

宣長が三四年の歳月をかけて執筆した、畢生の『古事記』の注釈書＝『古事記伝』のなかから、外宮の祭神トヨウケをめぐる注釈を見てみよう。

『古事記』によれば、ホノニニギが降臨するにあたって、アマテラスはみずからの魂を遷した鏡を授け、「これの鏡は、もはらあが御魂として、あが前を拝《いは》ふがごとくいつきまつれ」と詔《みことの》りした。そしてホノニニギの降臨に続けて、唐突に「次に登由気《とゆけ》の神、こは度相《わたらひ》に坐す神ぞ」とトヨウケをめぐる一節がはいる。『古事記』の一節をめぐって宣長は、次のように説いている。

【K】さるは此豊宇気大神は、高天原にして、天照大御神の常に拝祭《イツキマツリ》賜ふ、御食津神《ミケツカミ》に坐《ス》が故に、己命《オノレ》の御霊鏡に属添《ツケソ》て、此御霊《ミタマ》をも降し奉り賜ふなりけり、……然るを此神は、御食《ミケ》を掌る膳部《カシハデノ》神にて、皇御孫命の天降《リ》坐《ス》時の、供奉の臣列なり、など云説は、現御身《ウツシミミ》と御霊実《ミタマシロ》との差《ケジメ》をも弁へず、又事のさまをもよく考へずて、ひたぶるに外宮を貶《オト》さむとする者の、漫言《ミダリゴト》なり、……又此神を、外宮の書どもに、国常《ノ》立《ノ》尊なりと云るは、さらに由なく、いみしき強説《シヒゴト》なれば、今さら論ふにも足らず、又水徳《ノ》神ぞなど云て、くさぐさ言痛《コチタ》き説どもあれど、皆漢意なり、

(『古事記伝』十五之巻　全集10)

アマテラスがみずからの「御魂《ミタマ》」をこめた鏡を授けたことと一緒に、トヨウケの御魂の「御霊実《ミタマシロ》」を授けたと解釈する。なぜならば、トヨウケは高天原においてアマテラスが「拝祭《イツキマツリタマ》賜ふ、御食津神《ミケツカミ》」であったからという

のである。

宣長がトヨウケを「高天原にして、天照大御神の常に拝祭賜ふ、御食津神に坐《マス》……」と説くのは、外宮を貶めるためにトヨウケ＝膳部神《カシハデノカミ》で「供奉の臣列」と解釈する説や、また外宮祭神をもちあげるためにトヨウケ＝クニノトコタチと説くものへの批判としてあったことがここから確認できる。そこには近世的な合理主義的な解釈、あるいは中世神道説に繋がる解釈の、どちらをも批判する立場が見てとれる。その批判の根拠としてあるのが『古事記』のなかの神話、というわけだ。

では高天原においてアマテラスがトヨウケを祭っていたという神話は、『古事記』のどこにあるのだろうか。たとえば岩戸ごもりにいたるスサノヲとの争いのエピソードで、アマテラスが「忌服屋《いみはたや》に坐して神御衣《かむみそ》織らしめたまひし……」とある。このときアマテラスが神御衣を奉る相手こそ、トヨウケであったと宣長は解釈している。だが、別段そこにトヨウケの名前が出てくるわけではない。つまりトヨウケを高天原においてアマテラスが祭っていたという説明は、『古事記』の内容を踏み越えた、いわば「深読み」だ。その意味では、膳部神説、クニノトコタチ説と同列ともいえよう。

しかしここで読み取るべきは、宣長が『古事記』をもとにして、そこに近世に固有な、あたらしい伊勢神宮神話を作り出したところにある。宣長が注釈して読み解いた『古事記』とは、注釈によってあらたな神話が作り出される「中世日本紀」以来の神話創造の系譜にある。中世神話に倣えば「近世神話」としての『古事記伝』である。

宣長の「近世神話」は、どのように作られていくのか、次にそれをたしかめてみよう。

(3) トヨウケをめぐる「近世神話」へ

『古事記伝』が完成した寛政一〇年（一七九八）に、宣長は伊勢神宮の祭神をめぐる考証『伊勢二宮さき竹の弁』を執筆している。それが刊行されるまでには、いろいろな紆余曲折があったのだが、まずはそこに述べられている外宮祭神トヨウケの解釈を見てみよう。

【L】外宮は豊受大神《トユケノ》、その御名を豊宇気毘売命《トヨウケビメノミコト》と申《シ》奉りて、穀食の本元の御霊《ミタマ》にましまして、高天原に於て、天照大御神の重《オモ》く祭らせ給ふ、御食津大神《ミケツオホカミ》にましますも也、

（『伊勢二宮さき竹の弁』全集8）

外宮の神トヨウケが重んじられるのは、「穀食の本元の御霊」であったからだ。だから神代においてもアマテラスは高天原で、この神を「御食津大神」として祭っていた。『古事記伝』の注釈言説の延長にある見解である。だが、「御食津大神」としての重要性を、さらに次のように主張していくところに注目しよう。

【N】外宮は、御食津大神にて、高天原に於て、天照大御神の、重く祭らせ給ふ御神にましまず事、上に申せるがごとし、いでその御食津大神の、いとも〳〵尊き御神にて、天照大御神の、さばかりおもく祭らせ給ふ子細を、いさゝか申さむ、そも〳〵世《ノ》中に、宝は数々おほしといへども、一日もなくてはかなはぬ、無上至極のたふとき宝は、食物也、其故は、まづ人は、命《イノチ》といふ物有て、万《ツ》の事はあるなり、……然れば人の世に、至て大切なる物は命なるに、其命をつゞけたもしむる物は何ぞ、これ食也、……かくて此世のはじめに、かばかりたふとき食物の、出来始まりたるは、此豊受大神の御神霊《ミタマ》より成《リ》出て、天地のあらむかぎり、永々世《ノ》中に、穀食の絶ず、年々に出来るも、みな此大神の御徳御蔭なり、

（『伊勢二宮さき竹の弁』全集8）

アマテラスが高天原でトヨウケを祭っていたという『古事記』の読み替え＝あらたな神話の根拠となっているのは、「命《いのち》」と「食《しょく》」をめぐる言説である。「食物」がなければ、人は「命」を保つことはできない。それはあらゆる人間に共通する普遍的な真理だ。したがって、その食物はトヨウケの「御神霊」の働きによって起源した。この世に穀食の絶えないのは、すべてトヨウケの「御徳御蔭」であるというわけだ。

ここに見てとれるのは、トヨウケをめぐる神話が、人間の生命とそれを維持するための食物という、一種の普遍的な真理をもとにして展開されていくところだ。こうした「普遍性」への志向は、「皇国《みくに》」という一国をも超える神話へと展開していく。

【M】さて食を以て命をつぐことは、皇国の人にはかぎらず、万国の人皆同じことなれば、万国の人みな、此大神の御蔭を蒙らずといふことなし、そも〱皇国は、万国の本つ国祖国《オヤクニ》にして、顕《アラハ》れてこそしられね、万《ツ》の事の根元は、みな皇国より始まれることにて、日《ノ》神月《ノ》神の、神代に皇国に生出《ナリイデ》給ひて、四海万国に御蔭を敷《キ》施し給ふごとく、此豊受《ノ》大神の御蔭も、同じ御事にて、万国の人どもの命をつぐ其国々の食穀も、みな此大神の御霊《ミタマ》より生《ナリ》出るもの也、

（『伊勢二宮さき竹の弁』全集8）

【O】すべて外国には、神代の正しき伝説なきが故に、かやうの子細をも露しらざるは、せむかたなきを、皇国には有がたくも、その伝説明らかなれば、これをなほざりに思ひ奉るべきにあらず、

（『伊勢二宮さき竹の弁』全集8）

食物を宝とすることは皇国だけではなく、万国の人も共通している。だから万国の人も、トヨウケの「御蔭」を蒙らないものはいない。そして皇国は万国の「本つ国祖国」なので、すべての事物の根元は、みんな「皇国」に起源するのである。

こうした主張は、日本が万国に優越する国であるという、きわめて独善的な言説として批判されるところだ。とくにその根拠となっている「神代の正しき伝説」が日本にのみ伝わった、それが『古事記』であるという主張にいたるとき、自国の優位性を強調する独善的で狂信的な国粋主義ともされよう。ここで『古事記』は、外部性を喪失した、自己絶対化のテキストになると批判もされていく〔子安 二〇〇一〕。

しかし、こうした宣長の言説を『古事記』の注釈という形から導かれた、近世という時代固有の「神話」とし

て読むことが、「近世神話」論の方法的視点だ。近世特有の「普遍性」の神話といってもよい。それを内宮の祭神アマテラスをめぐる言説からたしかめてみよう。

(4) 近世の「神話知」とアマテラス＝太陽神説

宣長は『古事記』のアマテラスを「今のあたり世を御照し坐々《マシマス》天津《アマツ》日《ヒ》に坐々《マシマセ》り」(『古事記伝』六之巻)と説いた。まさしく太陽神としてのアマテラスだ。しかし続けてアマテラスを、地上を遍く照らす唯一の太陽と結びつけることで、日神の子孫たる天皇が統治する「皇国」の優位性を主張する言説へと展開していく。アマテラスを太陽神と解釈することから、一気に「皇国」こそが世界の中心、最優秀国であると述べたてていくところは、現代のわれわれからは違和感を覚えるところだ。まさしく「皇国イデオロギー」にもとづく「宣長神学」と呼ばれる点である〔東 一九九九〕。その言説が、近代における天皇制イデオロギーと結びつくというのは、宣長批判の常套句でもあろう。

けれども近世という時代のなかで、このアマテラス解釈を捉えなおしてみると、宣長が作り出した「近世神話」の意義が見えてきそうだ。『伊勢二宮さき竹の弁』には次のような言説がある。

【P】天照大御神は、天皇の大皇祖《オホミオヤ》にましまして、すなはち此世を照し給ふ、天津日にましますこと、何かは疑はむ、これ理はかぎりなき物にして、さらに測りがたく、妙なるところ也、さて高天原《ノ》といふは、神典に見えたるごとく、天上のことにして、その天は、皇国の天も、唐天竺の天も、其余の国々の天も、たゞ一つにして、隔《ヘダテ》なければ、天照大御神は、皇国のみの天照大御神にはましまさず、唐天竺をも、その余の国々をも、あまねく照し給ふ、天照大御神にましますものを、かの近代の神学者流の説のごとくにては、たゞ皇国に限れる天照大御神の如くなれば、これその広大なる御徳《ミメグミ》御陰《ミカゲ》を、ことさらにちゞめて、狭く小く説《トキ》なし奉る

物にして、いとも慨《ウレタ》きわざにぞ有りける

（『伊勢二宮さき竹の弁』全集8）

神話上のアマテラスを実態としての太陽と同一化するのは、神がかり的な解釈と批判されたりする。だがアマテラスが、万国を等しく照らす太陽であるという主張は、同時に高天原もまた天竺・唐・日本の天上に存在する「ただ一つ」の天と認識されていくことになる。ここには、一七世紀の出口延佳にあったような、天竺、震旦、日本というそれぞれの固有性へと相対化する視点はない。その固有性を超えた上位ランクとしての「皇国」のアマテラスが位置づけられるのだ。たとえば、次のような一見すると矛盾するような「思想」が、宣長のアマテラス神話を作り出している。

【Q】地球の説に、国土山川人物共に上下四面に附て、上下の国は足合《アシ》せ也といふは、奇怪に似て奇怪にあらず、理を以て思ふにも、まことにさやうに有へきことなり、又理のあたれるのみならず、現に西洋の人は万国を経歴してよく知れる所なり、今その西洋の人の皇国唐国などに通ふ者、或は西よりも来り、或は東よりも来る、これ地体円にして空に懸れる證拠なり、

（「沙門文雄が九山八海解嘲論の弁」全集14）

地が円で、それは空に浮かんでいる証拠は、「西洋の人」が万国を行き来して認識していることであり、また彼らが東西のどちらからもやってくるという事実からも明らかである。これは当時の仏教天文学にたいして、地球説＝西洋天文学の真実性を説いている文章である。一般的な常識では宣長といえば、偏狭な攘夷論者、国粋主義者というイメージが強い。しかし、じつは彼は、最先端の西洋の知識・科学、とくに天文学や地理学には相当、精通していたのだ。とくに「遥に西なる国々の人ども」は実際に船で航海し地球を廻っているので、大地のあり方を経験的に認識していると述べるように、きわめて経験主義的、合理的な認識を持つことも知っておくべきだろう。

しかし、こうした一見近代的で合理主義的な認識と、アマテラス＝太陽説は、不可分な関係に成り立っている。

それを見いだすことが「近世神話」の視点である。次のような言説である。

【R】抑天地は一枚《イチマイ》にして、隔《ヘダテ》なければ、高天原は、万国一同《イットウ》に戴くところの高天原《ノ》にして　天照大御神は、その天《アメ》をしろしめす御神にてましませば、宇宙《ウチウ》のあひだにならぶべきものなく、とこしなへに天地の限《カギリ》をあまねく照しまし〳〵て、四海万国《シカイバンコク》此御徳光《トクコウ》を蒙らずといふことなく、何れの国とても、此　大御神の御蔭《ミカゲ》にもれては、一日片時《イチニチヘンシ》も立《タツ》ことあたはず……。

（『玉くしげ』全集8）

天地は一枚で隔てはないから、『古事記』に出てくる「高天原」は、世界中すべての国のうえにある高天原であり、その天を支配するアマテラス＝太陽は、世界の隅々まで照らす神である……。一見すると、「天照大御神」や「高天原」という日本固有の神話を世界すべてに押し付けていくような、自国優位主義の言説のように読める。実際、そうした批判もされてきた。

だが宣長が、四海万国を照らす太陽神アマテラスの普遍性を主張するのは、地球説にもとづく「世界地理知識」の獲得によってはじめて具体性をもったことが重要である〔海老澤　一九五八〕。それは近世以前の天竺・震旦・日本という、三国的・中世的な世界観、あるいは近世前期における「中華思想」「華夷思想」が「西洋」の登場によって崩れた一八世紀の近世社会にあって、あらたな世界認識の普遍性を保証してくれるものであった。宣長は、その世界性・普遍性を『古事記』神話、とくに「天照大御神」と結びつけたのだ。

宣長が見出した『古事記』の「天照大御神」とは古代神話のアマテラスではない。西洋天文学＝「地球」という認識を媒介して作り出された「近世神話」のアマテラスなのである。

西洋天文学、西洋の学知を、その時代の「普遍性」として認識していること、その「普遍性」の根拠、起源として『古事記』の神話が読み替えられていく。内宮祭神たるアマテラスの「太陽」としての普遍性は、それと同じレベルの神として外宮祭神のトヨウケにも付与される。トヨウケの神格の普遍性は、あらゆる国々の人間の

「命」の持続と、それを保つための「食物」に結びつけられる。その「命」を存続させる神霊の根源こそ、外宮の神トヨウケであったのだ。そうした新しい知を『古事記』の神話解釈から導かれた「神話知」と呼んでおこう。

おわりに

多くの近世びとたちが参拝した伊勢神宮。その神宮に祭られる神々は、社会的、身分的な隔てのない「人間」全般の根源を支える神でなければならない。それが太陽神アマテラスであり、御食津神トヨウケであった。ここには「藩」という単位で分断された人びとを統合する、あらたな「公」の観念の誕生が見てとれよう。それこそ「皇国」である。それは近世の幕藩体制を超える公共性をもたらすことになる。その拠点が近世に変貌した伊勢神宮であったのだ。

〔参考文献〕

青木紀元　一九八二「延佳神主の古事記校正」（『神道大系・月報27』）
――　一九六〇「度会延佳古事記研究の過程」（『古事記年報』七号）
海老澤有道　一九五八『南蛮学統の研究』（創文社）
桂島宣弘　二〇〇八『自他認識の思想史』（有志舎）
金沢英之　二〇〇五『宣長と『三大考』』（笠間書院）
古賀精一　一九四三「真福寺本古事記攷」（『国語国文』一九四三年五月号）
子安宣邦　二〇〇一『本居宣長』（岩波現代文庫）
近藤啓吾　一九八七「『倭姫命世記』と山崎闇斎」（『神道史研究』三五巻四号）
斎藤英喜　二〇一〇「近世神話としての『古事記伝』」（佛教大学『文学部論集』第九四号）
――　二〇一一「宣長・アマテラス・天文学」（佛教大学『歴史学部論集』創刊号）

―――二〇一二「中世日本紀から『古事記伝』へ」（山下久夫＋斎藤英喜編『越境する古事記伝』森話社）
―――二〇一二『古事記はいかに読まれてきたか』（吉川弘文館）
中西正幸　一九九八『伊勢の宮人』（国書刊行会）
中根道幸　二〇〇二『宣長さん』（和泉書院）
東より子　一九九九『宣長神学の構造』（ぺりかん社）
樋口浩造　二〇〇九『「江戸」の批判的系譜学』（ぺりかん社）
平出鏗二郎　一九〇一「度会延佳及び其神学」（『史学雑誌』一九〇一年五月号〜九月号）
本居宣長記念館　二〇〇一『本居宣長事典』（東京堂出版）
山下久夫　二〇一〇「「近世神話」からみた『古事記伝』注釈の方法」（鈴木健一編『江戸の「知」』森話社）
―――二〇一二「『古事記伝』を近世以前から照らし出す」（山下久夫＋斎藤英喜編『越境する古事記伝』森話社）
―――二〇一三「『古事記伝』の記述方法」（『文学・語学』第二〇五号）
山本ひろ子　一九九五「至高者たち」（山折哲雄編『日本の神』1、平凡社）

〔引用原典〕
『東海道中膝栗毛』日本古典文学全集　小学館
『鼇頭古事記』神道大系　古典註釈編　古事記註釈　神道大系編纂会
『陽復記』『中臣祓瑞穂鈔』『太神宮神道或問』『伊勢太神宮神異記』神道大系　論説編　伊勢神道(下)　神道大系編纂会
『造伊勢二所太神宮宝基本記』『豊受皇太神御鎮座本紀』『天照坐伊勢二所皇太神宮御鎮座次第記』神道大系　論説編　伊勢神道(上)　神道大系編纂会
『本居宣長全集』筑摩書房

10　御蔭参りにおけるお札降り現象
――近世庶民の伊勢信仰の一側面――

劉　琳琳

はじめに

神道が日本文化において重要な地位を占めることはいうまでもないが、伊勢信仰は神道信仰において際立ったものとして位置づけることができる。伊勢信仰は一〇〇〇年以上の歴史を有し、その精神面でも実践面でも、度重なる変化を経てきた。実践面について初めに思い浮かべるのは、伊勢の神主による儀礼かもしれない。しかし、ここで忘れてはならないのが信仰の受容者としての一般庶民の存在である。それぞれの時代において庶民の伊勢信仰は異なった形態を呈しており、本章で扱う「お札降り」とそれにともなう「御蔭参《おかげまい》り」は江戸時代にのみ見られる宗教現象である。お札降りとは神社や寺の神札《しんさつ》、お守りなどが空から降ってくることをいい、江戸時代は伊勢神宮のお札が降ってくる例がもっとも多く見られる。

御蔭参りは江戸時代に周期的に発生した大規模な集団的伊勢神宮参拝の現象である。この点から見れば、「お札降り」は鮮やかな時代的色彩を帯びているといえよう。本章は「お札降り」を手がかりに、「お札降り」と御蔭参りの関係の実態や、それから近世庶民の伊勢神宮にまつわる意識および祭礼の様子を明らかにしたいと思う。

第一節では、お札すなわち「御祓《おはらい》」や、江戸時代の伊勢御師の配札活動について簡単に紹介し、第二節ではお札降りと御蔭参りの発生の様子を描き、第三節ではお札降りののち、各地域で展開された祭礼活動に注目して、第四節ではお札を降らした主体について考えてみたい。

第一節　伊勢神宮の神札

「お札」はもと「神札」または「御祓」とも呼ばれ、その上に神の名が記された。そのため、神札は神を象徴するものと見なされ、人びとは神札に対し礼拝を行う。現在は伊勢神宮の神札を「神宮大麻」と呼ぶが、江戸時代は一般的には「御祓」と俗称されていた。江戸時代の日本人の持つ神霊や妖怪に対する信奉は現代よりも濃厚であり、家庭に神棚を据えて神札を供えるのは一般的な現象であった。また大抵は当地の信仰の慣習に基づいて幾柱《いくはしら》かの神の神札を同時に供えていた。神札には庶民がみずから神社に参拝してもらってくるものもあったが、神社への道のりが遠い場合には、各地を巡回する「御師《おし》」（伊勢神宮の御師は「おんし」と読んだともいわれる）からもらうものもあった。神札を受け取った家庭は御師の檀家《だんか》となり、この両者には師壇関係が形成される。「御祓」の授与は一戸の家を単位に行われ、御祓を受け取るのはその一家の人すべてがその神社の神霊を信仰することを意味した。江戸時代には多くの神社が自前の御師を有しており、その中でも伊勢神宮の御師（以下は御師とのみ表記する）は最も活発に活動していたのである。

御師（あるいはその手代＝代理人）が配札に出かける時期は毎年の一二月に伊勢より出発し檀家を尋ねてまわり（回檀《かいだん》）、翌年の一月ごろには配札を終えるものである。しかし、夏と冬の二回に分けて御祓を配る場合もある。たとえば遠山佳治氏によると、幕末の三河では、御師の回檀は夏と冬と二回にわたって行われたとされる〔遠山 一九九三〕。

御祓は等級によって四種類に分けられており、すなわち万度御祓・千度御祓・箱形御祓・剣先形御祓である。檀家は自身の経済能力と社会的地位に基づいて初穂料《はつほりょう》を納め、その金額に相当する御祓を得るのであった。万度御祓は一万回のお祓い、千度御祓は一千回のお祓いを行うに等しい霊験を持つと考えられていた。万度御祓とは二〇本の麻串（檜で作られた細い棒であり、一本の長さは約二四センチ）を一束にし、美濃紙《みのがみ》でそれを結び、一束の広さは約八分（二・四センチ）、それを五束まとめて結んだものを長方形の箱に入れて完成する。箱の外側は奉書紙《ほうしょがみ》（高級和紙の一種）で包まれ、上部には内宮もしくは外宮と御師の名号が記される（井上 一九五五）。箱形御祓と剣先形御祓は現在でも目にすることができる。どちらも一枚の白い和紙を長方形または剣形に折ってつくり、中に檜の棒を包んでいるが大きさはさまざまである。内宮・外宮の御祓にそれぞれ「天照太神宮」「豊受太神宮」の名号（符銘）を記し、その脇に御師の名前も書かれている（図1）。近世、とくに前期において、多くの外宮の御師は内宮側の同意を得ることなく、内宮の名号「天照皇太神宮」を用いていた。寛文《かんぶん》一一年（一六七一）に内宮はこの件を幕府に訴え出たが、これがいわゆる「御祓銘論」事件である。幕府は外宮を敗訴として、外宮の御師は内宮の名号を銘書きに用いてはならないと命じた。

御師の主な仕事は御祓の配布・祈禱そして伊勢の自宅に神宮参拝者を泊め、案内・接待することである。いずれも少ない資本で大きな利益を手にする事ができる。よって御師たちは檀家の獲得に非常に熱心だった。この目的のために御師は外地の檀家に対して伊勢信仰を宣伝した。

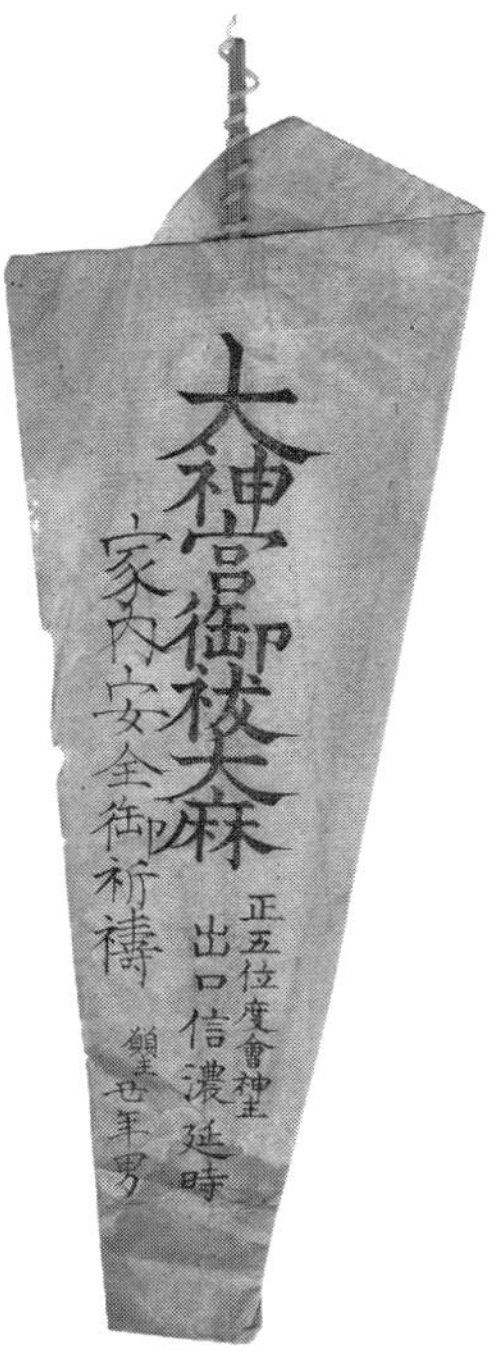

図1　近世の御祓
外宮神職出口延時が配布した（個人蔵）

また御師は御祓を粗末に取り扱ってはならないと主張した。江戸時代中期の神道学者、多田義俊《ただよしとし》は延享《えんきょう》三年（一七四六）一月から二月にかけて伊勢神宮に参拝し、その間に多くの御師と接する機会を持った。多田は、檀家が御祓に対して不敬をはたらいたために「天罰」に遭ったとする話を御師たちの口から聞いた。多田義俊は『宮《みや》川日記《がわにっき》』で次のように語る。

丹州へ御祓くばりにゆきけるに、宿の小児御祓ぐしをふみてそれより熱出、めいわくしけるまま、何ぞ覚へはなきかととへば、御祓ぐしふみたる事をいふ故、母なげきて此由をそれがしにつげしまま、小児の事なれば、御ゆるさるると申より、たちまち熱もさめたりと云々、〔神宮司庁 一九三七〕

つまり、子供がたまたま御祓を踏んで、それより熱が出たが、伊勢の御師は、子供のことだから、神は許してくださるだろうといった。すると子供はたちまち熱が冷めた、という話である。

現代人から見れば、御師たちの地位を高めるための宣伝以外の何ものでもないが、多田義俊も比較的理性的な知識人であるためか疑いの念を表している。しかしこの時代において、このような御祓に対する不敬が招いた神罰の風説は人びとの伊勢信仰をより深める働きをしたと思われる。

第二節　御蔭参り——お札降り後の社会的反応——

近世史上多く現れた大規模な伊勢神宮参拝現象のなかでも、とくに参加者数が多かったのは宝永《ほうえい》二年（一七〇五）・明和《めいわ》八年（一七七一）・文政《ぶんせい》一三年（一八三〇）の三回であった。御蔭参りの期間に見られた稀有な現象として、多くの地方で御祓あるいはその他の物品が「空より降って」きたことがあげられる。

御蔭参りのきっかけとなった「お札降り」は、最も早いものが宝永二年に現れている。同年の大坂の状況を記した『菊屋町旧記《きくやちょうきゅうき》』には「方々《かたがた》ニ太神宮御祓飛来り給《たま》ふなどと申事数多《もうすことかずおおし》」〔相蘇 一九七五〕とあり、大坂では確かに多くの場所で「お札降り」が発生したことが示されている。京都方面の状況は『元禄宝永珍話《げんろくほうえいちんわ》』宝永二酉年閏四月条に次の記載がある。

　京都には別て神異をいふ事少からず、……爰《ここ》には祓の大麻箱降し、かしこには伊勢にて降し大豆を尊みて蔵置しに、忽ち大麻と変ぜし抔《など》いひのゝしるなり。（『元禄宝永珍話』巻三）

京都ではとくに神異が多い。あるところでは御祓の箱が降ったり、また別のところでは伊勢で降った大豆を蔵に置けば、その大豆がお札に変わったなどと言い伝えられている。

すなわち、京都に降ったのは御祓そのものではないが、いずれも御祓と関係がある。

明和八年と文政一三年の御蔭参りの時期には、さらに多くの「お札降り」が発生した。明和八年のお札降りについては、伊勢松阪に住む森壺仙《もりこせん》の書いた『いせ参御蔭之日記《まいりおかげのにっき》』に、参拝者から聞き取った各地のお札降りの状況が事細かく記述されている。それによれば、この年の御蔭参りは丹後国田辺のある「有徳」の人が自分の参宮金を人びとに貸して参宮させたことから始まり、次に参宮に出かけたのは京都南部の宇治において茶摘み労働に従事する女性と子供たちであった。本居大平《もとおりおおひら》の『おかけまうての日記』（安永《あんえい》五年〈一七七六〉刊）の記載によれば、これら京都付近の人びとが出発した時期は、四月七日あたりであった〔松阪市史編さん委員会 一九八二〕。

しかし、田辺や宇治の人びとが参拝する過程においては、お札降りがあったわけではない。宇治の参拝者の後に京都周辺の別の地区である久世郡《くぜぐん》、綴喜郡《つづきぐん》、藤森《ふじもり》、淀《よど》、八幡《やわた》などの人びとがやって来たが、やはりお札降りはなかった。森壺仙の日記によれば最初にお札降りが現れるのは四月一八日のことであるが、噂が多すぎて書き尽くせないほどだと書いている。このお札降りが「各地」で発生していることを考慮すれば、このお札降り現象は四月一八日以前に始まっていなければならない。こののち四月二五日に松阪と比較的近くにある津にてお札降りが発生し、当地の観音堂に四枚の御祓が降ったのである。また、四月二六日前後の大坂でも五件の「お札降り」

が発生した（森壺仙「いせ御蔭参り之日記」〔松阪市史編さん委員会 一九八一〕）。

また文政一三年の状況は、大坂在住の名もなき医者がその『浮世《うきよ》の有様《ありさま》』で詳しく記述している。それによると、丹波・姫路・西宮などの地でお札降りが発生したとされている〔庄司ほか 一九七〇〕。

御蔭参りの期間にはこのように多くの御祓が「降った」のであるが、その意味するところは何であろうか。多くの地方で「お札降り」発生以前には御蔭参りは行われないが、当地で「お札降り」が起こるやいなや、人びとはお札降りを「伊勢神宮の霊験の現れ」あるいは「伊勢より御《お》迎《むかい》参《まい》り候《そうろう》」（滝沢馬琴《たきざわばきん》『曲亭雑記《きょくていざつき》』五〔神宮司庁 一九九五〕）と考え、先を争って参拝に出かけた。つまり、多くの土地で起こった「お札降り」は地元の人びとを御蔭参りに駆りたてるきっかけとなったのである。たとえば明和八年の大坂一帯で御蔭参りが始まったときの状況は次のようであった。

四月中旬よりおかげ参りといふ噂あり。されどさのミの事ならざりしに。下旬に至り。夥敷キ参宮人也。其訳ハ。大阪十四五ケ所へ虚空より風に吹るるていにて御祓降たりと。是伊勢神明の御利生と言いはやし（後略）

（『御《み》影《かげ》参《まいり》難波《なにわ》話《ばなし》辛卯《しんう》奇譚《きたん》』〔相蘇 一九八五〕）

要するに、四月中旬より御蔭参りが始まったという噂があったが、参宮者はまだ多くなかった。ただ下旬になってその数が激増した。その理由は大坂に御祓が空から風に吹かれるように降って来たからであった。これは伊勢の神さまのご利益だとみんなしきりに噂している。

お札降りの形で現れた霊験は、神が人びとに信心を表明せよと求めていると解釈され、多くの人びとが参拝者の列に加わったのである。同様に四月下旬、伊勢に近い津と四日市の人びとの御蔭参りの発端は「お札降り」であった。前述した森壺仙の日記の四月二五日の記載では最初に観音堂に御祓が降ったが、続いて津の各町にも降り、津の人びとは次第に「抜け参り」（親や主人の許しを得ず、往来手形なしで伊勢参りに行くこと）を始めた。

ここから津の人びとが伊勢参宮に参加した理由が「お札降り」の影響であったことがはっきりと読み取れる。すなわち、「お札降り」が御蔭参りを誘発したのである。

「お札降り」のこうした誘発作用は偶然に起こったことではなく、広く存在した御祓を祀る習俗が背後にあったと考えられる。「天照皇太神宮」の名号を記した御祓は平時において神の化身あるいはシンボルとみなされ、各家庭は年始に御祓を迎えて祀り、年末に新年を迎えるに際して新しい御祓と交換する。このようなサイクルが繰り返されることで、信仰文化が厚く積み重なっていくのである。前述したように御師による御祓と伊勢の神に対する宣伝も人びとの信仰を深めることに一役買ったと思われる。御祓は室内の神棚に祭られるものだが、それがもし室外や木の上といった神棚以外の場所に現れれば、「御祓が天より飛び来った」と理解され、神が天上より下界に御祓を撒いたと考えられたに違いない。戯作者鈍句斎《どんくさい》薬菊道《くすりきくみち》の『御蔭参話《おかげまいりはなし》の種《たね》』には文政一三年の御蔭参りの挿絵が載せられているが、多くは神が雲の端に立って「天照皇太神宮」や「太神宮」の字句のある御祓をばら撒き、地上の人びとが相争って両手または笠をあげてこれを受け止めている〔原田 一九六八〕。もしある家の門前で思いがけなくも御祓が見つかれば、神への畏敬の念を生じさせただろう。

江戸時代の異色な学者である平賀源内は明和八年に偽の「お札降り」を起こしたことがある。この年、源内は越後国にある浄土真宗を信仰する村を訪れたところ、御蔭参り流行の年なのに、この村ではだれ一人伊勢参拝をする人はなかった。源内は村人に参拝を促すために、次の行動をとったという。「三文《さんもん》御札《おふだ》と称する小さき太神宮の御祓を紙鳶《たこ》に附《ふ》して高き山に登り、風に任せて一村落に蒔散《まきちら》しける」、すると村人たちは驚いて、これはきっと「神業」だと思い、直ちに餅をつき、御酒を供えたりした。最後には村中の人がこぞって伊勢へ参詣し、それ以降神を信仰するようになった〔水谷 一八九六〕。

越後のこの村は仏教を信仰し、神を敬わなかった。平賀源内はその腕前を発揮して偽のお札降りを作り出し、真相を知らない村人はこの御祓を神の警告だと捉えたために、ただただ急いで伊勢神宮へと参拝するしかなく、さらにはこれ以降神への信仰を始めたのである。「お札降り」現象は多くの土地で伊勢参拝を誘発することに成功した。

第三節　お札降り後の各地の祭礼活動

一般民衆にとって御祓が自分の家に降ることは非常に光栄な出来事であり、神酒などを並べてお供えすることは当時よく見られた。たとえば明和八年の大坂一帯では、御祓が降った家では祭壇を設え何日間かお供えをし、親戚・友人を招いて参拝した事例がある〔相蘇　一九八五〕。また同年六月二日に、松阪の来光寺《らいこうじ》に御祓が降ったが、その御祓は宮司が発行した御祓であるという。

今日来光寺江宮司ヨリ出候御祓ふり候。尤両太神宮と在レ之候由。依レ之宮司江持参致し候上にて、来光寺境内鎮守ニ納め、白粉町《おしろいまち》日待《ひまち》之節《ふし》、餝《かざ》り候積りニ相成り候。

（森壺仙「いせ御蔭参り之日記」〔松阪市史編さん委員会　一九八一〕）

伊勢神宮の宮司が発行した御祓が来光寺に降下した。この御祓に両太神宮と書いてあるから、宮司のところへ持っていき、来光寺境内にある鎮守社に納めた。さらに白粉町の人が日待ち（徹夜して日の出を拝む行事）を行うとき、御祓を飾ることとなった。引用中の「白粉町日待之節、飾り候」とは、この時の御祓が「日待ち」の祈禱対象となったことを指している。

またおよそ御祓を拾った者はそれを祭るだけでなく、周囲に公にして他の人びとがお参りにくるのを認めなければならない。伊勢在住の人箕曲在六《みのわありむつ》が天保《てんぽう》三年（一八三二）に記した『御蔭参宮文政神異記《おかげまいりぶんせいしんいき》』では、尾張国の人が他の人びとに御祓を拝礼させなかったために神罰に遭ったという事件を載せている。尾張国のある人が降ってきた御祓を家に供えたところ諸方よりたくさんの人びとがお札を拝みにきた。この人物は生活に不便が出ると思ってか参拝の人びとを拒絶した。すぐに家の中で奇妙な出来事が発生し、御祓が見当たらなくなった。探しまわったところ店舗の表側の目につきやすい場所で御祓が見つかった。主人は驚いて、御祓を隠したことに神が不満を表明したのだと考えた〔神宮司庁　一九三七〕。

文政一三年の御蔭参りが明和八年の状況と異なるのは、多くの土地でお札降りの後に伊勢に参拝する人が減り、代わってその土地で祭礼活動を行うことがだんだんと目立ってきたことである。御祓の降った場所を内宮もしくは外宮と呼ぶ土地もあり、たとえば大和の『吉岡家記録』には天保二年（一八三一）葛下郡《かつげ》ではお札降りのあった場所に「新伊勢」という神社を建てたという記録がある〔岩井　一九七〇〕。

お札降りの後にその場所に伊勢神宮を勧請し、神明社《しんめいしゃ》を建立したことによって、祭礼活動の長期化と安定化が図られたことがわかる。このほかには、お札降りの後に神明社を建立するのではなく、各地の氏神神社の神職が伊勢神宮を勧請し、祭礼（神徳に感謝して熱狂的に踊る「お蔭踊り」）を企画した例が多くの土地で見られる。

一例として兵庫県西宮市甑岩町越木岩神社《こしきいわじんじゃ》に納められた絵馬があげられ、その絵から当時の祭礼の様子がうかがえる〔相蘇　一九八四〕。現在、同社のウェブページに掲載されている絵馬は二枚あり、当地の上新田村と下新田村の村民が天保二年六月に越木岩神社に奉納したものであり、当時のお蔭踊りの状況が描かれている。人びとは揃いの衣装を身につけ、笠を被り扇子を持ち、行列を成している。行列の先頭は「おかげ」の高提灯を掲げ、皆は踊りながら越木岩神社を目指している。この神社の祭神は「甑《こしき》」のような形をした巨大な岩であるが、これは典型的な自然神であるため伊勢とは何の関係もない。上述した神社は平時において土地の主要な宗教的活動の場所であり、村人一同が信仰活動を行う舞台であった。伊勢とは何の関係もない神社において伊勢と関係のある祭礼を行うことに、村人たちは疑問を感じなかったのであろう。この現象には、一つに神道の緩やかな多神信仰の性質が反映されている。もう一つ注目すべきなのは、祭り特有の非日常状態を追求する民衆の心理状態である。これは民衆が積極的に祭礼に身を投じることの精神的原動力であり、これによってお札降りへの対応行動がローカル化しはじめたと思われる。

第四節　人が作り出した「お札降り」

平賀源内がお札降りをでっち上げたように、「お札降り」は結局のところ人の手による現象である。江戸時代の当時にあっても、すでにこの点を指摘していた人がいる。『浮世の有様』では数多くの偽のお札降りを見破った記述が見られる。たとえば、大坂道頓堀一帯のある者は油揚げに神札を括り付け、またある者は御祓を魚の腸と一緒に屋根の上に乗せておいたとされる。このようにすればカラスやトビ等の鳥類を引き寄せ、鳥が銜《くわ》えていけば自然とお札降りが発生するのである。

実際こういった偽造手段は巧妙とはいえず、空から降ってきた御祓にはなんと御師の名前まで書かれていたのである。文政一三年六月二九日、河内国石川郡板持村《いしかわぐんいたもちむら》に降った三枚の御祓には「太神宮、御師曾禰鳥羽大夫」（相蘇　一九七五）とあり、これは明らかに御師が配った御祓を持ち出して「お札降り」にあてたものなのである。

では、いったいどのような人物がどのような動機でわざわざ偽の「お札降り」を行ったのだろうか。これまでの研究では一般的に民衆自身が主な偽造者だとされている。相蘇一弘氏の指摘によると、上述した石川郡板持村の御師の名号のある御祓は明らかにもともと当地にあった御祓だとしている。民衆がこの偽お札降りを作り上げた動機は参拝を行うためだとされている。もちろんみずから伊勢まで参拝に行きたい民衆以外にも、別の理由で参拝熱を作り出したい人びとがいた。たとえば平賀源内は浄土真宗を信仰する村民を参拝に赴かせるためにお札降り現象を捏造《ねつぞう》した。しかし平賀源内のように外部から村民を参拝に仕向けた例は少ない。筆者が気付いたことであるが、ある土地のお札降り現象に続く祭礼活動はその土地の神社の神職が実施していた。神職の祭礼に対する熱心な態度からは、彼らもお札降り現象に関与していたことを推測できよう。三河吉田藩で一八三〇年に起こったお札降りがその代表的な例である。

最後に羽田野敬雄《はたのたかお》が関与した羽田村のお札降りとその後の祭礼をとりあげたい。羽田野敬雄は幕末期の三河吉田藩に現れた著名な神道学者であり、田町神明宮の宮司であると同時に羽田村の羽田八幡宮の各事務を兼職していた。羽田村は百度・北側・西羽田・越水などの四つの小村で構成されており、羽田八幡宮が羽田村の氏神神社である。また西羽田に羽田八幡宮に付属する天王社があった。羽田野敬雄の日記である『万歳書留控《ばんざいかきとめひかえ》』の記載によると、文政一三年、羽田村には合わせて四回のお札降り現象が発生している。

〔第一回の降札〕閏三月（旧暦）阿波より御蔭参りが発生し、お盆の後、羽田村でも施行駕籠《せぎようかご》や施行米の活動が始まったが、まだ祭礼にいたっていない。そのようななか、二五日朝、羽田八幡宮の鳥居の前の東の方で内宮のお札が発見された。神職がただちに村役人に伝えた。

〔第二回の降札〕七月二六日にも同じく八幡宮の湯立ち神事の場で二枚目の内宮のお札が見つかった。村役人は二五、二六、二七日の三日間を村中遊日とし、村人たちはみな八幡宮を参拝し、祭礼を実施した。もちろん羽田野敬道が祭礼の主役として活躍し、神酒を開け、村人に振舞い、初穂料金五〇疋を村人から受け取った。

〔第三回の降札〕八月六日朝、北側の清五郎の家の屋根で外宮のお札がみつかった。これも八幡宮に勧請され、当日の夜神酒一樽を打ち抜き、村中一同が参詣した。

〔第四回の降札〕八月二四日西羽田の天王社にまた内宮の「お札降り」が起こり、敬雄がこれを八幡宮に勧請した。

このように羽田村で発生した四回のお札降り事件のうち、三回はこの村の氏神神社である羽田八幡宮もしくは天王社で発生しており、残りの一回は村人宅である。しかしお札降りが起こるたびに御祓が八幡宮へと移され、敬道・敬雄父子により祭りが組織されている。氏神神社にお札降りが発生してはじめて神職の積極的な采配のもと、祭りは挙行できたのである。おそらく氏神神社を舞台として祭りが執り行われることは村人と神職の共通の願いであったのだろう。よって、氏神神社のお札降りと羽田野家の関係は注目に値する。これまでのお札降りの研究ではその多くが参宮実現の動機に焦点をあてて考察してきたが、吉田藩の事例は地方で祭礼を執り行うこともお札降りを生み出す動機の一つであるということを示している。そのなかでも地域の宗教者、とりわけ氏神神社の神職たちの役割は無視できない。なぜなら彼らは村人と同じく祭りの挙行を歓迎しており、特別に「二夜三日正月」のような比較的大きな規模の祭りを実行したのである。裏を返せば、もし村人だけが祭りを期待したとしても神職の協力が得られなければその実現は不可能なのである。

おわりに

なぜ近世に「お札降り」が出現し、大規模な流行と神宮への参拝現象を生み出したのであろうか。一般人における伊勢参拝は三つの形式に分けることが可能である、すなわち伊勢講による参拝、抜け参りと御蔭参りである。伊勢講が最も通常の参拝形式であるが、女性や使用人といった労働者は参加できず、参拝に行くための金銭的、時間的余裕もなかった。よって「抜け参り」が発生する。つまり女性と未成年者は家長に、被雇用者は雇用主に伊勢参りの旨を伝える事なく、こっそりと伊勢神宮に参るのである。近世の各藩は人びとの往来を取り締まって いたので、「抜け参り」はあれこれと手を尽くして法の網の目をくぐり抜けねばならないことを意味していた。

「抜け参り」は現代の「不法出国」に似ており、これを成し遂げられた者はわずかであった。御蔭参りは第三の参拝形態である。もっと沢山の人びとが参拝の願望を実現するためには、権力の束縛を逃れて家長や主人の黙認を得られるだけの理由を探す必要があった。この点からいえば、神意とはもっとも良い理由だった。そうして平時において神のシンボルと見なされ、家々において祀られている御祓が、一般庶民の参拝への願望を叶える手段となった。お札降りが御蔭参りのきっかけとなったゆえんはここにあるといえよう。もちろん、人びとの主観的な参拝の願望以外にも、近世の長期的に安定した社会情勢と交通の発展も伊勢神宮に参拝する客観的条件を与えたのである。中世と江戸時代早期（およそ一六二〇年代まで）には同じく伊勢信仰の現象として「飛神明《とびしんめい》」が起こっただけであり、御蔭参りはまだ発生していなかった。つまり伊勢の神が伊勢以外の場所に飛びいたり、沢山の人びとがその神の降りた場所に参拝することはあっても、伊勢まで行って参拝をすることはなかった。筆者がその背後の理由を考えるに、江戸初期の社会は中世の戦乱状態を脱してまだ日が浅く、交通の整備も完成されていなかった（五街道の第一街道である東海道は寛永元年〈一六二四〉に整備された）。客観的に見て参拝に行くというのはとても困難なことであった。よって交通の整備などにともなってお札降りと御蔭参りの新方式が発生すると、飛神明現象もあまり見られなくなった。

慶応《けいおう》三年（一八六七）、お札降り現象は再び発生したが、それまでの御蔭参りと異なり、各地では伊勢に赴く人が減少し、文政一三年の「お蔭踊り」の方式を踏襲して自分たちの生活区域において祭礼を挙行した。「ええじゃないか」という、狂喜乱舞のはてに社会規範をぶちこわし、幕藩体制の支配秩序をかき乱したこの現象は、武士の時代の終わりを告げる序曲となったのである。近代天皇制国家成立ののち、伊勢神宮は国家神道において最高の地位が与えられたものの、再びお札降りと御蔭参りが発生することはなかった。紙幅の関係により、この原因についいては、稿を改めて検討したいと思う。

〔参考文献〕
相蘇一弘　一九七五「おかげ参りの実態に関する問題について」（西垣晴次編『伊勢信仰』第二巻、雄山閣）
――――　一九八四「お蔭参り――絵馬・灯籠などの遺物を中心に――」（『歴史手帖』一二巻七号）
井上頼寿　一九五五『伊勢信仰と民俗』（神宮司庁）
岩井弘實　一九七〇「大和のお蔭参りとお蔭踊」（『大和文化研究』一五巻三号）
久田松和則　二〇〇四『伊勢御師と旦那』（弘文堂）
庄司吉之助・林基・安丸良夫校注　一九七〇『日本思想大系』第五八巻『民衆運動の思想』（岩波書店）
神宮司庁編　一九三七『神宮参拝記大成』（神宮司庁）
――――　一九九五『古事類苑神宮司庁蔵版』神祇部五十八（吉川弘文館複製）
田村貞雄　一九八七『ええじゃないか始まる』（青木書店）
遠山佳治　一九九三「幕末維新期三河における伊勢御師の廻檀」（『愛知大学綜合郷土研究所紀要』三八号）
西垣晴次　一九八五『お伊勢参り』（岩波書店）
原田伴彦　一九六八『日本庶民生活史料集成』第十二巻（三一書房）
藤谷俊雄　一九八〇『神道信仰と民衆・天皇制』（法律文化社）
松阪市史編さん委員会編　一九八一『松阪市史』第九巻（蒼人社）
水谷不倒　一八九六『平賀源内』（裳華書房）
越木岩神社ＨＰ　http://www.koshikiiwa-jinja.jp/（最終閲覧日：二〇一六年三月一〇日）

〔付記〕　本稿は筆者の研究テーマ「江戸時代の幕藩権力と伊勢信仰運動」の一部分であり、この研究テーマは日本住友財団「アジアにおける日本研究」（二〇〇三年度）プロジェクトの助成を得たものである。ここに謹んで謝意を表したい。

（竹下大輔　訳）

Ⅳ　近代～現代

11　伊勢における神仏分離

河野　訓

序　説

本章でとりあげる伊勢には内宮・外宮ほか一二五社からなる神宮がある。とくに近世以降、全国津々浦々から、伊勢参宮を志す篤信者が多く、賑わいを見せてきた。参詣者には神社関係者のみならず、一般庶民のほか仏教徒までもが含まれていた。その一方、伊勢に住む者たち、端的には内宮を中心とする宇治と外宮を中心とする山田に住む者たちは神領民としての意識が強く、それはこの地域の特殊な文化を成立・継承させるエネルギーであったし、神領としての宇治・山田に住む者たちのアイデンティティでもあった。

明治維新期の伊勢は日本の神道のひとつの中心であった伊勢神宮と神領民を強く意識している宇治・山田の住民らから形成されていた。明治新政府の出した神仏分離令はとりわけまず神宮を含む神都《しんと》である宇治・山田の神仏の関係を大きく変えることになった。住民は神葬祭を望み、度会《わたらい》府も離檀《りだん》（寺院との檀家関係の解消）を許可した。宇治からは寺院が消え、山田にも還俗する僧侶が相次いだ。参宮客を手厚くもてなしてきた寺院もその例外ではない。さらにその変革は伊勢神宮への全国的な崇敬を担ってきた御師《おんし》の廃止や神宮諸制度の改革へと及んでいく。伊勢における神仏分離は御師の廃止や神宮それ自体における変革につながる伊勢（宇治・山田）の近代化の端緒に位置するものである。

本章では以下、第一節で新政府により神仏分離令が出される前、すなわち江戸時代の山田と宇治の仏教寺院を中心とした宗教状況の特徴について述べ、第二節では宇治・山田における神仏分離について述べる。明治元年、度会府が置かれた宇治・山田とそこに存在していた仏教寺院の動向、また仏教寺院への苦言といってもよい神宮側の見解なども紹介する。宇治・山田の住民の神都としての意識からか仏教語を使用している地名の改称までも申請された。翌明治二年（一八六九）には神宮の遷宮の年にあたり、この年、明治天皇の行幸が行われたが、その際、沿道の寺院を廃止するなどの措置が取られている。最後に寺院における葬儀を拒んだ市民の仏式を廃した葬祭について述べ、明治政府の発した神仏分離令が宇治・山田市民にどのような変化をもたらしたのか、論じたい。

第一節　神仏分離以前の伊勢

（1）外宮と仏教——寛文の大火——

外宮のある山田では寛文一〇年（一六七〇）一一月二四日、鉈屋《なたや》の世古から出火した火事で市街地を焼き尽くし、焼失した家屋は五七三四軒、同じく焼失した寺院は『三方会合《さんぽうかいごう》記録』（神宮文庫　一門　一五五八）巻二などによれば一八九か寺に上った。この火事をうけて一二月二三日には当時の山田奉行桑山丹後守《くわやまたんごのかみ》から焼失寺院の野辺《のべ》（市街地以外）への移転ないし取り潰しが命じられ、翌寛文一一年には一五六か寺について、郊外の越坂《おつさか》（一〇三か寺）、河崎東河辺（二六か寺）、岩淵前田（一七か寺）、岡本（一〇か寺）への移転が決定された。移転期限は来る丑年（寛文一三年・延宝元＝一六七三）までとされた（寛文一二年六月二八日決定）が、延宝二年に移転した寺院もある。また、移転状況については、移転が命じられた一五八か寺（二か寺増）のうち、移転が記録されている寺院が一二五か寺、移転が記録されていない寺院が三三か寺となっている。

また、世義寺《せぎでら》は寛文《かんぶん》の大火の難は免れていたが、山田奉行桑山丹後守は同寺が外宮の宮域に隣接しているのを憂え、この際に本坊および二二支坊に移転を命じた。『勢陽五鈴遺響《せいようごれいいきょう》』の世義寺の条には次のように記されている。

【A】教王山神宮寺宝金剛院　俗ニ世義寺ト称ス。旧名世木ニシテ前山亀五輪ノ地ヨリ外宮域ノ西坂世古世木寺屋敷ト云地ニ移ス。又宮域ニ逼ルヲ以テ寛文十一年今ノ地ニ再遷セリ。……寛文十一年奉行桑山下野守《しもつけのかみ》堂宇ノ宮城ニ逼ルヲ憂テ官訴ニ及テ本堂五百金塔頭四百金ノ料ヲ賜ヒ及宮域ニ近キ坊間ノ民家モ三千坪ノ地ヲ除テ移シ換ル。猶宮域ヲ犯スコトヲ恐テ今ノ豊河ノ北涯ニ長百八十間ノ隄塁ヲ築ク。其料若干金悉ク官営ナリ。此トキ山田坊間ニ存ス寺院悉ク遠地ニ移ス。今ノ世義寺及前田越坂中寺町ノ如シ。此挙ハ寛文十年十一月坊間火災ニ拠テ如此ノ盛挙アリ。其災ニ罹ル処ノ寺堂大小百八十九宇ニ及ヘリ。後条ニ詳ニス。其挙ノ最第一ハ世義寺宮域ニ隣比スルヲ以テ今ノ地ニ換移タルナリ。……　（傍線筆者、以下同）

世義寺は元、宇治と山田の境に近い前山から外宮の隣接地に移転してきた寺院であり、外宮のために仏事を行う法楽舎《ほうらくしゃ》を有していた由緒ある寺院である。世義寺には寛文一一年一〇月七日、河崎に近い御公事《みくうじ》屋敷址が替地として与えられたが、結果的には同一二年に岡本町の南の宮崎向山《むかいやま》続きに移転した。その際には本堂のために金五〇〇両、塔頭《たっちゅう》のために金四〇〇両もの引料《ひきりょう》（立退き費用）が支払われている。そのほか、類焼していなくても外宮に近い民家も引料を給付されたうえで、退地を命じられた。引用文中の世義寺や前田・越坂・中寺町にはいずれも寛文の大火の後、移ってきた寺院によって寺町が形成されている（傍線部）。

寛文の大火に乗ずるかたちとなったが、このようにして山田のうち、寛文の大火で延焼した地区や外宮の近隣には寺院は存在しないこととなった。

（2） 江戸時代の内宮と宇治

内宮のある地域を宇治といい、宇治には六郷があった。中世以後、上二郷として岡田（五十鈴川の左岸、今の浦田町、中之切町、今在家）と岩井田（五十鈴川の右岸、今の館町）があり、下四郷として中村、楠部《くすべ》、鹿海《かのみ》、朝熊《あさま》（旧四郷村）があった。

内宮の正殿付近については、現在の宇治橋より内側にも御師の家などが並んでいたが、仏教寺院はなかった。しかし、岩井田でも内宮から離れた地域や五十鈴川対岸の岡田すなわち現在のおはらい町付近には仏教寺院が存在し、活発な活動を続けていた。有力な寺院としては法楽舎や明王院、慶光院などがあった。

図１　宇治法楽舎跡標柱（筆者撮影、以下同）

図２　菩提山神宮寺跡標柱

図３　菩提山神宮寺跡の山林

法楽舎は正式名称を日照山神宮寺《にっしょうざんじんぐうじ》法楽舎といい、阿弥陀仏、釈迦仏、薬師仏をまつる無本寺《むほんじ》の真言宗寺院である。古くは建治《けんじ》元年（一二七五）、勅願によって建立されたが、明治元年（一八六八）に廃寺となっている。現在では法楽舎や次の明王院のあったところはおはらい町として賑わっているが、そこには「宇治法楽舎跡」「神仏習合の歴史的施設で後宇多《（ご）うだ》天皇の建治元年（一二七五年）に建てられ蒙古撃退の祈願法楽をおこなったといわれる」と刻まれた石の標柱が建てられている（図1）。

明王院は正式には日照山神宮寺明王院といい、もとは不動明王をまつる法楽舎の不動堂であったが、天正《てんしょう》年中（一五七三～九二）、豊臣秀吉の肩入れによって独立したかたちをとるようになった。ここも明治元年に廃寺となっている。

慶光院は正式には神護山《じんござん》慶光院といい、釈迦仏をまつる無本山の禅宗寺院である。開基は不詳で、元は外宮近くの西川原町にあったが天正年間に宇治に移ってきた。明暦《めいれき》年間（一六五五～五八）に守悦上人《しゅえつしょうにん》が中興したが、明治二年四月、寺号を廃した。

また、五十鈴川の流れに沿う朝熊山山麓には西行《さいぎょう》が住んだという神照寺や、丈六の阿弥陀仏をまつる菩提山神宮寺などもあった。現在、その場を訪れてみると『伊勢参宮名所図会《いせさんぐうめいしょずえ》』を使った伊勢市教育委員会が建てた「西行谷神照寺」の解説板や「菩提山神宮寺跡」の標柱を見ることができる（図2、3）。

第二節　伊勢(宇治・山田)における神仏分離

(1)　明治元年（慶応四・一八六八）の宇治山田

九月八日に明治と改元される慶応四年の宇治・山田の仏教寺院をめぐる動きを見ておきたい。

慶応四年三月一七日に神仏分離令の嚆矢とされる達《たっし》が神祇事務局から発せられて諸国の神社の別当や社僧の復《ふく》

飾《しょく》（還俗）が命じられ、同じ二八日には太政官からの達により神体を仏号で呼ぶことの禁止、神仏混在状態の解消が命じられた。こうして神体を権現《ごんげん》や牛頭天王《ごずてんのう》などのように仏教語で呼ぶことが禁じられ、また仏像を神体としている神社はこれを改め、さらに仏像や鰐口《わにぐち》・梵鐘など仏教に関連するものを境内においている神社はすぐに取り除くよう指示された。こうした神仏分離令をうけて神社にあった仏教関連施設や仏教・仏具などが撤去され、あるいはまた仏教寺院内にあわせ祀られていた社祠の類も撤去されたり、寺院から隔てられ、分離されたりした。個々の社寺で神仏を分離する方向に進み、そのなかで廃仏毀釈といわれた破仏・廃仏も行われた。地域ぐるみで仏教寺院への圧迫を強め、大量の還俗者を生み、寺院破壊が行われた地域も見られた。宇治・山田もそのひとつといえる。

この年の七月六日には山田奉行が廃され、度会府が開庁した。府知事は橋本実梁《さねやな》である。度会府に役人として採用された浦田長民《ながたみ》は橋本実梁に意見書を提出している。

【B】仏寺ハ不論《ろんぜず》大小、都而《すべて》廃止被レ為レ成、堂塔破却鬻売《いくばい》、其直其僧徒へ被レ遣、本国へ差返シ候様仕度《したく》、……

仏寺は大小を問わずすべて廃止とされ、堂塔は破却し、売り払ってその金額を僧侶に渡し、本国に返したい、という。

浦田長民は八月には度会府御用係、次いで度会府書記となった。

八月一五日には内宮のお膝元である宇治今在家《いまざいけ》にある広徳庵が神地にあるということで取払いとなった。広徳寺は内宮の御師の差配していた寺である。さらに九月五日には宇治中之切《なかのきり》の養徳寺が廃寺になるなど、仏教寺院の廃寺が始まった。

一〇月には度会府が「山田市町之者、今般神葬祭願出候ニ付聞届候間、以来、宗旨請ニ不及候事」という達を出している。山田の住民に対し、神葬祭の願い出を聴きいれるから、これ以降、宗門請けの必要はない、という内容である。神葬祭となると僧侶は不要となり、神葬祭が盛んになれば檀家からの布施でなりたっている寺院は経営が立ちいかなくなってしまう。檀家の減少が危惧され、一〇月には復正《ふくせい》を申し出る住職が現れ、河崎南町の真正院から最初の還俗の申し出がなされた。還俗は復飾ともいわれるが、伊勢では復正といった。復正とは「正しきに復する」という意味であろうと考えられる。

また、一〇月からは仏名を使用している地名を改称する動きがでてきた。たとえば、地蔵という仏教語が入っている下中之地蔵という所は中之町と改称した。常明寺門前町は倭《やまと》町に、妙見町は尾上町に改称された。これについては後述する。

一〇月から一一月にかけて宇治・山田各町内より宇治の自治組織である宇治年寄《うじとしより》や山田の自治組織である山田《やまだ》三方《さんぽう》宛に、「神葬祭」改式願が出され、神葬祭の出願、宗旨除名が拡がった。なおこれには排仏を願う役人と町人が申し合わせて町人から願い出させたむきもあるようである。

一二月二日には旧来、伊勢の宇治と山田を支配してきた宇治会合・山田三方が廃された。一二月には一〇月に出された度会府の達により復正の申し出が増え、一二〇余か寺から還俗願が出され、宇治からは一挙に仏寺なるものが消えていった。外宮お膝元の山田も宇治ほどではないにしろ、大量の還俗僧を出し、寺を畳む者が現れた。還俗者や廃寺の急増からすると、明治新政府が神仏分離令を出して以降、神都伊勢でおこった変革は尋常ではない。

（2）宇治・おはらい町の仏教寺院

前述のとおり、現在の「法楽舎跡」という標柱（宇治中之切町九五）が建っているおはらい町には、明治維新以前にはそのメインストリートたる参宮道に面して日照院神宮寺法楽舎があった。法楽舎は神宮の大神に法楽のための誦経《ずきょう》をした所であり、内宮にも外宮にもあった。

また、通りには面していないが、この法楽舎の隣に日照山神宮寺明王院不動堂が位置していた。不動明王を本尊としていたことから明王院不動堂といわれていたが、元はといえば法楽舎の護摩堂であった。天正一六年（一五八八）豊臣秀吉の寄進によりかなり大きな構えをもつにいたり、法楽舎とは独立した寺院であるかのような存在となっていた。しかし、いつしか隣接する宇治二郷年寄会合所に庫裏《くり》を売り、客殿《きゃくでん》は安永の頃（一七七二〜八二）に一身田の専修寺に買い取られていった。この客殿は「惣上段ハ金張付ニテ云フバカリナキ客殿ナリ。実ニ今京師ノ名アル寺ニモ如此ノ客殿ハ少ナシ」（『神都雑事記《しんとぞうじき》』）とうたわれた客殿であり、明王院の盛時の姿を偲ばせてくれる。しかし、このように寺院の由緒ある建物を処分していかざるを得ない状況について、『宇治山田市史』は「豊臣家断絶の後は特殊の保護も加へられず、神祇観念の台頭は神宮に於ける法楽や護摩の権威を認めない様になつて、旧来の盛観を維持すること困難となつた」と述べている。そうはいっても明王院の不動堂は法楽舎とともに明治維新まで存続し、文化三年（一八〇六）に江戸幕府により作成された『伊勢路見取絵図《いせじみとりえず》』では現在も建物が残る慶光院ほどではないにしろ、周囲の平屋の民家に比べひときわ高い建物として描かれている。

ところが、明治元年には法楽舎、明王院ともども住職が還俗し、同年一〇月には本堂を金三二〇両で売ることとなった。しかし、買手が転売しようとしても望み手がないので止むを得ず同所に竈《かま》を築き、解体した材木を炭に焼いて鍛冶屋に売りさばいたという。『宇治山田市史』は明王院の記述を、「その堂の如何に巨大なりしかを想像し得ると共に、廃仏運動の悲惨をも想はしむるものがある」と書いて閉じている。

江戸時代、法楽舎とともに今のおはらい町の通りに面していた寺院に慶光院がある。慶光院の建物は現在も存在し、神宮が所有し、その客殿は神宮祭主職舎本館《じんぐうさいしゅしょくしゃほんかん》として使用されている（図4）。明治維新の頃、第一五世盈《みつ》子《こ》が慶光院の当主であった。盈子は慶応元年一二月、齢一三にして第一四世周昌《しゅうしょう》上人の法嗣となっていた。前

図4　慶光院

述のとおり、当時、度会府は寺院や僧侶に対してしきりに還俗を勧誘したので、慶光院も時勢に鑑みて明治二年四月にいたり、寺号を廃して宮橋氏を称することとした。これによって寺ではなくなった慶光院の建物だけが残された。その後、明治三六年（一九〇三）二月には請願して慶光院に復姓し、同三九年一〇月に隠居している。

しかし、ひるがえって考えてみると、宇治・山田にあった仏教寺院のどこが新政府の出した諸々の神仏分離令の条文に反していたのであろうか。元来、神仏判然が求められたのは神社ないしは神仏の渾然としていた社寺であって、浄土宗や曹洞宗、臨済宗など日本の伝統的な宗派に属していた仏教寺院に、ではない。寺院の中に鎮守社や祠があったにしても、その当時のよその寺院と何か大きな違いがあったのではない。寺院境内の社や祠は他の地域の仏教寺院が生き残ったように、移転・撤去するなりして神道色を取り除けばよかったのではないか。寺院内での神仏分離は住職の一存でできるはずである。

宇治・山田にあった諸寺院も現在残されている仏教寺院の境内図などを見る限り、諸神の祠のあるところもあったが、多くはごく普通の伝統的な仏教寺院であったといえる。日本全国で明治維新に「廃仏毀釈」があったといわれるが、廃された仏寺の多くは神仏分離令には抵触していない。慶応四年（明治元年）のこの時期に宇治・山田の仏教寺院が消え、仏教色が消えていったのは神仏分離令に直接、打撃を受け、影響されたのではないだろう。伊勢から仏教寺院が消えた理由は明治政府の神仏分離令にあったのではなく、伊勢固有の理由があったからではないだろうか。

（3）外宮祠官御巫清直《みかんなぎきよなお》の仏教寺院への苦言

宇治と山田の寺院を嫌い、廃寺にしたいという考えは外宮祠官であった御巫清直も縷々《るる》寺院名をあげながら「参道並《ならびに》宮域近辺ノ寺院ノ事」（神宮文庫　一門　一〇四三七）の中で述べている。これには「戊辰二月一日に神宮へ呈する案」という書き入れがあるから、明治元年に記されたもので、しかも三月から発せられる神仏分離令よりも前に書かれたのであろう。

この中で御巫は参道の一五か所の寺堂をあげ、「右等ノ寺堂ハ参道ヨリヤ、入リタルモアレト、表門ヲ参道ニ向ケテ建ツルカ故ニ勅使御参向ノ日ハ板ヲ以テ覆ヒ隠ス所ナリ」という。参道に向かって表門を建てているから勅使が神宮に参る日には板で覆い隠すという。一五か寺中、正法寺など七か寺は翌明治二年一月に廃寺となったほか、外宮の度会氏の氏寺とされていた常明寺も明治三年一〇月に廃寺となっている。

また、宮域近辺の一二か所の寺院をあげ、「右等ノ寺堂ハ宮域ノ西二三丁ノ近キニアリ、依テ朝夕ノ大御饌《おおみけ》供進ノ頃、必ス梵音囂《かまびすし》ク聞エテ神慮ノ不快勿体無ク、諸神事執行ノ最中ニモ憚ルコトナク鉦鼓《しょうこ》ヲ鳴ラセ、毎々《つねづね》歎息シ来ル所ナリ」という。これらの寺院は宮域の西二〇〇〜三〇〇メートルの近さにあり、神宮で大御饌を供進するときに読経の声がかしがましく聞こえ、神のみこころを不快にさせるという。この一二寺院のうち四か寺も明治二年一月には廃寺となり、大寺院として聞こえていた三宝院も明治三年一〇月には廃寺となった。この記述につづいて梅香寺については「殊ニ梅香寺ハ宮山ニ接セル風音山トイフ山ニ、元和元年新造セル寺院ニテ、大宮ノ坤位《こんい》ニ在リテ最高シ。宮山ノ西堺藤岡山ヲ押領シ、往来ノ路ヲ開キテ不浄ノ者ヲモ通行セシム。其東麓《ひがしのふもと》ニ忍穂井アリ毎日ノ供御ニ汲用ルコト実ニ勿体ナキ限リナリ」といい、不快感をあらわにしている。

御巫清直は世義寺（図5）およびその子院についても「右等ハ宮域ノ東堺ヨリ三、四丁隔タレル東山ニ在リ。寛文十一年ニ此地ニ引移ス所ナリト雖モ猶宮域ニ近ク且山上にアリテ大宮ヨリ高カルハ恐多キコトニコソ」といい、宮域に近く、山上にあって神宮よりも高い位置にあることが恐れ多いことであるという。

山田の市中の寺のうち、神地で唯一の鐘をもつ光明寺と朝夕、太鼓を打つ林証寺については「右等ノ鐘鼓ノ音、毎日御饌供進ノ時、宮山ニ響キテ耳ヲ驚カス」といい、全文を「神慮ヲ憚ラサル所行速ニ停止アリタクナム」と結び、神慮を憚らない所行であるから、すみやかに停止することを望んでいる様子がわかる。

この文書で言及している寺院は外宮のある山田の寺院に限られているが、山田が神地であるという強い意識のもと、仏教寺院の読経の声や鉦鼓の音、鐘の響きが神慮に不快な思いをさせることを懸念している様子がうかがえる。御巫清直は神宮祠官という特別な立場であったが、民衆の間にも仏教よりも神道を求める心が生まれつつあったのではないだろうか。

図5　7月7日の柴灯護摩で賑わう世義寺

次に、神仏分離の具体的な表れとして、以上のうち仏教語が使用されていた地名の改称、明治天皇の行幸にまつわる事件、神葬祭についての考え方とそのやり方について紹介したい。

（4）　仏教語使用地名の改称

内宮と外宮を抱え、事あるごとに神宮と関わってきた宇治と山田の住民は神領民の意識が強い。宇治と山田では仏教用語的な地名は神都にふさわしくないという考えから、改称の申し出がなされた。

外宮と内宮を結ぶ古市《ふるいち》街道の内宮寄りは、古来、上中之地蔵と呼ばれており、その左右には家々が並び、日本でも有数の歓楽街を形成していた。明治元年一〇月二四日には街道の東側（上中之地蔵町中村側）と西側（上中之地蔵町慶光院屋鋪）の年寄の連名で、度会府に地名改称の願いが出されている。

【C】　乍恐奉願上口上

上中之地蔵町両側年寄奉二申上一候、当町上中之地蔵町と中町名ニ御座候処、神都ニ仏名相用候義如何敷《いかがわしく》奉レ存候ニ付向後《こうご》桜町と改名仕度奉レ存候間、何卒右願之通御聞済被レ為二成下一候ハハ一同難レ有奉レ存候、依而《よりて》此段奉二願上一候

以上

上中之地蔵町の東西両側の年寄からの願い書は、神都であるのに、地蔵という仏教語を使った地名はいかがなものか、と思われるので、今後は桜町と名を改めたい、というものであり、この町名改めの願いは翌一〇月二五日に聞き届けられている。

（5）　明治天皇の行幸

宇治・山田から仏教色が消えていくなかで明治二年となった。明治二年は二〇年に一度の遷宮の年であり、神宮の内宮・外宮を中心に神都として大いに盛り上った年である。この年の三月には明治天皇の伊勢への行幸が予定され、それにともない参道沿いにある仏教寺院や仏教関係施設の取払いが命じられた。記録によれば、度会府から僧侶に還俗を迫る圧力もあったようである。

三月の明治天皇の神宮への行幸に先がけ、二月には行幸ルートの沿道にある仏閣や仏像を取払うよう、指示が出された。併せて、宇治と山田においては仏書や仏具などの仏教関連のものの販売が禁じられた。次に掲げるこの時の達は、伊勢の浄土宗寺院がその窮状を総本山知恩院《ちおんいん》に訴えた歎願書に付されていたものである（『三重県

史』資料編近代4）。

【D】今般　行幸　御参拝被　遊候《あそばされそうろう》ニ付神領中ニ参道ニ有レ之候仏閣仏像等尽取払可レ申、尚向後宇治山田町屋ニおゐて、仏書仏具等商売致候儀不二相成一候、此段郡市末々迄不レ洩様《もれざるよう》相達候事

二月　　　　度会府

また、明治二年二月一二日、浄土宗末寺の寂照寺の足誉《そくよ》と寿岩院の才誉《さいよ》が度会府を訪ねたときに、明治天皇行幸にあたって度会府から僧侶の還俗を迫られたことを本山の知恩院へ訴えている。

【E】去九月従二行政官一御布令ニ破仏之御趣意ニ而者決而《てはけっして》無レ之仏門ニて猥《みだり》に還俗願出候儀不レ謂御趣　御厳達被レ為二成下一難レ有奉二敬承一候、然ル処去ル十二日宗安寺儀外用ニ而度会御府江罷出《まかりいで》候処、判事元田五位殿被二仰聞一候者諸寺院追々復正之儀願出候、未タ残リ之寺院も有レ之候得共、素より　神領ニ者仏法者不レ要之地也、勿論仏法ハ天竺より渡来外道ニ候故今度
行幸被レ為レ遊候ニ付神領内仏閣堂舎等取払之御沙汰ニ相成リ候間、早々残リ之寺院江教諭申入帰俗願出候様取計可レ申との御事、（以下、続く）

（『三重県史』資料編近代4）

初めに明治元年九月の行政官の御布令を確認している。すなわち、決して破仏の御趣意ではなく、仏門でみだりに還俗を願い出ているのも御趣意ではない、という厳達が下されたことをありがたく受け止めているとしたうえで、度会府の元田判事から「諸寺院から次々に復正（還俗）の願が出されているところである。神領には仏教は不要であり、行幸に際して神領内の仏閣や堂舎は取払いの沙汰が出されているので、まだ出していない残りの寺院にも早く還俗の願を出すように取計いなさい」と申し渡されたという。度会府が先に出した達（史料D）では、「参道にこれ有り候仏閣・仏像など尽《ことごと》く取払い申すべし」と参道に限定されていたはずであるが、二月一二日の話（史料E）では、「神領内の仏閣・堂舎など取払いの御沙汰に相成り候」と取払いの対象となる仏閣・堂

舎は神領全域に及ぶいいようで、話が大きくなっている。

　また、翌一三日には度会府の役人が寂照寺と正寿院にまで出向いて来たという。


【F】（承前）尚又去ル十三日御府役人江川収蔵殿ト申仁寂照寺正寿院江罷越被申聞候者今日者　判事衆之御内意を以罷出候、諸寺院追々還俗願出候得共、未夕不レ願寺院も有レ之候処、今度行幸被レ為レ遊候ニ付残リ之寺院不レ残取払ニ可ニ相成一哉も難レ計、乍《さりながら》レ去還俗願出候得者堂舎幷寺院等在来之儘被ニ差置一候間、早々相談之上願出候様取計可レ申、老年ニて歎ケ敷候ハハ一旦還俗名之趣意相立候得者自身ハ還俗不レ致候共不レ苦候間、家督人見立可ニ申出一候、万一不ニ願出一候者後悔致し候共取戻し難ニ出来一、尤陽《よう》者破仏之御沙汰ニ而者無レ之候得共、陰《いん》ハ追々破仏之御趣意相立候様被レ遊度思召ニ候間、此段深く相弁《わきま》へ候様残リ之寺院へ申諭ニ罷出候様との御事　（同前）

　その話の中で、次々と還俗の願いが出されているものの、まだ願い出ていない寺院があるが、今回の行幸にあたって残りの寺院も残らず取払いとなるかも知れない。しかしながら、還俗を願い出れば、堂舎と寺院などは取り払われることなく在来のまま残してよいから、早々相談のうえ、還俗を願い出るように取り計らうように、という。

　また、僧侶のうち老齢で嘆かわしく思われるなら、一旦、還俗名を名乗りさえすれば、自身は還俗しなくてもよろしいとまでいい、名ばかりの還俗を迫っている。

　最後には、万一、願い出ないで後悔したとしても取り戻しがきかないといい、表向きには破仏の御沙汰ではないのであるが、実際には追々破仏の趣意を明らかにしていきたいとの政府のお考えであるから、このことを深く弁えることを求めている、とのことである。明治新政府の神仏判然令は「破仏」ではないと政府の布令にもあったにもかかわらず、度会府としては、それは表向きのことであって、破仏の趣意を推進したいお考えである、と見ている。

明治天皇の行幸を理由に、仏教寺院を取払い、僧侶を還俗させ、仏教に関連した品々の販売を差し止め、神領とされる宇治と山田からの仏教色の排除が度会府によって推し進められているようすが見て取れる。

（6）「神領葬祭略式」にみる神領民の意識――早懸《はやがけ》について――

明治政府は慶応四年（一八六八）三月の神仏分離令以降、閏四月には神職の家については神葬祭とすることとし、また六月には神宮祠官についての仏教色抜きの葬祭が示された。一一月には「神葬祭之事」により「神葬祭発令」となり、一般の間にも神葬祭が浸透した。

明治元年一〇月以降、宇治山田の各地の町内から神葬祭の願出が出され、一方では僧侶の復正が進み、寺院が畳まれていくなかでも、現実に死を迎える人がいなくなることはない。神仏分離は当時の神領における葬祭にも影を落としている。

神宮文庫には明治二年七月のものとされる「神領葬祭略式《しんりょうそうさいりゃくしき》」（神宮文庫　一門　一二〇八）が残されている。これには当時までの神領での葬祭を述べたうえで、神仏分離を承け、仏教色を払拭した葬送方法が示されている。

以下、この史料によりながら詳しくみてみたい。


【G】伊勢神宮にては死穢《しのけがれ》を忌む事厳重なる故に神領の内に於ては人死したる時死と云はずして病気大切と云ひ葬送と云はずして早懸と云ひ来れり、抑《そもそも》死者を死者と云はず葬送を葬送と云はずして事を行ふは虚偽詐欺の甚しき神明に対しては不敬父母に対しては不孝の如くなれど決してさにあらず、旧来の流例にて触穢を弘く及ぼさず神領の諸人神役勤仕の差支にならぬ為の法にして、是神事を重んずる神忠《しんちゅう》より出たる事なれば堅く此法を守りて必他領の如き葬送の行粧をなすべからず

神宮では死による穢れを大変嫌うので、神領内で人が死んでも、「死」とはいわないで「病気大切《びょうきたいせつ》」といい、その際の葬送は「早懸《はやがけ》」（速懸とも書かれる）といってきた。死者を危篤の状態として扱い、重い病気で急を要していると考え、早く墓地ないし寺院へ送ろうとするものである。

【H】方今復古一新明政の徳に化して神領の諸民等仏門の宗旨に預る事の神慮恐れあるを悟りて神葬祭を願ひ出るを許容するに附ては其規則も亦立ずんば有べからず、然りとて別に異なる新式を設くるに及ばず、詮ずる所一切僧徒を近づけず法名戒名など云ふものを附けず読経・念仏等を行はず経帷子・幡・天蓋・塔婆等を用ひず線香・抹香等を焼ず位牌・石碑等に梵字を題し蓮華座を彫る等の事だにせずば其余の事物は其郷々の風習其家々の時宜に任せて可なり、但延喜太神宮式に敢て穢に触れ及び素服を著せずと記されたる旧制に拠りて其子と云へども素服を着せず（素服は麁《あら》き白布を以て製したる凶服にて俗にこれを色と云ふ）身分相当の礼服を着して野送に従ふべし、勿論表向《おもてむき》病体にて送る事なれば、棺を舁《か》くものを始め諸役人とも白布等の凶服体の物を身に着る事なかるべし

復古一新、明政（維新政府）の徳に感化され、仏教の宗旨に関わっていることが神のおぼしめしに恐れ多いと神領民が悟って神葬祭を願い出るのを許容するからにはそのやり方もうち立てなければならない、としてその方式が示されている。

要するに新しい方式を作り出す必要はなく、僧侶を一切近づけず、法名や戒名などをつけず、読経・念仏などを行わず、経帷子《きょうかたびら》・幡《はた》・天蓋《てんがい》・塔婆《とうば》などを使用せず、線香・抹香などを焼かず、位牌・石碑などに梵字《ぼんじ》を題したり、蓮華座を彫るなどのことさえしなければ、そのほかのことはそれぞれの村々の風習やその家々のよいようにしてよい、とされた。こうして仏教葬儀に特徴的な作法や慣習は用いられなくなった。また、服装については、表向き病人として送るのであるから、棺を担ぐ者も含めて凶服である白い服は着用してはならない、とされた。

葬送についても述べられている。

【I】早懸は病体にて送る姿なれば棺の見えざるやうに乗物形を造り其中に棺を納めて舁行くべし（但土地の例又時宜に依て古き乗物を用ふるも可なり）又乗物形を造らざるものは棺に布（或は紙）の帊《おおい》を掛け箯輿《をだ》に乗せて送るべし、彼神輿に似たるものを俗間に用ふるなどは大に非なり。（……箯輿は和名抄に「竹木を編みて輿に為るなり。和名阿美以太」とあるが本名なれど転じてアヲダと唱へ又略してヲダと唱ふ。実は手負などを乗せゆく仮輿にて葬送の具にはあらざるなり）

早懸では死者ではなく病気の者を送っているのであるから、棺の見えないような形の乗物を作ってその中に棺を納めて担いでいくようにする。棺を入れる乗物を作らない場合は、棺に布や紙のとばりをかけて見えないようにし、箯輿《あをだ》に乗せて送ること。ここでいう箯輿とは、負傷者や罪人を運ぶ竹や木で編んだもので、普通、「あんだ」といわれるのりものである。神輿に似たものが使われることもあるようであるが、大きな誤りである、と述べている。このように、早懸はあくまで病人を送るものであって、葬送ではないという建前なのである。

また、葬儀に続く別れの席についても仏教を意識した物言いが見られる。

【J】仏道の祭を廃するうへは酒肉を禁ずるには及ばざれども悲哀謹慎の時に当り好んで生魚を煮焼して霊前に供じ親族朋友を会集し美味珍饌を設け飽くまで魚肉を食ひ酒宴遊興に似たる振まひをなしてこれを神葬祭なりと思ふなどは甚しき心得違にて孝子・順孫の道にあらず、然れば只管《ひたすら》慎終追遠の念を主として誠信の礼奠を行ふべきなり

仏葬では五戒の第一である不殺生戒や第五の不飲酒戒にもとづき、葬儀のあとの別れの席では酒肉のない精進料理が出されることになっていた。仏教方式の葬儀ではなくなり、神道にもとづく神葬祭とするからには、仏教に関連した事柄は排除してもよいことは明らかである。しかし、人の死を悼み、悲哀にくれ、慎むべきときに、

生の魚を煮たり焼いたりして霊前に供え、親族や親友を集めて美味珍饌を設け、飽くまで魚肉を食らい、酒宴遊興に似た振舞いをしてこれを神葬祭と考えるのは甚だしい心得違いであり、孝子・順孫の道ではない。ひたすら亡くなった人を謹んで思い偲んで誠信の心で死者の霊の祭を行うように、との内容である。

死の穢れを忌み嫌い、生者として死者を扱ったところに神領としての意識が表われ、それは「病気大切」や「早懸」といったいいようや、棺が目に入らないようにしたり、担ぐ者や参列者に白い喪服を着用させないような点に顕著である。また、神仏分離の中で神葬祭を選択したからには読経や卒塔婆、焼香などは行われず、仏教色の排除された葬儀がとり行われた。しかし、「其余の事物は其郷々の風習其家々の時宜に任せて可なり」とあったためか、神領民の間に根強く残っていた慣習は禁じられることなく、別れの席であえて酒肉を出せ、とはいわれていない。通常の酒宴・遊興に見間違われるようなことを禁じ、「只管慎終追遠の念を主として誠信の礼奠を行ふべきなり」と亡き者の追悼を主とした葬祭が行われることが望まれている。

おわりに

伊勢で幕末から仏教寺院嫌悪の風潮が醸成されつつある頃、京都では新政府が成立し、神仏分離を促す達が出されて神仏判然の方針が明確にされた。三月には早くも北野天満宮、興福寺、春日大社でそれへの対応が見られ、日吉社では四月一日、樹下茂国《じゅげしげくに》らの仏教排除の暴挙があり、この日に北野天満宮の住僧四九名が一時に復飾している。このような過敏とも思える神仏分離令への反応が全国に拡がりつつあるなか、宇治・山田では七月には度会府が設置され、宇治・山田にも新体制が及ぶ一方で、神宮を中心とする神地であるという意識はますます高まっていったことであろう。翌年の式年遷宮も強く意識されていたかもしれない。民衆の神葬祭の願出は寺院の檀信徒・門信徒を奪ってゆき、寺院は経済基盤からして揺らぎはじめ、やがて寺院住職が雪崩を打って還俗をした。

ここで踏みとどまった僧侶にも、明治二年三月の明治天皇の行幸を前に度会府の役人が還俗を迫っている様子はすでに紹介したとおりである。

最後になるが、宇治・山田で寺院を丸ごと畳んで廃寺とする傾向が強かったのは何故だろうか。神領民を自任する宇治・山田ではあたかもその一円が内宮と外宮の境内であるかのような意識があり、地域全体で神仏分離が進められたのであろう。すなわち神宮を中心とする神道が宇治と山田に残るのが妥当であると認識され、仏教は排除されることとなった。その結果、内宮周辺の宇治地区には寺院が一つも残らなかった。外宮を取り巻く山田やその周辺部には今も江戸時代以前からの由緒をもつ寺院があり、すべてがなくなったわけではない。しかし、多くの寺院の住職が還俗したために、廃された寺院数は残った寺院数をはるかに上回っている。

明治維新に宇治と山田からなる伊勢に変革をもたらしたもののひとつに大量の仏教寺院の廃寺と多数の僧侶の還俗があったことはいうまでもなく、これにより仏教が整理され、仏教色が消えていった。明治二年の天皇の神宮御親謁と式年遷宮に続いて宇治・山田にこのあと起こった事件は御師の廃止であり、さらにまた神宮それ自体の改革である。これらを通じて神都・宇治山田が形成されていったことを考えると、新政にもとづく度会府成立後、真っ先に起こった一連の仏教排除の動きは近代における伊勢の変革の先駆けとなった事件と見ることができるであろう。

〔参考文献〕

『新編　明治維新　神仏分離史料』第六巻（名著出版、二〇〇一年）
『勢陽五鈴遺響』五（三重県郷土資料刊行会、一九七八年）
三重県編『三重県史』資料編近代4（一九九一年）
河野訓　二〇一三『宗教都市伊勢における神仏分離と寺院・神祠の景観変化に関する歴史的研究』（科研報告書、研究代表河

野訓）
櫻井治男 二〇一〇『宗教都市における神仏分離の実態的研究――伊勢神宮の門前町「宇治・山田」を中心に――』（科研報告書、研究代表櫻井治男）
塚本明 二〇一〇「近世伊勢神宮領における神仏関係について」（『人文論叢 三重大学文学部文化学科研究紀要』二七）
西垣晴次 一九九四～二〇〇一（翻刻）「三方会合記録（一）・（二）」～「同（四）・（三）」（『目白大学人文学部紀要』地域文化篇第一～七号）
本澤雅史 二〇一〇「伊勢の神葬祭から見る神仏関係」（『宗教研究』八三巻四号）

12 神苑会の活動と明治の宇治山田

谷口裕信

はじめに

本章は明治期の伊勢に生じた神宮をめぐる変化に、そのお膝元である宇治山田（明治二二年〈一八八九〉の町制施行以前は宇治・山田であったが、本稿では便宜的に宇治山田を使用する）がとった対応について検討する。

神宮をめぐる変化とは、第一に明治四年（一八七一）に断行された神宮改革である（伊勢市 二〇一二）。改革は祭祀や職制といった、神宮内部の問題にとどまらなかった。本章の検討範囲でいえば、檀家との関係から神宮大麻の配布や伊勢参宮の手配を行い、宇治・山田の行政にも影響力を持っていた師職《ししょく》（御師《おんし》）の廃止も含まれる。

第二に、近代に行われた式年遷宮（明治二年、二二年、四二年、昭和四年〈一九二九〉の四回）が、国家行事としての色彩を強めたことである。とりわけ明治二二年の式年遷宮以降は造神宮使庁《ぞうじんぐうしちょう》により遷宮の準備が進められ、造神宮使以下の職員は内務大臣の指揮監督を受けた。また昭和四年の式年遷宮にあたっては、皇大神宮《こうたいじんぐう》（内宮）遷御当日である一〇月二日を休日とすることが、勅令で定められた（同年勅令第二六五号）。

しかし近代における神宮や式年遷宮は、国家管理・国家行事の側面をみるだけでは不十分である。特に式年遷宮の場合、お木曳《きひ》きやお白石持《しらいしもち》といった、宮川《みやがわ》以東の旧神領（現・伊勢市域の大部分）の住民による奉賛行事としての側面も見逃せないだろう〔伊勢市 二〇一二〕。

したがって神宮や式年遷宮の国家管理・国家行事化が進展する最中に、宇治山田においてどのような地域独自の対応が見られたのかは、重要な論点となる。そこで本章は、明治一九年に宇治山田に創設され四四年に解散した、神苑会《しんえんかい》（表1）という民間団体の活動を事例として、この論点に迫っていく。

神苑会については『神苑会史料』（以下、『史料』）に基づいて、その事業の先駆性を指摘する研究〔高木 二〇〇六〕などがある。近年では、『伊勢市史』第四巻に言及があるほか、ジョン・ブリーン氏が、宇治山田における「神都」という新しい空間形成と、「神都」概念の全国的普及・定着に役割を果たしたと評価している〔ブリーン 二〇一三、二〇一五〕。本章はブリーン氏と問題意識を共有しつつ、神苑会の事業を呼び水に展開した事業についても検討したい。

第一節　神苑会の創立

神苑会の創立を見る上で欠かせない人物がいる。その一人が太田小三郎《おおたこさぶろう》である。太田は弘化《こうか》三年（一八四六）豊前《ぶぜん》国田川郡英彦山《ひこさん》に生まれ、勤王家鷹羽浄典《たかばじょうてん》の弟で匡一と称していたが、明治五年（一八七二）に宇治山田に移住して太田家（備前屋）を継いだ（「太田小三郎へ金杯下賜ノ件」）。太田は修養団体である十七日会と連携して、神宮宮域とその周辺を整備改良することを決意する。十七日会の中心人物である大岩芳逸《おおいわほういつ》は尾張《おわり》国知多《ちた》郡内海《うつみ》の生まれで、彼もまた宇治山田出身ではない（『宇治山田市史』下巻）。明治維新期に宇治山田へ移り住んだ人物が、神宮の尊厳保持活動をリードしていったのは興味深い。ちなみに太田と大岩の功績をたたえた石碑が、御幸道路《みゆきどうろ》大鳥居の脇に建立されている。

表１　神苑会略年表

年　月	事　　項
明治19. 6	神苑会創立
19. 12	創立を三重県に出願、認許を得る
20. 2	賓日館完成
20. 6	仮会頭浦田長民辞職、鹿島則文神宮宮司就任
20. 7	太田小三郎幹事に就任
20. 9	神苑整備のための家屋撤去開始
20. 10	神苑会規則書を朝野・時事・郵便報知・東京横浜毎日・東京日日新聞に掲載、全国規模で寄付を呼びかける
21. 2	三重県下各郡長に神苑会事業への協力要請
21. 3	三重県下各郡寄付金募集法案を立てる
21. 12	宮内省下賜金10,000円
22. 2	総裁に有栖川宮熾仁親王、会頭に吉井友実宮内次官、副会頭に渡辺洪基が、評議員に三条実美らが就任
22. 4	神苑会規則改正。東京・三重に事務所を設置。
22. 10	第56回式年遷宮
23. 11	花房義質が副会頭に就任
24. 5	農業館開館
24. 6	農業館構内に三重事務所を新築
24. 6	花房義質が会頭に就任
25. 12	神苑開苑式
27. 3	神苑を神宮へ献納
28. 6	有栖川宮威仁親王が総裁に就任
33. 3	神宮司庁より明治62年度まで補助金下付が決定
33. ?	倉田山山地買収
35. 8	第５回内国勧業博覧会三重協賛会と共同で、神宮撤下御物拝観所を倉田山に建設することを決定
36. 1	財団法人となる
37. 1	神宮撤下御物拝観所の建物を(敷地は同年３月)、神宮へ献納
38. 7	仮徴古館・農業館開館式
39. 10	外宮・内宮間国道新設に係る土地・道路を献納、売却*
39. 11	徴古館工事起工
42. 5	徴古館竣工
42. 9	徴古館開館式
42. 10	第57回式年遷宮
43. 6	倉田山庭園完成
44. 3	神苑会解散

*本章註８を参照のこと。
出所：『神苑会史料』

太田は明治一九年、活動の主旨を当時の三重県令石井邦猷《いしいくにみち》、神宮宮司鹿島則文《かしまのりぶみ》に説き、その賛同を得て「神苑会」という名の会を発足させることにした。満岡勇之助《みつおかゆうのすけ》（三重県一等属。のち度会郡長となる）の助力を仰ぎながら、有志とともに趣意書や会規則などを作成し、同時に地元住民の理解を求めることもおこたらなかった。度会郡長浦田長民《うらたながたみ》の協力のもと、宇治山田町内の戸長（のちの町村長に相当）・議員・有力者ら五十余名に前述の諸案を示して賛同を得た。そこでさらに委員を選出して「神苑会規則書」「神苑会規則」「寄附金募集取扱順序」「神苑会事業着手順序予定」の本格的な起草に着手し、明治一九年六月に神苑会は創立を迎えたのである。

それでは神苑会創立の目的と事業計画の概要を、「神苑会規則書」により確認しよう（『史料』一六頁、句読点・傍線・ふりがなは筆者、以下同じ）。

古来大廟域外ノ規画経理スルモノ之無キガ為メ、一タビ宮域ヲ出レバ道路荒廃、榛荊《しんけい》地ニ満チ、人ヲシテ歔《きょ》欷《き》流涕《りゅうてい》セシムルノ現状ヲ呈シ、天下ノ勝区ヲシテ泯然《びんぜん》荒寥陰鬱ノ中ニ埋没セシム、之実ニ千載ノ遺憾ナリ。因テ茲ニ大廟宮域ニ接スル人家ヲ撤去シ、幽邃《ゆうすい》清潔ノ神苑ト為シ、市街ノ塵囂《じんごう》ヲ遠ケ、次デ倉田山ニ一大壮観ナル苑囿《えんゆう》ヲ開キ、博物館・書籍館・水族館・禽獣園等ヲ設ケ、宇内ノ天産人巧ヲ蒐集シテ公衆ノ耳目ヲ煥発シ、夫ノ名山古跡ノ形勝ヲ修メ、車道ヲ連絡シ、秩然神都ノ規模ヲ整理シ（以下略）

宮域周辺では無計画に都市空間が形成されたために、荒廃した状況を招いており、「千載ノ遺憾」であるとしている。そこで宮域に近接する人家を撤去して清浄な神苑を設けて、宮域を俗世間から遠ざけ神宮の尊厳保持につなげる。あるいは倉田山に博物館等を設置してそこを一大公園化し、その他史跡名勝の保全や道路整備を行って神都としての面目を保とうという。これらを実現するのが神苑会だ、というのである。

事業規模は保存管理に充てる費用も含め、「神苑会規則」の当初段階では五〇万円であったが、ほどなく一二〇万円という壮大なものとなった。財源は「主トシテ」宇治山田地方での募金でまかなえない、それを全国規模での募金で補うとされた（「神苑会規則」第三条・「寄附金募集取扱順序」第一条／『史料』一七・二一頁）。明治一九年度の三重県歳出決算が四六万八九二一円五八銭三厘であることと比較しても（三重県 一九四二：一〇九〇）、神苑会が目指した事業規模の大きさや地元住民の熱意のほどが分かるだろう。

したがって神苑会はまず、地元宇治山田においてその活動を支える強固な組織を作ることが必要だと考えた。そのことは神苑会創立時の組織を見れば明白である。神苑会は宇治山田の全三〇町に創立委員を配置し、創立委員は各町三名、計九〇名（三名×三〇町）の常務委員を互選した。また明治一九年（一八八六）当時、宇治山田に置かれていた八名の戸長を委員とした(1)。そして協議事項は常務委員と委員との会合で議決することとし、日常的な事務に関しては、常務委員のうち仮会頭（浦田度会郡長）が指名した者が役員となって、庶務部・土木部・文書部・主計部を分担する形をとった。規定には総裁・会頭・副会頭・幹事長各一名、幹事五〇名を置くことになっていたが、いずれも空席となっており（『史料』一九・二三〜二四頁）、組織の早期立ち上げを優先したと考えられる。

このように神苑会は地元密着型の組織としてスタートし、前述の神苑整備事業を遂行するべく寄付金の募集を開始した。明治一九年六月二五日の常務委員会で議決された「醵金《きょきん》法案」によれば、「市街幷《ならび》ニ近郷村」、すなわち宇治山田三〇か町と近郷の村々の約八〇〇〇戸から、七万五〇〇〇円を集めるとしていた。この募金額は、総事業費一二〇万円からすると決して多額ではない。財源は主として宇治山田地方での募金を予定していた割には、随分と低い設定額のようにも思われる。

また募金地域の範囲が「市街幷ニ近郷村」となっていることにも留意したい。神苑会はもともと宇治山田三〇か町を基盤としていた。それを「附近村落ヲ誘導シテ創立ノ地位ニ加フルノ要アリ」（『史料』二五頁）としたのは、募金活動の範囲を広げて神苑会の財政的基盤の強化を図ろうとしたのだろう。そして明治一九年一一月、神苑会は三重県知事に対して創立願を提出するが、その際宇治山田三〇か町以外に、宮川以東の旧神領に属していた村々の人民総代《そうだい》も連印していることが確認できる（『史料』三二〜四二頁）。明治二二年の町村制施行にともなう町村合併で、四郷《しごう》村、東二見《ふたみ》村、西二見村、浜郷《はまごう》村、神社《かみやしろ》町、御薗《みその》村、大湊《おおみなと》町、宮本村、沼木村に再編される村々であり、これらが「近郷村」と考えておそらく差支えなかろう。

三重県知事宛の創立願は、明治一九年の暮れも押し迫った一一月二八日付で「聞置候事」（『史料』四四頁）と認許され、ここに神苑会は公式に発足したのである。

第二節　神苑会の事業計画

（1）「神苑会事業着手順序予定」

明治一九年（一八八六）六月に「神苑会規則書」等が起草・修正される過程で、当初五〇万円（保存管理費を含む）だったものが一二〇万円（同前）に規模が拡大されたことはすでに述べたとおりである。ただし事業の基本的な方針に関しては、五〇万円案と一二〇万円案との間に大きな相違はない。そこで五〇万円案である「神苑会事業着手順序予定」（『史料』一二〜一三頁）によって、事業の基本方針と内容を見ておきたい。

神苑会の事業は「第一着歩」「第二着歩」「第三着歩」の三段階で構想されていた。「第一着歩」では内宮・外宮の神苑地整備を行い、そこに宝物拝観所や公園を置く。内宮の神苑は宇治橋を渡った五十鈴《いすず》川右岸、広さは約三町歩（約三ヘクタール）であり、外宮の神苑は田中中世古《たなかなかせこ》町（現・本町）〜豊川町〜岡本町にわたる宮域の北東部、広さは約四町六反歩である。しかし人家が前者には五〇戸あまり、後者にも八〇戸あまり建ち並んでいたため、事業の遂行には当該地域の土地家屋の買い上げ＝立ち退きを必要とした。事業予算は六万五〇〇〇円である。

「第二着歩」では神宮から離れた倉田山に苑地を造成し、そこに「歴史博物館」を建設しあるいは庭園を整備するという。この「歴史博物館」こそがのちの徴古館《ちょうこかん》につながるものであることに留意しておきたい。さらに「第三着歩」では、西行谷《さいぎょうだに》などの古跡名勝地を神苑の「別区」として整備するとしている。事業予算は三〇万円である。

ところで一二〇万円案の事業計画は、明治二一年に内容が具体化される。五〇万円案の「第二着歩」の内容を充実させ、歴史博物館のみならず、ゲストハウスとしての待賓館《たいひんかん》、倉田山を一大公園とするための噴水とそれに付随する水道施設、あるいは競馬場などが新たに付け加わっている（『史料』一〇三〜一三〇頁）。

（2）「神苑計画案」

明治二二年（一八八九）に策定されたこの計画案は、大きく二つの柱で出来ていた。一つは内宮・外宮の神苑地整備であり、もう一つは歴史博物館の建設であった。まず内宮・外宮の神苑地整備については、本節（1）の「第一着歩」とほぼ同じであるが、「内宮丸山琴ヶ岡道路」や「内宮丸山新館」の建築といった「第三着歩」の内容が含まれている。また「二《ふた》見《み》浦《うら》賓日館《ひんじつかん》」の建設という、「神苑会事業着手順序予定」にはなかったものが含まれている。したがって「神苑計画案」の神苑地整備は、本節（1）の五〇万円案の「第一着歩」と比べ、約二万五〇〇〇円増の八万九四七〇円二四銭九厘となっている。

次に歴史博物館の建設については、倉田山の約二二万坪に木造二階建て四二〇坪の本館のほか、附属の図書室や徴古園を建設するというものである。本館は時代別に神代〜徳川の五室と、衣食住などの事物別に四室を備え、附属の徴古園は考古資料展示用のスペースとなった。建設費用の総計は、一八万一七二九円七五銭一厘の予定であり、本節（1）の計画案で三〇万円（「第二着歩」・「第三着歩」）あるいは五七万六一一六円（一二〇万円案）の事業費を計上していたことからすると、規模が随分と縮小したことが分かる。博物館本館を一例にあげると、一二〇万円案ではレンガ造二階建五九〇坪であったものが、「神苑計画案」では木造二階建四二〇坪へと、建材・建坪が変更されて、事業費が圧縮されている（『史料』一二三・二二二頁）。

これは「神苑計画案」が全体として、四〇万円規模に縮小を余儀なくされたことと関係していよう。そしてその背景には、募金の実績が明治二一年一二月時点で六万円弱（神宮司庁補助金三万円を除く）にとどまり、決して順調ではなかったことがあった（『史料』一五六・一七一〜一七四・一九〇〜一九一頁）。募金実績総額のうち約九割が度会郡内からであり、寄付活動の全国的な広がりを欠くなか、事業の継続が危ぶまれる状況になっていたのである。

そこで神苑会は、創立以来空席となっていた総裁以下の役職に適材を充当して、組織の強化を図っている。(2) 明治二一年末から二二年三月にかけて、神苑会は政財界の要人、皇族・華族などとの人的つながりを形成していく。二一年一一月、太田小三郎は宮内大臣の土方久元《ひじかたひさもと》に面会し、神苑会事業の現状をつぶさに上申して土方の宇治山田訪問を実現させた。また太田自身が一二月に上京、諸方面を奔走して宮内省から一万円の御下賜金を拝受し、さらに総裁に有栖川宮《ありすがわのみや》熾仁《たるひと》親王を推戴し、会頭に宮内次官の吉井友実《よしいともざね》を、副会頭には帝国大学総長の渡辺洪基《わたなべこうき》を迎えることが内定した。以下評議員には山田顕義《やまだあきよし》（司法大臣）・土方・副島種臣《そえじまたねおみ》（枢密顧問官）・花房義質《はなふさよしもと》（宮中顧問官）・芳川顕正《よしかわあきまさ》（内務次官）・香川敬三《かがわけいぞう》（皇后宮大夫）・渋沢栄一《しぶさわえいいち》（東京商工会頭）・重野安繹《しげのやすつぐ》（帝国大学国史科教授）ら、幹事長には山崎直胤《やまざきなおたね》（三重県知事）、幹事には鹿島則文・満岡勇之助・太田ら、委員長には各府県知事が就任し、委員には各郡長のほか、大岩芳逸ら地元関係者も顔をそろえた。神苑会は宇治山田という地元密着型の組織から全国規模の、しかも政財界や宮中・皇族とのつながりを持つ組織へと変貌した。

したがって神苑会が組織の立て直しを図り事業規模を縮小させたのは、事業継続の見通しが確実に得られるだけの寄付金の上積みを加速させるため、そして必要最低限の事業を確実に遂行するためだったのではないか。極めて現実的・戦略的な方針へと、神苑会が舵を切ったと考えられる。

それでは神苑会が実際に手がけた事業を、以下(1)~(4)で年代順に見ていきたい[3]。

第三節　事業の実施状況

(1) 内宮・外宮の神苑地整備

内宮・外宮の神苑地整備は神苑会創立当初から、事業計画における「第一着歩」と位置づけられていたものである。前述のように神苑地整備予定地区は、更地ではなく人家が建ち並んでいたため、まずはこの地区に所在する家屋と土地を買い上げ、家屋を撤去する必要があった。明治二〇年(一八八七)後半の神苑会は、家屋地所の買い上げ交渉に忙殺されていた。立ち退き対象者のなかには、事業の趣旨を理解せず、私利私欲のために家屋地所の買収額を意図的につりあげようとうごめく者たちもいて、満岡勇之助度会郡長が彼らに説示を加えることもあったという(『史料』九〇頁)。明治二〇年末時点で買い上げが完了していない家屋・地所の所有者は、三一軒・一八名で全体の二割弱を占め(『史料』九三頁)、買い上げ・撤去が神苑会の思惑通りに運ばなかったことがうかがえる。

そのような交渉を経て、内宮方面では立ち退きに応じた家屋が五六軒(建坪一七三七坪)、買収の地所は七五三〇坪となった[4]。家屋の撤去は明治二〇年九月二一日から五〇日間で完了するとされた(『史料』九一頁)。これを図1で確認してみよう。

内宮方面での家屋撤去は今回が初めてではなく、実は万治《まんじ》年間(一六五八~六一)・天保《てんぽう》年間(一八三〇年代)にも行われていた。ただしこの二回は火災をきっかけに、正宮への延焼を防ぐ目的から実施されたものである(『史

Ⅳ　近代~現代

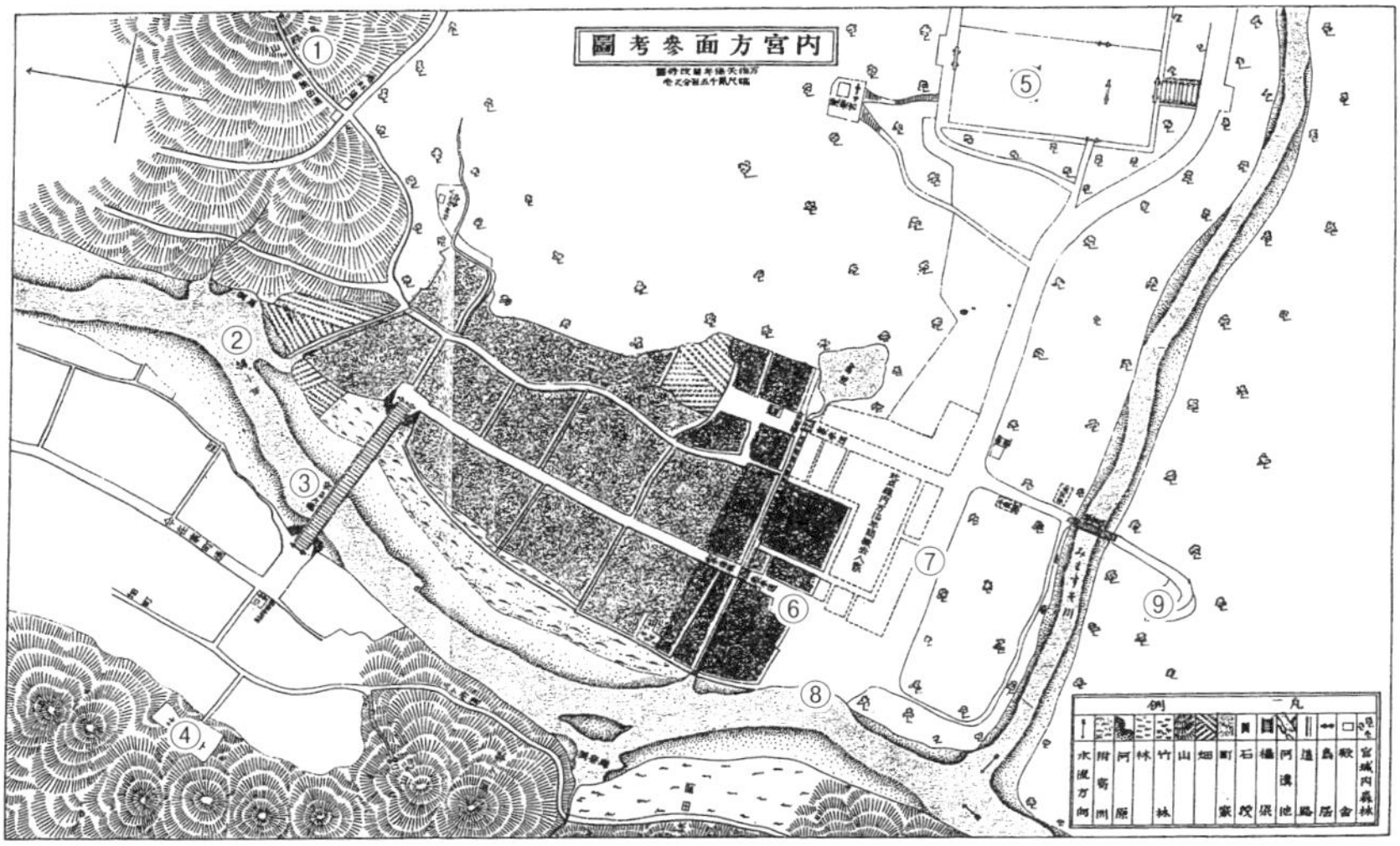

図1－1　造成前の内宮神苑地（万治～天保年間）　中央の黒塗りの範囲が人家だった

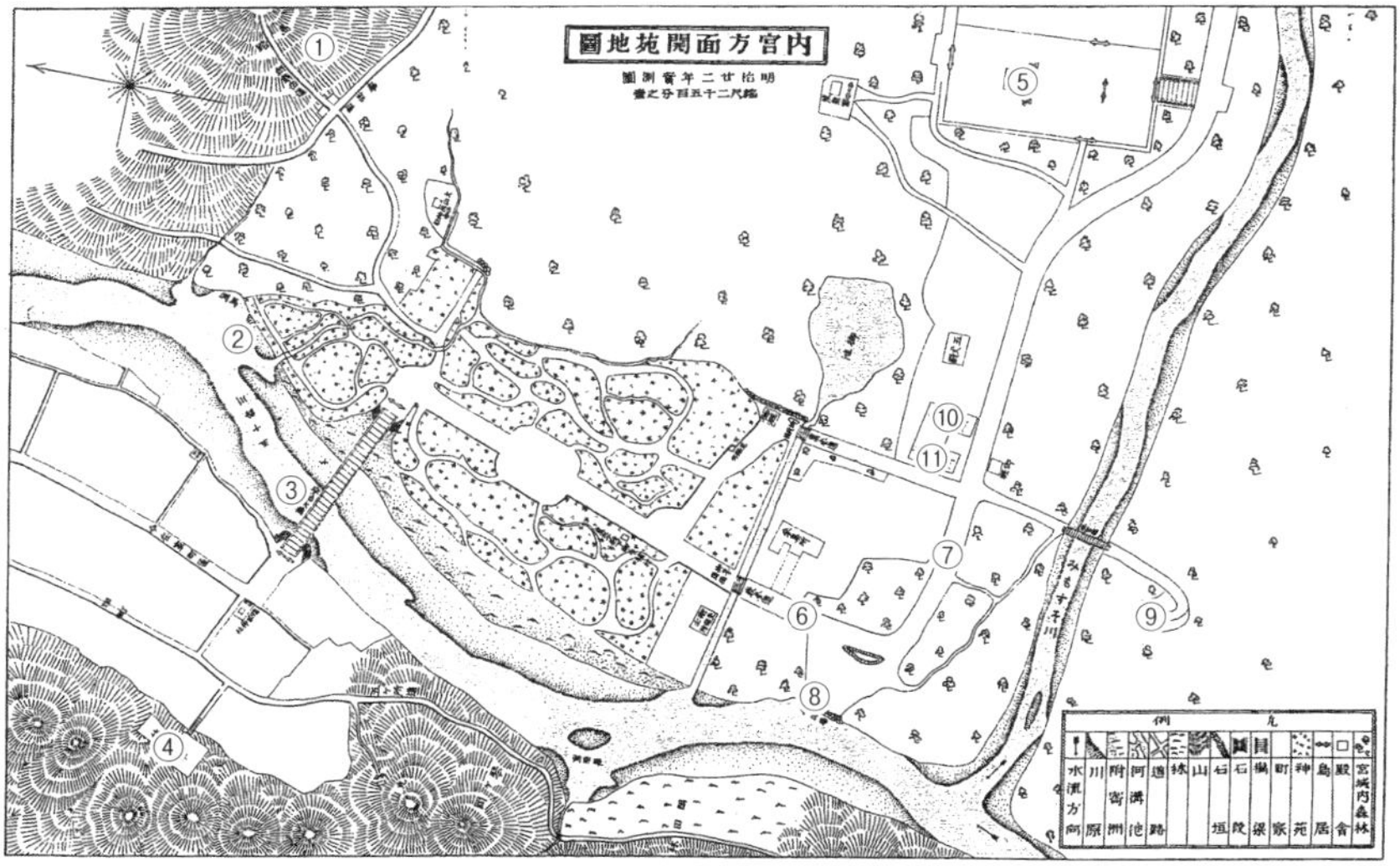

図1－2　造成後の内宮神苑地（明治22年）

①島路山　②五十鈴川　③宇治大橋　④林崎文庫　⑤皇大神宮正殿　⑥一ノ鳥居
⑦二ノ鳥居　⑧手洗場　⑨風日祈宮　⑩御神楽殿　⑪大麻授与所

註：『神苑会史料』314・318頁所収図面を加工して作成

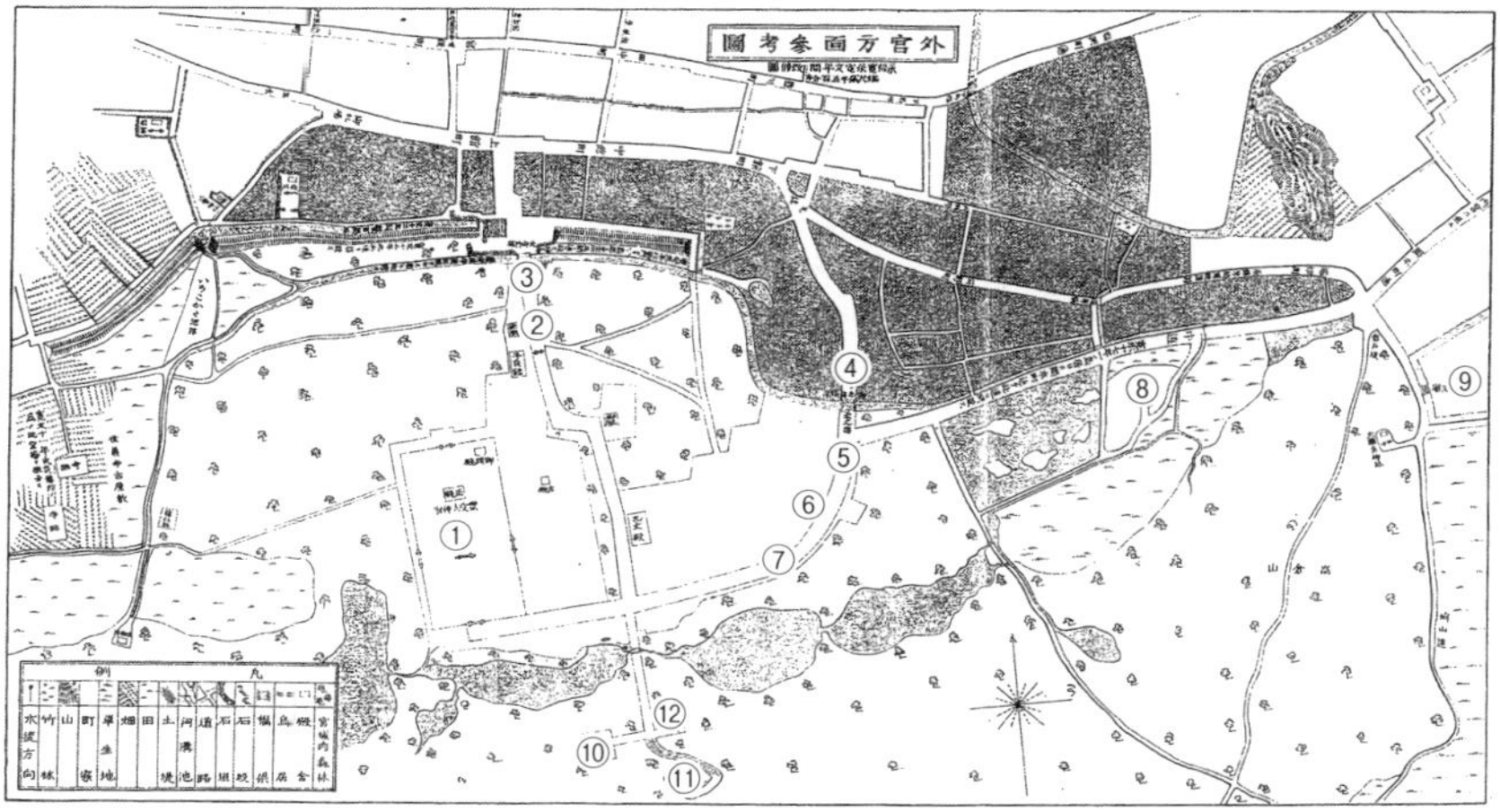

図２−１　造成前の外宮神苑地（寛永〜寛文年間）　黒塗りの範囲が人家だった

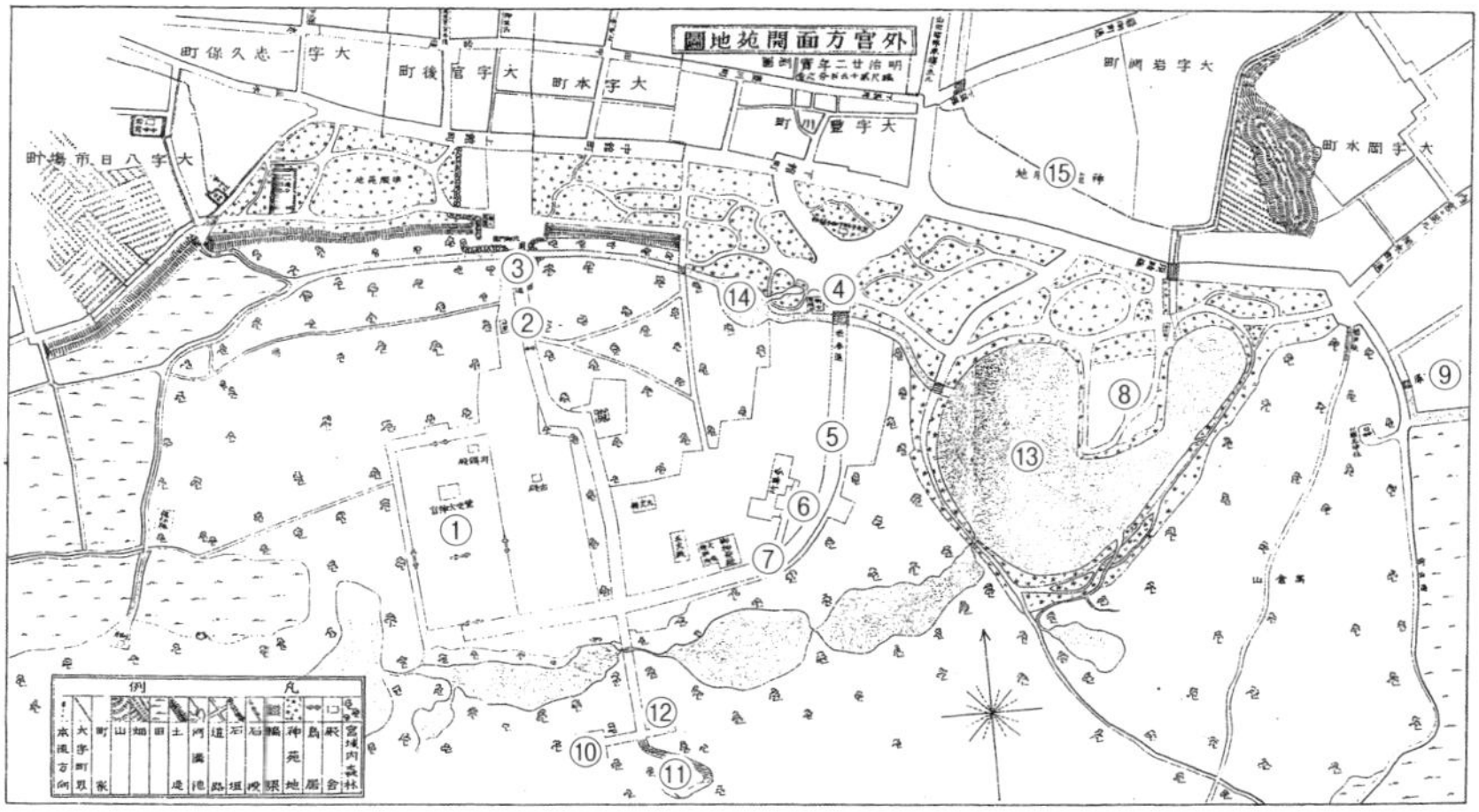

図２−２　造成後の外宮神苑地（明治22年）

①豊受大神宮正殿　②裏参道　③北御門橋　④御参道橋　⑤一ノ鳥居　⑥表参道
⑦二ノ鳥居　⑧西社　⑨豊宮崎文庫　⑩土宮　⑪高宮　⑫風宮　⑬勾玉池
⑭琵琶池　⑮神苑会用地

註：『神苑会史料』320・324頁所収図面を加工して作成

料』三一九頁）。この二回の家屋撤去により、現在の神楽殿《かぐらでん》（⑩）近くまで迫っていたのが、火除橋《ひよけばし》の手前まで後退した（図1-1中央の濃い黒塗りと薄い黒塗りの境界）。今回はそれをはるかに上回り宇治橋（③）あたりまで家屋を撤去したことになる。それだけに家屋撤去への住民の抵抗があったのだろう。砂利敷きの清々しい庭園しか知らない現在の私たちの目には、そもそもこの地区に人家があったこと自体が驚きである。

一方外宮方面では、立ち退きに応じた家屋が一一三軒（建坪二九三〇坪）、買収の地所は一万七七〇坪に及んだ(5)。家屋の撤去は一〇月一六日から五〇日間とされた（『史料』九二頁）。これを図2で確認すると、外宮方面でも内宮方面と同様に人家が参道の手前まで迫っていた。慶安《けいあん》元年（一六四八）・寛文《かんぶん》一一年（一六七一）に防火用の道路や堀の築造のため家屋の撤去が行われていたが、今回の家屋撤去はそれをはるかに上回る規模であった。さらに明治三四年九月には、北御門西方地区の旅館や家屋が神苑地拡張のため撤去された（『史料』五〇五頁）。

家屋の撤去が終了して、明治二一年から神苑地の造成が本格的に開始される。明治二二年一〇月の第五六回式年遷宮という、「盛典ノ挙行」に間に合わせるべく工事が進められ、神苑会「積年ノ企望」はほぼ実現した。そして神苑会は二五年一二月に開苑式を挙行、二七年三月に両宮神苑地を神宮に献納した（『史料』四〇九頁）。その完成図が内宮は図1-2、外宮は図2-2である。工事前の図1-1、2-1と比較すると、従来家屋があって人びとが生活していた記憶をまったく消し去ったかのような、見事な神苑が出来上がったことが分かるだろう。特に外宮方面は表参道が延長されて宮域が拡張し、琵琶池や勾玉池が新たに作られている。神苑会は次のようにこの事業を自讃している（『史料』三一一頁）。

本会施工以前、陋巷《ろうこう》、宮域ニ迫リ穢汚《わいお》名状ス可ラズ、其旧観ヲ眼底ニ印スル者ニシテ始メテ能《よ》ク本会改修ノ光景ヲ識別スベシ。

（2） 農業館

神苑会事業の「第一着歩」である両宮の神苑地整備が完成すれば、当然直ちに「第二着歩」である歴史博物館（＝徴古館）の建設に向かうはずであった。ところが神苑会は明治二三年一二月に「農業館開設ヲ要スル旨趣」を決議する（『史料』三二三～三二四頁）。

徴古館、すなわち歴史博物館の建設は、総裁有栖川宮熾仁親王の決済を経て明治二二年四月に確定した、神苑会規則にも盛り込まれているが、「一朝ニシテ完成ヲ期スベキニアラズ」とされていた。というのも第二節の諸事業計画から明らかなように、徴古館の設置は総事業費の約半分を占める壮大なプロジェクトだったからである。そこで徴古館＝歴史博物館構想では、産業に関する展示室を設ける計画だったこと、当時の日本の主要産業は農業であったこと、徴古館構想を部分的にでも目に見える形で、早期に実現させる必要があったことの三点から、農業館を設置することになった。

農業館は外宮の神苑地整備にともなう豊川町の神苑会用地二〇二五坪に、木造瓦葺平屋建・建坪一〇三坪で建設され、明治二四年五月に開館した。神苑会は展示内容等の一切を、博物学者・農学者として著名な田中芳男《たなかよしお》を中心に、老農《ろうのう》の辻喜代蔵《つじきよぞう》らに嘱託した。農具や統計表・報告書、農産物等を全国各地から収集・展示して、農業ひいては国力の発展に資することを目指したのである（『史料』三三一～三四一頁）。

（3） 徴古館

徴古館構想は早期完成が困難で壮大なプロジェクトであり、農業館が一足先に設置された。しかし徴古館構想が神苑会事業の柱の一つである以上、いつまでもこのプロジェクトを塩漬けにはできなかった。そこで神苑会の三重幹事長である成川尚義《なりかわなおよし》三重県知事は明治二六年六月、花房義質会頭宛に徴古館速成を稟申《りんしん》する（『史料』三七七～三七八頁）。

明治二六年（一八九三）時点で神苑会は本節(1)・(2)で紹介した事業を完成させたにとどまり、「事業ハ退歩ノ一方ニ傾キ、今ヤ幾《ほとん》ンド中絶ノ悲況ヲ呈スル」状況になっていた。神苑会の資金源である「寄附金ノ募集」が順調に進まず資金不足となったのである。つまり寄付金募集の不調→徴古館建設などの事業完成の遅延→寄付金募集のさらなる不調、という悪循環に神苑会は陥っていたことが分かる。したがってこの悪循環を断つためにも、早期に目に見える形で徴古館を完成させる必要があった。

このような危機感は、宇治山田町民にも共有されていた。花房会頭宛の陳情書が町会議員（島田長兵衛・山羽九郎兵衛・吉澤重郎・山本伊兵衛）と村井《むらい》恒蔵《つねぞう》町長の連名で出されている。その内容は内国勧業博覧会と平安京奠都《てんと》千百年紀念祭が京都で開かれる明治二八年を期して、徴古館が完成する手立てを講じてほしいというものであった（『史料』三八〇～三八二頁）。

花房はこれらに即座に反応し、徴古館設立を速やかにする主意書を発している（『史料』三八六頁）。花房は徴古館を速成させる上で、京都と奈良に建設中の帝国博物館を強く意識していた。京都と奈良という「旧都」に帝国博物館ができるならば、宇治山田という「神都」にも「完全ナル徴古ノ機関」が必要だとする。二つの帝国博物館が完成する時機をとらえて徴古館を建設し、神苑との一体的な整備を行うという決意表明であった。

ところが徴古館の建設計画に暗雲がたちこめる。翌明治二七年から二八年にかけて日清戦争が勃発し、そのために募金活動が不調となり計画が延期された（『史料』四二九～四三〇頁）。さらに明治三一年三月、「寄附金成績ノ不良」と管理上の都合から、徴古館を倉田山で建設する計画を変更し、豊川町の農業館に隣接する土地を買収してそこに建設することがいったん決定をみたのである（『史料』四四八～四四九頁）。

しかし一方で徴古館建設計画の規模縮小によって、「神宮ノ体面ニ影響スル」ことがあっては「内外国人ニ対シ慚愧《ざんき》ニ堪ヘザル」ことだとの意見もあり、再び倉田山への建設を目指す当初案に立ち戻った。もちろん資金不足状態には変わりがないため、明治三三年三月、神宮司庁へ補助金下付を申請して認められた。補助金額は三二年度として三万円、三三年度に一万円、以降予定では六二年度まで毎年一万五〇〇〇円ずつとされた（『史料』四七三～四七八頁）。

二転三転した徴古館建設計画は、倉田山建設でここに一定した。翌三四年には宮内省技監片山東熊《かたやまとうくま》らによって倉田山建設地の実見が行われた。市街地から離れ道路の新設を必要とする倉田山への徴古館建設計画には、依然として反対があったが、計画を覆すほどの大きな勢力にはならなかった[6]。そして三六年一二月には改めて徴古館建設計画が策定され、翌三七年度～四〇年度の四か年にわたって、総事業費二〇万八一九三円で建設することになったのである。主な内訳は徴古館本館がレンガ造平屋建三〇〇坪で一〇万五〇〇〇円、農業館移築建増に一万三六五〇円などである。従前の計画よりもさらに規模が縮小している。財源には寄付金や前述の神宮司庁からの補助金のほか、神苑会が所有していた地所や賓日館の売却代金が予定された（『史料』六二七～六三二頁）。

ところが明治三七年一一月に着工が延期される。それは同年二月から日露戦争が始まり、戦争遂行へ国力の傾注が求められるなか、募金活動の鈍化や補助金の減額によるものであった（『史料』六五一頁）。また日露戦争中は神宮への参拝客が減少して、観光業を中心とした宇治山田の景気悪化も影響していただろう〔谷口 二〇〇八〕。ただしすでに収集を進めていた展示品の一部について神苑会は、三八年七月に徴古館の倉庫を「仮徴古館」として、そこに陳列を始めた（『史料』六八二～六八四頁）。

したがって戦争が終結して、いわゆる戦後経営に人びとの関心が寄せられるようになると、建設計画は再び動き始める。明治三九年に入り神苑会は、徴古館の落成時期について、明治四二年一〇月の第五七回式年遷宮を目標に設定した（『史料』七三四頁）。そして三九年一一月に起工、四二年五月に竣工して、正遷宮式直前の九月によ

写真１　徴古館（左上）・御幸道路（中央）建設現場（右上の建物は撤下御物拝観所）
出典：写真集伊勢編集委員会編『明治・大正・昭和　伊勢』（国書刊行会、1986年）39頁

うやく開館の日を迎えたのである。ここで徴古館建設工事の様子がうかがえる写真をあげておこう（写真1）。この写真は現在の倭姫宮《やまとひめのみや》の前から久世戸《くせど》町へ上がる坂道の上より徴古館方面を撮影したものである。この写真の焦点は徴古館にではなく、同じく工事中であった御幸道《みゆきどう》路《ろ》（次節（2）を参照）にあるが、建設中の徴古館は写真の左奥に見え、足場が組まれているのが分かる。

なお、完成した徴古館は展示室を事物別に九室備えており、開館初年度は七万四五〇〇人の観覧者を集めたという（『史料』九〇三頁）。

（4）倉田山苑地の整備

徴古館建設予定地の倉田山一帯は、苑地として明治三六年以降造成が進み（『史料』六一三頁）、そこに徴古館を含む諸施設が設置された。それを図3によって確認しよう。倉田山苑地の諸施設は、御幸道路（図3―㋞）をはさんで東側と西側に大きく分かれる。徴古館（同―㋑）は西側にあり、そこには農業館（同―㋣）、庭園（同―㋾）、仮徴古館だった倉庫（同―㋭）、神苑会事務所（同―㋠）など

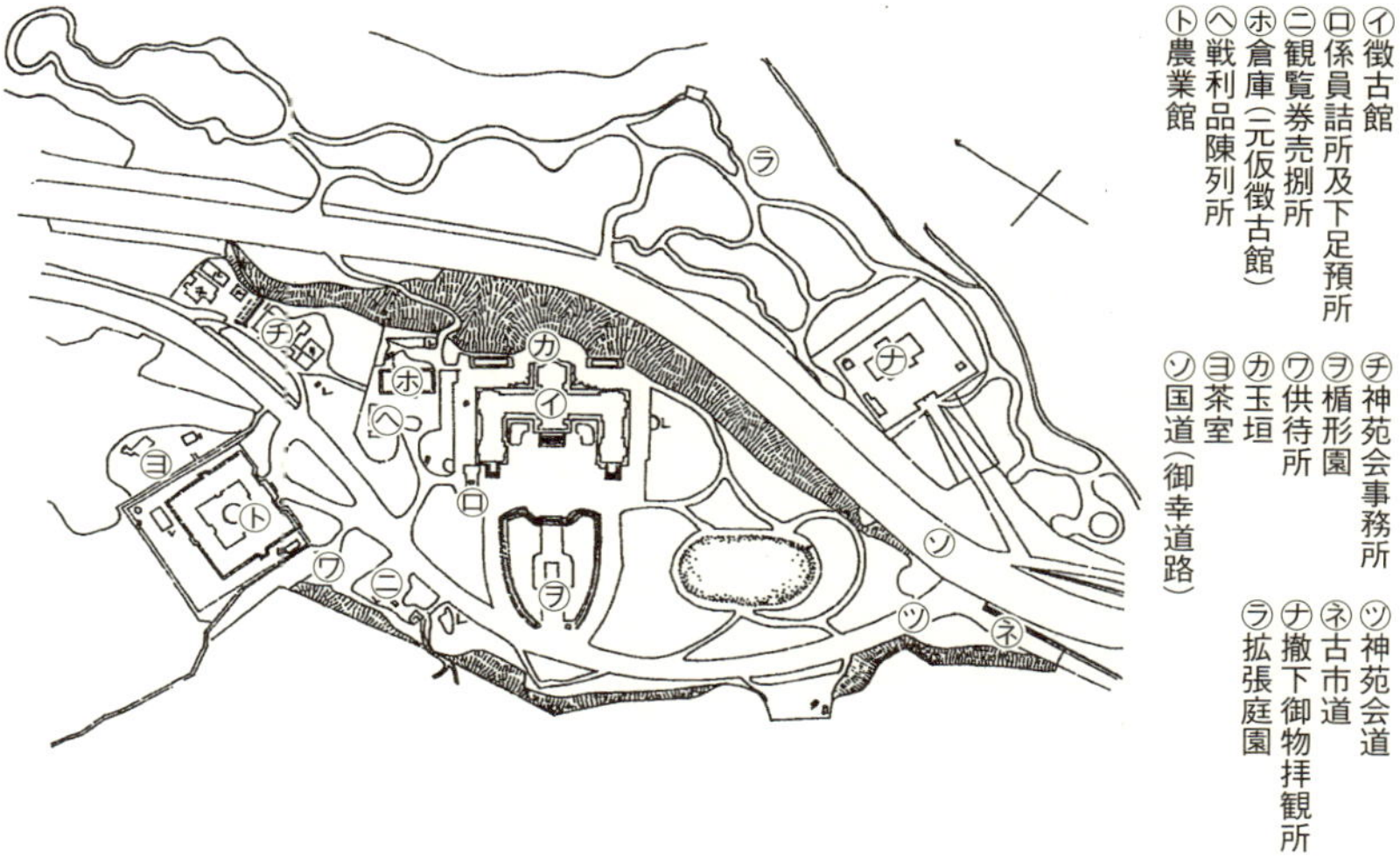

図3　倉田山全図(1911年)
註:『神苑会史料』862～863頁所収図面を加工して作成

が置かれ、倉田山苑地の中心をなした。農業館は本節(2)で見たように豊川町に当初設置されていたが、徴古館とは近接した方が管理運営上都合がよいとのことから、明治三三年に徴古館の倉田山建設が一定すると倉田山への移築が決まり、三八年七月に移築された(『史料』五〇〇・六八三頁)。ちなみに図3中の農業館は、現在の神宮美術館の位置にあたる。また倉庫(図3―㋭)の近くにある戦利品陳列所(同―㋬)は、日露戦争でロシアから獲得した大砲などの戦利品を陳列する場所であり、時代性を強く反映した施設といえよう。戦利品は神苑会が陸海軍に出願し、明治三九～四〇年に下付されたものである(『伊勢新聞』明治三九年五月二六日付・四〇年七月二日付)。

いっぽう御幸道路の東側には、撤下御物拝観所(図3―㋤)や庭園(同―㋶)が置かれた。撤下御物拝観所については次節(1)で紹介するが、現在の神宮文庫の位置にあたり、当時はまだ、神宮文庫の「黒門」(旧福島《ふくしま》御塩《みさ》焼《き》大夫《だゆう》邸門)は見当たらない。また庭園は現在の皇學館大学の敷地であるが、同大学の前身である神宮皇學館がここに校舎を構えるのは、大正八年(一九一九)のことである。

第四節　神苑会の関連事業

これまでは神苑会が単独で手がけた事業を見てきたが、他の団体との共同事業や神苑会の事業が基になって発展した事業についてもとりあげたい。

(1)　神宮撤下御物拝観所

神宮撤下御物拝観所とは、神宮から下げ渡された神宝を展示して、広く観覧に供する施設のことであり、明治三六年（一九〇三）五月に倉田山に開設されたものである。

そもそも神宮撤下御物拝観所が設置された契機は、明治三六年三月～七月に大阪で開催された第五回内国勧業博覧会であった。この博覧会に呼応して結成された第五回内国勧業博覧会三重協賛会（会長は三重県知事。以下、三重協賛会）から、博覧会を訪れる観光客を三重県へ呼び込む目玉として、拝観所設置が提案された。そこで神苑会は協賛会とともに神宮の冷泉為紀《れいぜいためもと》宮司・桑原芳樹《くわばらよしき》少宮司らとも協議し、拝観所設置を積極的に推進する方針で神宮司庁・内務省に神宝貸下を出願したのである（『史料』五三一～五三二頁）。

神宮司庁ならびに協賛会（三重県）が内務省に粘り強い交渉を続けた結果、拝観所を建設してもよいが、拝観所を神宮に献納し神宝を含めて神宮司庁の管理下に置くことが条件となった。三五年八月に神苑会と協賛会とが合意に達した内容の要点は、拝観所を倉田山に設置すること、設置に必要な費用は神苑会と協賛会が等分すること、拝観所にいたる道路を新設すること、完成後は拝観所を神宮司庁に献納することであった（『史料』五三二～五三六頁・『伊勢新聞』九月一八日付）。拝観所は敷地三六三坪・建坪九〇坪余の大きさで、翌三六年四月に完成し五月二一日から拝観可能となった。撤下・展示された神宝は、嘉永二年（一八四九）および明治二年式年遷宮時のものであった（『史料』六一五頁、『伊勢新聞』五月二三日付）。ただし「其筋」の意向から一般公開はされず、拝観者は神苑会員や協賛会委員、貴衆両院議員、判任官待遇以上の官吏、日本赤十字社正社員以上、軍服着用の在郷軍人などに限定された（『伊勢新聞』明治三五年九月一九日付、同三六年五月二三日付）。

前述の神苑会と協賛会との合意事項にある、拝観所にいたる道路（以下、拝観所道）の新設についても触れておきたい。そもそも拝観所の建設が始められた頃、参宮鉄道山田駅や農業館、郡役所がある宇治山田中心部から、倉田山へ抜ける幹線道路は開通していなかった（図4）。拝観所道は、岩渕町から古市町・久世戸町までの九九一・一六間（約一・八キロ）、路幅五間（約九メートル）、最急勾配二五分の一、最少曲線半径九〇尺（約二七メートル）で設計され、橋梁が一、暗渠が一、土管伏設が八か所設けられた。総工費予算は当初一万九九三五円一二銭四厘であったが（「宇治山田町神苑会道路新設設計書」）、神苑会の金銭的余裕がなかったため、一万三六四三円五二銭六厘に圧縮して施工されることになった（『史料』七二一頁）。三六年三月に起工され、宮川電気株式会社（伊勢電気鉄道株式会社の前身）の軌道（図5-⑲のうち、二見方面への路面電車）敷設工事と一部並行しつつも、七月にはほぼ完成したという（『史料』五九四～五九八・六一九頁）。ちなみにこの新設道路工事で架けられた橋梁は、「錦水《きんすい》橋《ばし》」と命名され現在も残っている（『史料』六二二頁）。

（2）御幸道路

御幸道路は倉田山を経由して内宮と外宮とを結び、明治四三年（一九一〇）三月に国道として完成した道路である。現在も国道二三号線・県道一二号線・同三七号線の一部として利用されている。国道とはいえ工事主体は三重県であり、明治四〇年度～四三年度の三か年度継続事業の総事業費予算三八万七四八六円二六銭八厘のうち、

図４　明治33年当時の宇治山田
註：「神都実測図」（神宮文庫蔵）をもとに加工して作成
出典：『地図でみる伊勢のあゆみ』（伊勢市教育委員会、1986年）

図5　大正13年当時の宇治山田
註：「宇治山田市街精図」をもとに加工して作成

国庫補助金を除外した県の負担は、率にして五六・七％であった（『三重県会決議録』明治三九年〜四一年）[7]。

それでは御幸道路の建設に、神苑会はどのように関わっていたのであろうか。御幸道路が倉田山を経由していることが、その問いへの答えを導くカギとなる。すでに見たように、神宮撤下御物拝観所設置にあたって、神苑会は拝観所道を建設していた。岩淵町から錦水橋を経由して倉田山にいたる、距離にして約一・八キロの道路といえば、御幸道路にほぼ重なる。そして御幸道路建設にあたって神苑会は、拝観所にいたる道路敷地を明治三九年一〇月、三重県に寄付したというのである[8]（『史料』七五七頁）。

御幸道路と神苑会との関連性をさらに考えるために、御幸道路が明治末年にそもそも必要とされた背景についても見ておこう。内宮と外宮とを結ぶ道路には御幸道路建設当時、小田橋から尾上坂《おのえざか》・古市・中之町・櫻木町・浦田坂・浦田町を経由する道（両宮《りょうぐう》街道）があった。しかし道幅は人馬が行き交うのに十分な程度でしかない、江戸時代からの街道であって、街道筋は当時旅館等が立ち並ぶ繁華街となっていた（図4）。そこで明治三八年一一月、日露戦争戦勝奉告のため神宮へ行幸する明治天皇を迎える宇治山田町は、両宮街道について次のような対応をとった（「宇治山田町の奉迎準備」〔三重県 一九二八：三八一〕）。

尾上町倭町の道路狭隘の所は、差支ある商店軒燈を一時取外し、溝蓋の上に置土を為し、郵便函及電燈柱電話柱を後方に移退し、道路上に出過ぎたる庇を切取らしめ路傍の広告板及便所を修理せしむ。

明治天皇の鹵簿《ろぼ》（行列）は、天皇の馬車の右側に警備・護衛関係の馬が、左側に随行員（総理大臣・宮内大臣など）の馬車が並び立っていたから〔三重県 一九二八：四三四〕、その通行の妨げとなるものの移動や広告板等の修理はもちろん、庇の切り取りも命じたのであろう。それらを命じなければならないほど道幅は狭く、また勾配の急な街道であった[9]。

以上のことから従来の両宮街道に代わる、内宮と外宮を結ぶ新たな道路が必要であったことは明白だろう。明治三八年の明治天皇の神宮参拝は、明治二年・五年・一三年に次ぐ四回目であったが、今後も神宮参拝ごとに電柱の移動や庇の切り取りをしないといけないのは、なかなか煩雑な作業である。そのような作業が不要になる広い道幅で、勾配がゆるやかな道が求められたのである。

三重県は明治三九年に入り、新たな両宮街道のルート選定に取りかかった。三月段階では次の三ルートが候補となったらしい（『伊勢新聞』同年三月三日付）。

（一）岩淵町より徴古館道を経由して久世戸町に出で、古市・中之町・櫻木町を経て牛谷坂を降りて、浦田町・中之切・今在家町《（ママ）》を現路を八間巾になすもの

（二）徴古館道路を久世戸町に出で同町の坂を下り、楠部《くすべ》中を通じ五十鈴川岸に沿ふてす□こと

（三）岡本町百五銀行の側より裏道を蛙石を直線に電柱に沿ふて宇治に出で、檜尾山を開きて中之切町の裏を宇治橋に至る

「徴古館道」、すなわち神苑会が建設した拝観所道を、新両宮街道の一部とするルートが（一）と（二）である。（一）は久世戸から古市に抜けて、それ以降が従来の両宮街道と重なる。（二）は久世戸までは（一）と同じだが、そこから楠部へ抜けて五十鈴川沿いとなる。（三）は、「岡本町百五銀行」（図4―②）が豊宮崎文庫《とよみやざきぶんこ》（図4・5―③）の隣にあり、「蛙石」（図5―⑰）は中山寺（図4―⑰、5―⑱）の北東方面近くに見えるので、現在の御木本《みきもと》道路（県道三二号線）に相当するルートであると考えられる。

先ほどの『伊勢新聞』の記事によれば（三）が有力とされているが、完成した御幸道路を見れば（一）〜（三）のルートのいずれでもなかった。強いていえば「徴古館道」をベースにした、まったく新しい道路ということができるだろう。（一）と（二）は「徴古館道」＋在来の道路であるから建設コストを抑えられる。しかし新両宮街道建設の目的である拡幅や勾配の緩和が、繁華街を通る在来の道路で果たして可能だろうか。可能であれば従来の両

宮街道の改修でよかったはずである。(三)は拡幅や勾配の緩和を実現できる可能性があり、その点で有力なルートだったのかもしれないが、「徴古館道」をベースにしていない点がマイナスポイントだったのではないか。

では、「徴古館道」を新両宮街道のベースにすることは、建設コスト削減以外の意味が何かあったのだろうか。「徴古館道」を通れば、神宮御物拝観所はもちろんのことであるが、豊川町から移築してきた農業館、そして建設中の徴古館の側を通ることになる。神苑会が手がけた事業の柱は、一つが内宮と外宮の神苑地整備、そしてもう一つが徴古館を中心とした倉田山苑地の整備であった。「徴古館道」が新両宮街道に組み込まれることで、この二つの神苑会事業の成果をたどることができるわけである。そしてまた鹵簿の通行を容易にし、整然としたものにするためにも、繁華街の喧騒を離れた倉田山苑地を通過することが最適であると、三重県は考えたのではないだろうか。

同時に指摘しておきたいのは、新両宮街道建設に対する内務省・宮内省両省からの補助金は、「御幸」道路が、神宮へ献納される倉田山苑地を通過することが条件だったことだ(有松県知事説明、『三重県会会議録　明治三十九年』一二三頁)。

それでは御幸道路の完成は何をどのように変えたのであろうか。それは第一に皇族が神宮参拝をする際に通過する道・ルートの変化である。御幸道路というからには、行幸をとりあげるべきだろうが、明治天皇の最後の神宮参拝は明治三八年の行幸時であり、道路の完成前と後の比較ができない。そこで皇太子(のちの大正天皇)について、完成前の明治三八年一一月と完成後の四三年一一月とを比較することにしよう。

【明治三八年一一月】(宇治山田市役所　一九二八:二六)

御旅館外宮間御道筋

御旅館ヨリ右へ、浦田町左右へ、浦田坂ヲ上リ櫻木町中之町古市町ヲ経テ、尾上坂ヲ下リ尾上町通リ小田橋

ヲ渡リ、警察署前通リ岡本町右へ、豊川町左へ、外宮へ

【明治四三年一一月】〔宇治山田市役所 一九二八：三二一～三二二〕

第三日（十一月十四日）

午前七時三十分　御出門（前日の宿泊地は津市――筆者注）

（中略）

仝（同）九時五分　外宮御着

御参拝

仝九時三十五分　御発　御成街道《おなりかいどう》ヲ経テ（一里十四町）

仝十時十五分　内宮御着

御参拝

仝十一時十五分　御発　今在家町新橋ヲ経テ館町（四町）

仝十一時三十分　神宮皇學館御着

正午十二時　御発　浦田町ヨリ御成街道ヲ経テ（二十九町）

午後零時二十五分　徴古館御着

御昼餐

午後一時五十五分　御発　館前道路ヲ御成街道ニ出テ岩渕町吹上町川崎町ヲ経テ学校前通（三十一町）

明治三八年については内宮方面の宿舎から外宮方面へと向かう道筋を、明治四三年については外宮方面から内宮方面へ、そしてまた山田・外宮方面へと向かう道筋を示している。明治三八年に皇太子が通過した道は、浦田町～古市～小田橋を通る両宮街道であり、明治天皇がその一週間前に通過した道と同じである。一方、明治四三

年に通過した道は「御成街道」、すなわち御幸道路である。このとき内宮を出発した皇太子はいくつかの施設に立ち寄っているが、なかでも注目すべきは徴古館に立ち寄り、昼食休憩も含めて比較的ゆっくりと滞在・視察していることであろう。このことは神苑会事業の重要性を、改めて人びとに示すことになったのではないか。

　したがって御幸道路の完成による変化の第二として、倉田山苑地とその中心的な施設である徴古館に向かう、人びとの流れが生まれたことをあげられよう。前述した徴古館開館初年度の観覧人数七万四五〇〇人は、そのことを如実に物語っている。ただし、それだけ多くの人びとが倉田山方面に移動できたのは、御幸道路そのものよりもむしろ、明治三九年一〇月から山田駅と内宮前とを松尾観音・楠部経由で結んでいた、伊勢電気鉄道（図5）の存在によるところが大きいだろう。しかし伊勢電気鉄道は外宮前から倉田山までは徴古館道・御幸道路上を走行していたこと、しかも旅客輸送力を高める複線化工事は、道幅五間の徴古館道を八間に拡幅した御幸道路においてであること（『伊勢新聞』明治四一年八月二二日付、四二年六月七日付）を考え合わせると、倉田山苑地への人の流れに御幸道路が持っていた影響力は少なくない。

　そして明治四四年九月にはバスが御幸道路に登場する。バス会社の参宮自動車が、山田駅から御幸道路を通って内宮宇治橋までを結ぶ路線を設定し、午前六時〜午後六時に二四往復（三〇分に一本平均）を運行した。運賃は山田駅〜錦水橋〜楠部〜宇治橋の各区間四銭で、全区間通しで一二銭であった（『伊勢新聞』一〇月二日付／図6）。各区間内で停留所が設置されていたかどうかは不明だが、御幸道路を走るバスによって倉田山苑地に直接乗り入

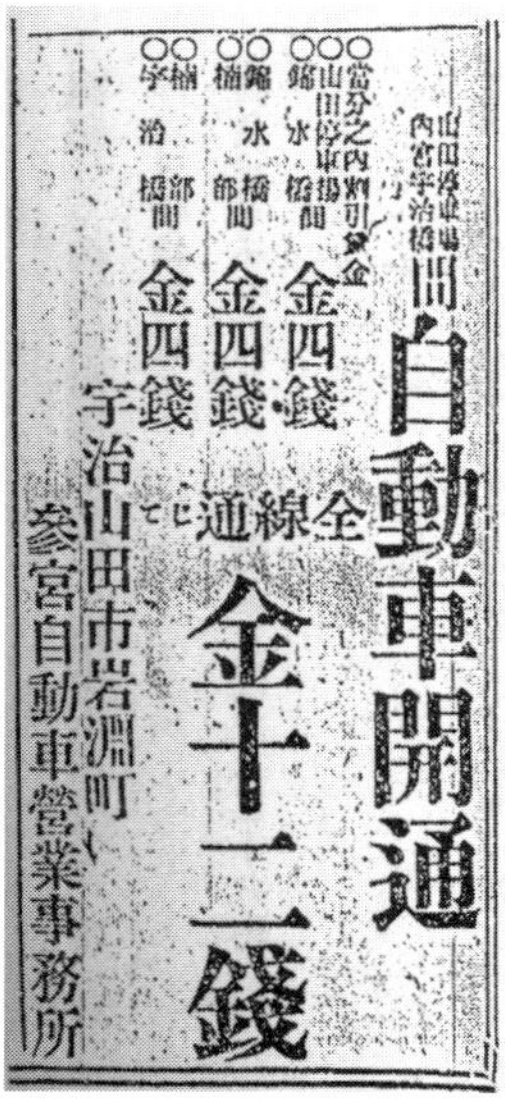

図6
参宮自動車営業開始広告
（『伊勢新聞』明治44年10月4日付）

れることができ、アクセスはさらに改善されたといえるだろう。

おわりに

徴古館の開館後、これに附属する庭園が明治四三年（一九一〇）六月に完成した。これにより神苑会の目的は達せられたとして、翌四四年三月三一日をもって神苑会は解散した。倉田山苑地をはじめ、神苑会が所有する土地・建物等は一切、神宮へ献納された（『史料』九一四・九三五〜九三八・九五六頁）。

神苑会は明治一九年の設立から四四年の解散まで、七〇万九〇〇〇円余の収入があったが、このうち国内各地方からの寄付金が三〇万四〇〇〇円余だったのに対して、神宮司庁補助金が約二三万七〇〇〇円も下付されていた（『史料』九六二頁）。つまり国内各地方からの寄付金も相当集まったが、神苑会事業は神宮司庁の補助事業としての性格が強かったといえるだろう。

しかしながらそれを神苑会事業の限界と断じて、事業の意義を評価してよいのだろうか。本章をむすぶにあたって、神苑会事業の目的・内容・意義について改めて考えたい。

神宮宮域に人家が近接していた状況に対して、神苑会は神宮の防火上および尊厳保持上の問題があると考えていた。そこで内宮・外宮両宮の宮域に近接する人家を撤去し、そこに清浄な神苑を設け、宮域を俗世間から遠ざけて神宮の荘厳さを守ろうとしたのである（両宮神苑地の整備）。さらに神苑会は神宮宮域だけではなく、宇治山田という地域全体を「神都」として整備することを考えた。市街地から離れた倉田山に徴古館や農業館といった博物館、あるいは庭園を設置して一大公園としたのである（徴古館・農業館の開設と倉田山苑地の整備）。

また倉田山苑地の整備に関連して、神宮撤下御物拝観所を開設し、岩渕町からそこへいたる道路（拝観所道）を整備した。拝観者の範囲は限定されたものの、拝観所は式年遷宮時の神宝を初めて宮域外で拝観することを可能にした。また拝観所道はその後、古市町を通っていた従来の両宮街道にかわり建設された御幸道路の一部となった。

本章では近代における伊勢の神宮をめぐる変化への宇治山田の対応を、神苑会の活動を通して見てきた。それは神苑会が明治二二年以降全国区の組織となってからも、太田小三郎ら宇治山田在住者が会内で果たしていた役割が、依然大きかったことによる。さて神苑会の活動は神宮司庁の単なる補助事業にとどまらず、神宮や式年遷宮を主体的・積極的に奉賛したものであった。というのも神宮や式年遷宮が国家管理の下に置かれた時代にあっても、国家が実施できた事業の範囲は限定的だったからだ。実際に国家が宇治山田のみを対象にした都市計画を法制化するのは、昭和一五年（一九四〇）の「神宮関係特別都市計画法」まで待たなければならなかった。それに比べて神苑会がいかに早く事業計画を立て、またそれを実現させたかを、私たちは改めて認識する必要があるだろう。

そして最後に、神苑会の事業が宇治山田という都市・地域の形成に果たした役割をまとめておきたい。第一に、神苑会は宇治山田を神宮が鎮座する「神都」として位置づけ、神宮関係特別都市計画まで続く聖地化の流れの原点となった。第二に、倉田山苑地の整備を通して、内宮と外宮を結ぶ新たなルートを作る原動力となった。バスや複線化された市内電車の登場は、神宮の参拝客を大量に輸送することを可能にし、「観光都市」としての宇治山田を人びとに印象づけた。第三に、倉田山苑地は宇治山田市民が集い憩う公園となった。たとえば天長節《てんちょうせつ》の官民祝賀会や各種団体の園遊会などの会場に、苑地がしばしば利用されていった（『史料』九二二頁、『伊勢新聞』明治四五年三月一〇日付）。神苑会の倉田山苑地整備は、「公園都市」としての宇治山田を出現させることにもなったのである。

(1) 数か町が連合して役場を置いていたため、戸長は必ずしも各町に一人ではない。

(2) 以下明治二二年の組織改編についての記述は、『史料』一五六〜二七九頁を参照。これより以前の明治二〇年の組織改編については、同八九頁を、また財団法人となった明治三六年以降の組織については、同五四六・五五八〜五五九・七四八〜七四九頁を参照。

(3) 当初の事業計画に含まれていなかったが、明治二〇年の英照皇太后行啓にあわせて、神苑会が一番早く完成させたのが、応接施設として二見浦に建設された賓日館である（現在は国指定重要文化財）。本章では当時の宇治山田の都市形成に直接関係しないため、これ以上言及しないが、賓日館については『史料』および〔ブリーン 二〇一三〕を参照。

(4) 『史料』七一八頁。ただし『史料』九一頁には、建坪一九三七坪・買収地所八一三八坪とある。

(5) 『史料』七一八頁。『史料』九一〜九二頁には、建坪二一九三坪・買収地所一〇九九二坪とある。

(6) たとえば村井恒蔵ほか一〇名が花房会頭宛に「巨費ヲ投ズル」道路の新設が不要である旧豊宮崎文庫に徴古館を建設すべきとの建議を提出している（『史料』五〇八〜五一三頁）。

(7) 国庫補助金額は以下のとおり。明治四〇年度は内務省から六・三万円、四一年度は内務省から六・三万円、宮内省から一万円、四二年度は内務省から二・六万円、宮内省から一万円。三か年度の合計は一七・二万円である。

(8) ただし県会あるいは県参事会の決議録に、寄付の記載は管見の限り確認できない。しかしながら拝観所道と、御幸道路との間に関係性がないとも考えにくい。

(9) 三重県も両宮街道の鹵簿通行に際して「内宮外宮間ノ道路ハ、御承知ノ如ク狭隘ニシテ且坂路多ク、電燈柱電話柱郵便柱函ニ至ルマデ移転セシメ候モ尚且聖駕ノ御通過ニ如何アラン歟」と懸念を表明している（「明治三八年一〇月二七日付各郡市長宛知事官房通牒」〔三重県 一九二八：三八二〕）。

〔参考文献・史料〕

「太田小三郎へ金杯下賜ノ件」（『公文雑纂』明治四五年第二巻、国立公文書館蔵）
「宇治山田町神苑会道路新設計書」（『神苑会資料』五二、神宮文庫蔵）
「三重県会決議録」（三重県史編さん室蔵）

「三重県会会議録　明治三十九年」（三重県史編さん室蔵）
伊勢市 二〇一二『伊勢市史』第四巻
伊勢市教育委員会 一九八六『地図でみる伊勢のあゆみ』
宇治山田市役所 一九二八『宇治山田市史資料』神宮篇五四　行幸啓五
――― 一九二九『宇治山田市史』上巻、下巻
川端義夫校訂 一九七五『伊勢度会人物誌』
ジョン・ブリーン 二〇一三「「神都物語」――明治期の伊勢――」（高木博志編『近代日本の歴史都市――古都と城下町――』思文閣出版）
――― 二〇一五「神苑会と宇治山田――近代的聖地の形成をめぐって――」（『瑞垣』二三一）
高木博志 二〇〇六『近代天皇制と古都』（岩波書店）
谷口裕信 二〇〇八「宇治山田における教会講社の展開――日露戦争前後の事例から――」（『皇學館史学』二三）
藤井清司編 一九一一『神苑会史料』
三重県 一九二八『御巡幸紀要』
――― 一九四二『三重県会史　第一巻』

〔付記〕 本稿は同じタイトルの拙稿（清水潔ほか編『伊勢の神宮と式年遷宮』〈皇學館大学出版部、二〇一二年〉に所収）をもとに、加筆修正したものである。なお、本稿は平成二二年度文部科学省科学研究費補助金（二〇七二〇一七五）による成果の一部である。

13　修学旅行と伊勢

高木博志

はじめに

大阪府吹田市で日本万国博覧会が開催された翌年の昭和四六年（一九七一）、吹田市立山田第一小学校六年生のとき、私も伊勢への修学旅行を体験した。手元に資料がないので、断片的な記憶にもとづくしかないが、出発前に小学校の教室で赤福のおみやげを事前予約したこと、内宮へ向かう五十鈴川にかかる宇治橋の景観、二見浦《ふたみがうら》の旅館で枕投げをしたことなどが記憶に残る。埋め込まれた真珠が、夫婦岩《めおといわ》にあがる太陽をあらわす、マッチ箱大の硝子の土産を買って帰ったことも思い出す。往復は近畿日本鉄道だった。二年後の昭和四八年（一九七三）秋、大阪市立三軒家西小学校六年生だった妻のアルバムには、内宮の宇治橋詰（写真1）、二見浦の夫婦岩、御木本《みきもと》真珠島、三枚の記念写真が残っている。式年遷宮にあたったその年には、遷宮の意義を担任の先生からよく教えられたと妻は語る。

義父も昭和一七年（一九四二）秋、東京市小石川区関口台国民学校の六年生の時、東海道線の夜行列車を利用して伊勢入りし、翌日、外宮から内宮まで歩き、二見浦に泊まった。食糧事情の悪化のなかで、露天の焼きハマ

写真1　内宮宇治橋詰での修学旅行の記念写真（昭和48年）

グリを食べたかった記憶が残るという。翌日、参宮急行電鉄で、奈良に向かい、橿原《かしはら》神宮を経て、東大寺・若草山・猿沢の池などをめぐり三条通の旅館に泊まり、三日目は桃山御陵・平安神宮・清水寺・三十三間堂などを拝観し京都泊。翌日に、東海道線で東京に帰った。戦局の悪化で翌年からは同国民小学校の修学旅行は中止となったが、学校生活のなかでとりわけ楽しかった思い出であるという。

　北海道庁立滝川高等女学校・札幌高等女学校をはじめ、札幌の市立・私立の高等女学校でも揃って、同年一〇月から一一月まで、一〇泊一一日で、東京・伊勢・奈良・京都の「聖地参拝旅行」をおこなっている（高木 二〇一三）。

　伊勢神宮では、大正一〇年（一九二一）度より、「神宮参拝の学校生徒数」の統計がとられている（表1）。大正一〇年度の内宮約二〇万七〇〇〇人、外宮約二七万一〇〇〇人ではじまり、昭和一四年（一九三九）度には戦前最高で、内宮約一〇四万二〇〇〇人、外宮約一一五万八〇〇〇人となっている。戦前期を通じて外宮の方が、参拝者が多いことが興味深い。また義父の修学旅行がおこなわれた翌昭和一八年から、修学旅行生が半減していることがみてとれる。戦後は昭和二八年（一九五三）より内宮の約四九万四〇〇〇人が外宮の参拝者を上まわる傾向が続くが、私が体験した昭和四六年度は内宮への参拝者数は約三〇万四〇〇〇人と戦後の長期低落のなかにあった。

　伊勢神宮・橿原神宮・桃山御陵・平安神宮・御所などをめぐるのは、皇室の結婚や即位の奉告《ほうこく》の際のルートである。いわば二〇世紀の修学旅行は、天皇・皇族から国民にいたるまでが日本近代に意義づけされた聖地をめぐ

表１　神宮参拝の学校生徒数

年度＼宮別	内宮（人）	外宮（人）	年度＼宮別	内宮（人）	外宮（人）
大正10年	206, 873	270, 555	昭和29年	583, 106	543, 925
〃 11年	198, 774	233, 152	〃 30年	591, 731	543, 315
〃 12年	197, 325	230, 972	〃 31年	550, 395	505, 382
〃 13年	282, 123	324, 090	〃 32年	476, 559	427, 622
〃 14年	289, 360	322, 241	〃 33年	557, 936	490, 670
〃 15年	330, 258	376, 370	〃 34年	558, 058	493, 471
昭和２年	320, 165	361, 747	〃 35年	608, 307	517, 262
〃 ３年	333, 975	379, 536	〃 36年	529, 961	432, 522
〃 ４年	398, 689	444, 136	〃 37年	474, 953	381, 466
〃 ５年	345, 717	393, 862	〃 38年	438, 042	352, 022
〃 ６年	342, 633	403, 080	〃 39年	422, 066	332, 139
〃 ７年	387, 940	435, 222	〃 40年	426, 696	305, 258
〃 ８年	447, 198	513, 872	〃 41年	412, 909	284, 225
〃 ９年	495, 586	566, 543	〃 42年	385, 132	267, 013
〃 10年	603, 536	681, 641	〃 43年	370, 775	248, 419
〃 11年	696, 993	759, 355	〃 44年	333, 479	230, 255
〃 12年	743, 697	840, 581	〃 45年	306, 989	221, 065
〃 13年	906, 355	1, 017, 059	〃 46年	304, 014	212, 180
〃 14年	1, 041, 906	1, 158, 217	〃 47年	294, 401	210, 722
〃 15年	913, 500	1, 030, 016	〃 48年	292, 983	204, 370
〃 16年	729, 806	847, 916	〃 49年	303, 173	213, 943
〃 17年	929, 981	1, 039, 842	〃 50年	289, 611	209, 851
〃 18年	497, 688	623, 895	〃 51年	312, 901	215, 335
〃 19年	110, 125	203, 927	〃 52年	310, 960	211, 953
〃 20年	23, 372	72, 010	〃 53年	280, 302	191, 980
〃 21年	300	45	〃 54年	309, 896	209, 831
〃 22年	不　明	不　明	〃 55年	305, 077	204, 178
〃 23年	不　明	不　明	〃 56年	296, 441	184, 362
〃 24年	不　明	不　明	〃 57年	286, 992	169, 540
〃 25年	不　明	不　明	〃 58年	276, 336	159, 130
〃 26年	不　明	不　明	〃 59年	263, 825	141, 677
〃 27年	378, 996	465, 364	〃 60年	249, 905	104, 399
〃 28年	493, 609	488, 415			

出典：「伊勢参宮の学校は減少」（神宮司庁『瑞垣』第141号、1986年）。

る旅の一環であった。それとともに江戸期の伊勢参り同様に、生徒にとっての修学旅行はやはり何よりも楽しい旅であり行事であった。

第一節　修学旅行の濫觴

ここで修学旅行の歴史を簡単にふりかえりたい。

修学旅行の嚆矢《こうし》は、明治一九年（一八八六）二月一五日から二五日までの日程で千葉県下の佐倉や成田不動などをめぐった東京師範学校の「長途遠足《ちょうとえんそく》」といわれており、身体鍛練である兵式の「行軍」と、学術研究や史跡名所の実地研修などの教育という、二つの要素からなっていた。

しかし修学旅行の歴史においてより大きな画期となったのは、内地雑居が許され外国人の国内旅行者が急増する明治三二年（一八九九）であり、この年に鉄道運賃の団体割引がはじまった。ここに修学旅行が中高等教育機関のみならず小学校へも広がりを見せる。それとともに、鉄道という交通機関を利用することにより、兵式行軍のような鍛練ではなく、自然観察や史跡見学などの学術や実地研修という要素に、修学旅行の目的がシフトしてゆくこととなった。実際に鉄道運賃の割引の例をあげれば、奈良女子高等師範学校（以下、奈良女高師）の明治四三年度の「伊勢地方修学旅行経費精算書」によると、一〇月一五日の奈良駅より山田駅までの汽車賃九二名分は、三割引で、一名当たり往復で約一円二四銭であった。(1)

明治四四年（一九一一）の『京都教育時報』三六号には、京都市内の尋常小学校・高等小学校の修学旅行の実施状況が、生徒から修学旅行の経費を集めるかどうかを問うたアンケートを通じてよくわかる。

京都市域の小学校では、すでに明治末年に修学旅行は制度として定着していた。たとえば御所の隣の京極尋常小学校（上京区）の回答では、修学旅行の目的を「教材に関連したる法案の下に進取的発展的の思想を懐にせしめ精神上身体上の利益を収得し傍ら個性の観察に資せんとするにあり」とのべるとともに、修学旅行の実施は「春秋二期」とし、目的地として「伊勢大廟の参拝、神戸市、大阪市、比叡山、大津市、天王山、長岡、京都市近郊等各学年に配当せり」とした。

また城巽《じょうそん》尋常小学校（中京区）では「見聞を広め身体の鍛練を目的とす凡ての点に於て質素を主義」として、「卒業期に行ひ伊勢神宮に参拝す。特別の場合の外《ほか》変更せず」とある。明治末期には、伊勢への修学旅行を最終学年におこなうことを制度化する尋常小学校がでてくるとともに、身体の鍛練と現地で「直観教授」を実地研修する理念の両者が併存していた。

先に述べたように奈良女高師は明治四二年（一九〇九）の開校であるが、同時代には京都市などの都市部では修学旅行が初等教育においても定着しており、のちの昭和戦前期には伊勢への修学旅行が全国化する。伊勢参宮修学旅行の成立期において、高等教育機関の取り組みを考察することに本章の目的がある。

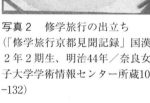

第二節　明治四四年の奈良女高師の伊勢修学旅行

本節では、伊勢修学旅行の近代における意味を、主に奈良女高師第三期生の明治四四年（一九一一）一〇月一五日、一六日の一泊二日の伊勢修学旅行を例として考察したい。この年には、奈良女高師での伊勢修学旅行も開校以来三回目となり、マニュアルも整備されてきて、地理歴史部、数物化学部、博物家事部のそれぞれの一年生による記録が残っている。二〇歳前後（当時の一年生の平均年齢）の女学生の旅の記録である（写真2）。

写真2　修学旅行の出立ち（「修学旅行京都見聞記録」国漢2年2期生、明治44年／奈良女子大学学術情報センター所蔵10-132）

奈良女高師は、女子の中等教育の需要に応じて、明治二三年（一八九〇）に東京に開校した女子高等師範学校に続く学校として、明治四二年（一九〇九）五月に開校した。地方長官の薦挙する生徒を、学校長が選抜した。第二期生でいえば、八一名の入学者中で、四か月間の勉学や作法・教養を教える予科から本科にあがれなかった者一〇名が退学させられて

写真3　奈良女子高等師範学校の講堂（奈良女子大学学術情報センター蔵）

いる。[2] かくして四か月の予科が終わり、本科に進んだ生徒七七名と職員一四名、使丁《してい》（用務員）一名の計九二名が、明治四三年一〇月の「伊勢地方修学旅行」に参加した。

奈良女高師は地方の高等女学校や師範学校の教員養成のための全寮制の、戦前の女子教育の最高学府であった。修学旅行は一人の女学生が四年間に一〇回以上、体験するように制度化されていた。たとえば、大正五年（一九一六）に定まった文科「修学旅行予定表」[3]（「旅行地」「学期」「日数」）によると、第一学年：大阪（一学期、一日）、畝傍《うねび》地方（二学期、二日）、第二学年：京都（一学期、一日）、伊勢地方（二学期、二日）、第三学年：京都（一学期、一日、葵祭参観）、高野・和歌山（一学期、三日）、京都・滋賀（二学期、三日）、第四学年：四国（一学期、四日）、東京方面（二学期、一五日）、近府県（三学期、三日、学校の設備授業などの参観）と多様な修学先が組み込まれた。

なぜこれほど充実したカリキュラムが組まれたかといえば、彼女たちは、将来、地方の高等女学校などの教壇に立つ人材であるからだ。生徒を教師として引率するためのノウハウが教えこまれた。行く先々の歴史や地理や文化、工場や軍隊や大学などで学び克明に記録し、列車の乗降は厳密、正確に計画を立て、経費の管理をすることも引率者としての訓練であった。現場に立ち修学することは、自分を取り巻く世界を実際に観察したり、体験する、明治期以来の「直観教授」という、近代日本の教育理念にかなうものであった。

では明治四四年（一九一一）の奈良女高師第三期生の伊勢修学旅行をみてゆこう。(4) 同年一〇月一三日、午後三時より奈良女高師の講堂（写真3）において、佐藤小吉教授より、伊勢内宮・外宮の由来や先年の遷宮の式典に佐藤自身が列席した体験などの講話があった。佐藤はのちに、『飛鳥誌』（天理時報社、一九四四年）や『奈良朝史』（受験講座刊行会、一九三〇年）などをあらわし、奈良県の史跡名勝保護委員などを務め、奈良県を代表する歴史学者となった。

また細田謙蔵講師（漢文）より、今回の旅行は、「伊勢の大廟に詣で、、敬神忠君の精神をいやが上にも高めん」との目的であると説明された。そして、班構成は学部ではなく、全体で六七名を四班に分けて、第一班は玉木正行助教授（英語）、第二班は春日政治講師（国語）、第三は細田謙蔵講師、第四班は蜷川龍夫教授（修身）の指揮に従うこととなった。各班で班長を一人選び、班の構成員は一団となって班長の命令により一致した行動を取るべきことも決められた。また事務分担として、会計係一名、記録係二名、庶務係一名が選出された。さらに「伊勢修学旅行指針」（一〇—補四〇）のマニュアルと、地図四枚が配布された。

〈旅程の予定〉

第一日（一〇月一五日）

午前七、〇〇　奈良駅集合

同　七、三六　奈良駅発（亀山駅において弁当配布）（関西本線→参宮線）

午後〇、一七　山田駅着

外宮に参拝、徒歩にて倉田山に向かう

徴古館《ちょうこかん》、農業館、撤下御物陳列所《てっかぎょぶつちんれつじょ》を観る

徴古館下より電車（合同電気会社）にて二見に至り宿泊す

第二日（一〇月一六日）

午前五、〇〇　起床

朝飯前、海岸に出で朝暾《ちょうとん》を観る

朝食後、散歩

同　八、三〇　二見浦発足、二見停車場より電車にて宇治に向かう

内宮参拝

同一一、〇〇　宇治より電車にて山田駅に向かう

（駅前の茶亭にて昼食）

午後一、三五　山田駅着

鈴廼舎《すずのや》を訪う

同　三、二九　松坂駅発

（亀山駅において弁当配布）

同　九、二九　奈良駅着

一〇月一五日午前六時三〇分、生徒全員が寄宿舎前庭に集まり、錦織竹香《にしきおりちくこう》寮務主幹をはじめ先輩諸姉に送られて奈良駅から各班ごとに乗車した。

鉄道に乗ることは、近代／文明の体験であり、スケジュールを組み時間に正確に行動することが重要であるために、それ自体が修学の対象であった。明治三一年（一八九八）に奈良・名古屋間の関西本線が全通し、明治二六年（一八九三）に参宮鉄道が開通、明治四二年（一九〇九）にはその亀山・山田間を参宮線と改称していた。

地理歴史部の学生は車窓の風景を「稲はこがねに色づき置き残る露玉の如く、田の畔には野菊月草などここか

しこ咲きほこりて、白く青く赤くおのがしゝ自然のいろにきほひかほなり」と、車窓の風景を叙述した。奈良女高師では、汽車の車窓に流れる風景を通じて、自然や風俗、史跡名勝などを、よく観察するように指導した。あたりまえのことであるが、車窓よりスピード感をもって流れる風景は「近代」の新しい体験であった。近世の定式化された名所の型ではなく、学生は自然のありようを美文調ではあるが「写実」的に叙述する。

木津で乗り換えて、笠置《かさぎ》にいたると山腹に後醍醐《ごだいご》天皇の「行宮遺址《あんぐういし》」（二品彰仁《あきひと》親王書）の南朝史蹟を確かめ、亀山で弁当の配布を得て、車中ではあちこちで「お国自慢」の話に花が咲いた。

そうこうしているうちに伊勢の平野に入り山田駅着となった。伊勢外宮の境内に入り、清盛楠《きよもりくす》、手洗いの池、南鳥居、外玉垣御門《とのたまがきごもん》前で跪いて、豊受大神《とようけのおおかみ》を祀る正殿を拝す。地理歴史部の学生は「凡そ国民にして国を愛せざるはあらじ、臣として君を尊ばぬものはあらじ、されどきくより見るまされり、わが国民たるもの必ず神宮に詣つべし、神宮は実に忠愛を生む母なり」との国文学者・落合直文《おちあいなおぶみ》の言葉を想起する。

唯一神明造《ゆいいつしんめいづくり》の垂直に切られた千木《ちぎ》や奇数の鰹木《かつおぎ》の様式を観察したり、教員から内宮・外宮ともに遷宮から一九年目までは古くはないが二〇年目になると突如朽ち果てるという不思議な神霊の説明を受ける。なお学生が手元にもっている「伊勢修学旅行指針」には外宮の神苑について、明治一九年（一八八六）に地元の有志者が、宮城を穢す恐れのある外囲の人家百余戸を取り払って、四季の樹木を植え、泉水を境域に整備して明治二二年に竣工したと説明されていた。

倉田山に向かって、遊廓の古市《ふるいち》を抜け、倭姫命《やまとひめのみこと》の「御墓」の伝説地を拝し、農業館にいたる。

農業館には樽柿製造図解の模型、桃・李《すもも》・ブドウなどの図解、木材の標本、鉋屑《かんなくず》でできた東郷ネクタイ、養蚕を示す人形、真珠貝、大亀などの展示があった。博物部の学生は時間がなく「遺憾」との感想をもらし、早々に辞す。

ルネサンス様式の花崗岩でできた徴古館は、明治四二年（一九〇九）に開館した。第一室は、奈良朝時代の文官束帯《そくたい》、藤原時代の女官装束、鎌倉時代の関東武士など歴代の風俗人形が陳列され、続く部屋〳〵では、武器・服飾・楽器・遊戯・文房具・絵画・祭祀器具類が飾られた。地理歴史部の学生は「各時代につきて比較するときは世の変遷風俗の推移等、実に一目瞭然たる」との感想をもらした。また、「歴史上の資料とすべきは勿論、美術上にも参考となる」との評価を述べ、岡倉天心以来の明治中後期の文化財保護や美術史の価値観を示した。第六室の書画典籍の部屋では、徳川時代初期のペルシャ・アラビアにいたる世界航海図を観察し、アジアの国々の形が今日の認識とは異なる、近世の学知に興味を示した。

そのあと二見浦の賓日館《ひんじつかん》から明治三六年に移された撤下御物陳列館で、鴟尾《しび》の琴、綾の蓋、装束などの御物を拝観した。御成《おなり》街道で、電車（合同電気会社）に乗り、二見浦の二見館に着く。夕食後は午後八時まで自由時間で、渚を散策するもの、土産を買うものと、それぞれ楽しんだ。八時より二見館で茶話会が開かれ、赤福餅を食べつつ、諸先生の話や学生の余興を楽しみ、「奈良の都」を合唱してお開きとなった。

なお二見館では、一〇月一五日には、京都府立第二高等女学校一四〇人と、翌一六日には東京帝国大学医科大学学生一五〇人と同宿となった(5)。

翌一〇月一六日には、女学生たちは朝四時半から五時にかけて起きだして、「二つ岩」（夫婦岩）へと向かい、磯を散策する。数物化学部の学生は、天候に恵まれず日の出を見ることができなかったことを悔やむが、知多《ちた》半島や阿漕浦《あこぎがうら》の白砂青松を遠望し、「写生帖とりて鉛筆走らするもの、誰も〳〵飽く事を知らぬさまなり」と記した。

朝食後に、貝細工や絵葉書などを購入し、午前八時三〇分の電車に二見浦駅から乗り、車窓から月読宮《つきよみのみや》をみて、九時一五分に宇治駅に着く。ここは近世の宇治郷が、東側の山田と合併して明治二二年に宇治山田市となった。地理歴史部の学生は、神路山を望む宇治橋を渡るとき、かつて「古は橋下に網受けと云ふものの居て参詣者に銭を乞ひしが、今は全くその跡を見ず」と述懐した。明治二二年に完成した内宮の神苑により、宇治橋を越えて本宮にいたる区域から仏堂や土俗的な宗教者などをクリアランスする事業がなされたのであった。

その神苑について、「参道は白き小石を敷きつめたり。両側のまがきには楓松等美しく手入れせられ」ており、二町（約二一八メートル）あまりの間には、明宮皇太子のお手植えの松や大山巌《おおやまいわお》・野津道貫《のづみちつら》両大将の献納した「征清記念砲」などが、「皇神を守護」するようだとみる。五十鈴川で手を清め、口をすすぎ、「古杉、老檜鬱々《（うつうつ）》蒼々《（そうそう）》」とするなかを一鳥居、二鳥居をすぎて宮殿前にいたり、板垣御門から入って天照大神《あまてらすおおみかみ》を祀る大宮にぬかずく。千木の上端は水平に切られ、鰹木は偶数で、外幣殿《げへいでん》が正殿の構外にあり、「古代建築の様式」をそのまま残すとの、内宮の特色について説明を受けた。

女学生は「実に我等が文明の今日に生れ合ひて泰平に世を送るも一重に皇祖の恩徳の大なるによるを知らば、宜しく国家社会に尽して以て国民たる本分を果さゞるべからず」との感想をもらす。日露戦後のナショナリズムの高揚期ではあるが、日本独自の国家の神話とされた「天照大神」以来の歴史の中に、近代の文明の起源や国民の道徳を位置づけて、自《みずか》らが教員になるときの心構えを確認しているといえよう。

杉細工・五十鈴焼・貝細工・箸・飴・絵葉書・赤福などの商店がひしめき、神嘗祭《かんなめさい》前日の群集雑沓するなかを、各自が買い物をした。宇治駅から電車で山田駅に着き駅前の大和館で二見館の弁当を食し、そして一時三〇分の参宮線で松坂に向かった。この列車には、韓国師範学校の生徒の一行も乗り合わせた。

午後二時一九分に松坂駅に着き、駅前の旅館油屋に手荷物を預け、魚町の鈴廼屋の遺跡を経て、本居宣長を祀る山室山《やまむろやま》神社を拝して、駅から六町ばかりの松坂城址の公園に移築された鈴廼屋に向かった。屋内は玄関六畳、三畳の一室を隔てて、奥の間には、宣長の肖像と「敷島の大和心を人問はば朝日に匂ふ山桜花」の歌がかけられていた。二階は四畳半の書斎、鈴廼屋である。

ここで国語の春日先生より宣長の事蹟の説明がある。数物化学部の学生は「(宣長)先生の識見卓絶にして、学問該博なるは古今比なく、その学は主として我が国の古道を明かにするにありて、国史、国文の考証注釈は勿論、文学、語学、韻学より、制度、政治の道に至るまですべて之に通ぜられたり」と記し、地理歴史部の学生は「大著古事記伝《こじきでん》も半ばこの室にてつくられしなり。かかるいぶせき一室に於てかの大著述を世に残し、国学発展に大貢献をなしたる翁の質素勤勉努力忍耐は実に吾人《ごじん》の学ぶべきところ、我等は己が今日の境遇を思はゞ、豈に数層の奮励なくして可ならんや」と自戒の念を記している。

再び駅前の油屋に戻り茶菓をいただいて休憩し、午後五時二九分の列車で帰途についた。帰路は一車両を借り切り、心おきなく「談笑嬉戯」に余念なく、亀山で配布された弁当を食べて、木津を経て奈良駅に着いた。

数物化学部の学生は、修学旅行がたいした故障もなく予定通りに終わり、四学部が合同で「旅行を共にし、親しく、睦《むつま》じく、伊勢大廟に参拝」し、各自の任務を共同一致して遂行したと総括し、歴史地理部の学生は「あはれ、大廟の参拝は我等が皇国の起源、皇祖の徳沢《とくたく》に対する思想をしていよ〳〵深くかつ厚からしめたり。若しそれ、徴古館に二見浦に、はた鈴の舎に得来りし各種の印象に至りては、永く我等が研究、修養の上に資すべし」と記録をむすんだ。

修学旅行後に、引率教員は連名で「伊勢参宮旅程次第改正案」を提出した(6)。改正案は、一日目に海浜や日和山《ひよりやま》の絶景の鳥羽遊覧を組み込み、二日目に時間的余裕がなかった倉田山を見学するものであった。

おわりに――伊勢修学旅行の盛行――

明治四三年(一九一〇)七月に、東京女子高等師範学校は、はじめて伊勢参宮ののち奈良を訪れ奈良女高師を訪問する関西修学旅行をおこなうが、それは奈良女高師の開学にともなうものであった。翌明治四四年(一九一一)五月には、東京女高師の修学旅行において、伊勢神宮とともに奈良女高師や神武天皇陵、桃山御陵や京都を対象とした、皇室の聖地をめぐる形式が取り入れられ定着した〔奥田二〇一二〕。

女高師のような高等教育機関よりもさらに広い裾野を形成する尋常小学校では、最終学年の一度きりの修学旅行において、伊勢への参拝は第一義的に重視された。明治四四年七月三〇日付の『読売新聞』で東京市明川小学校長・大澤正巳は、男子はすべて兵役前に、女子はすべて結婚前において伊勢太廟を参拝すべきと述べた(7)。また大正二年(一九一三)の群馬県立沼田中学校「修学旅行規定」には、京都、大阪、奈良、伊勢方面旅行において、伊勢神宮と桃山御陵の参拝がかならず位置づけられたし、大正八年(一九一九)の長野県松本尋常高等小学校では、伊勢神宮や桃山御陵や京都御所の参拝には、「敬神尊皇」の精神を養う意義があると強調された(8)。そして二〇世紀には伊勢の修学旅行が広がっていった。

大正期にはいると、身体を鍛練する目的から京都・奈良などの史跡名勝に富んだ地の実地研修にその目的が変化するとともに、小学校の最終学年における伊勢への修学旅行が定着してきた。さらに伊勢参宮旅行は、昭和一〇年前後から国体観念の養成目的が重視されてくる〔今野一九八九〕。

ツーリズムとのかかわりでいえば、昭和九年(一九三四)一〇月には、神宮・交通関係業者・旅館業者・鉄道会社などが市勧業課に働きかけて、観光協会としての参宮協会が宇治山田市役所に設立され、案内所などのサービスが開始し、英文ガイドブックも編纂された(9)。しかし昭和一一年(一九三六)を国際観光ブームの頂点として外国人観光客の参宮は、日中戦争とともに、かげりを見せた。

その一方で、国体明徴運動《こくたいめいちょううんどう》の気運のなかで、昭和一一年一〇月一日より学校と郵便局が一体となって、全国の小学児童を対象とした「伊勢参宮貯金」がはじまり、翌年八月からは、全国の小学児童を対象に代表児童の無料神宮参拝が実施された[10]。

昭和一一年六月一日付『読売新聞』に、婦人運動家の神近市子《かみちかいちこ》が「小学生の修学旅行」について、東京の小学校では、ここ三、四年に伊勢参宮が修学旅行として定着してきたとする記事を載せた。翌昭和一二年六月には鉄道省告示六八号で、伊勢参宮の小学校運賃割引が導入された。

小学校国定教科書の記述は重要であるが、明治三六年(一九〇三)発行の『高等小学読本』巻三にはすでに「伊勢神宮」の記載があり、大正九年(一九二〇)の『尋常小学国語読本』巻六および昭和一〇年の『小学国語読本』巻五では、父の参宮を子供に伝える参宮の手紙が掲載された[11]。伊勢への修学旅行の普及を背景として、小学校の教育現場における雛形となったのである。

昭和一四年(一九三九)度には内宮・外宮とも百万人をこえる学校生徒の神宮参拝を数えたが、アジア太平洋戦争の勃発をうけて、昭和一五年(一九四〇)六月に文部省は修学旅行の制限を指示し、昭和一七年(一九四二)ミッドウェー海戦での敗北と戦局の悪化のなかで、伊勢修学旅行は激減する。

(1)「明治四十三年度第二回伊勢修学旅行記録(第二期生)」(一〇—一〇七、奈良女子大学附属図書館所蔵)。
(2)『奈良女子大学五十年史』(第一法規出版、一九七〇年)。
(3)「修学旅行ニ関スル書類　大正二年—昭和十八年」(一〇—三)。
(4) 以下、「伊勢地方修学旅行記録　地理歴史部一学年」(一〇—補一)、「明治四十四年十月　伊勢修学旅行要記　博物家事部一学年、記録係」(一〇—補二)、「明治四拾四年十月　伊勢修学旅行記録　数物化学部」(一〇—一一一)の簿冊より各部の女学生の観察の記録を精読したい。また『奈良女子高等師範学校一覧　従明治四十四年八月至明治四十五年七月』(奈良女子高等師範学校、一九一二年)も参照した。
(5)「第三期生修学旅行書類」一〇—六。

(6)「第三期生修学旅行書類」一〇―六。
(7)『読売新聞』一九一一年五月三〇日。
(8)「修学旅行一〇〇年史」(日本修学旅行協会編『修学旅行のすべて』一九八七年)、佐藤秀夫編『日本の教育課題』五(東京法令出版、二〇〇二年)。
(9)『伊勢新聞』一九三四年四月一九日、一〇月一三日、一九三五年八月二一日。
(10)『伊勢新聞』一九三六年九月九日、『三重県教育史』第二巻、一九八一年。
(11) 海後宗臣編『日本教科書大系 近代編』第六~八巻(講談社、一九六四年)。

〔参考文献〕

奥田環 二〇一一「東京女子高等師範学校の「修学旅行」」(『お茶の水女子大学人文科学研究』第七巻)
今野敏彦 一九八九『「昭和」の学校行事』(日本図書センター)
高木博志 二〇一三「修学旅行と奈良・京都・伊勢――一九一〇年代の奈良女子高等師範学校を中心に――」(高木編『近代日本の歴史都市――古都と城下町――』思文閣出版)

〔附記〕 伊勢修学旅行につき吉村利男氏より史料の提供をうけました。感謝いたします。

14　昭和四年式年遷宮と伊勢

田浦雅徳

はじめに

本章は昭和四年（一九二九）に行われた第五八回神宮式年遷宮について、遷宮の歴史のなかでどのような意味をもつのか、また近代都市としての伊勢（昭和戦前期には宇治山田市と呼称）に対してどのような影響を与えたのか、の二点から考えようというものである。

第一節　遷宮とその歴史

（1）遷宮とは

周知のごとく平成二五年（二〇一三）には第六二回神宮式年遷宮が執り行われ、一〇月には式年遷宮の諸祭の最後のクライマックスとなる天照大神《あまてらすおおみかみ》の御神体を古い社殿から新しい社殿に遷す、遷御《せんぎょ》の儀が行われた。その一年間で伊勢神宮には内宮《ないくう》、外宮《げくう》合わせて約一四〇〇万人の参拝者があったといわれている。近代に入って記録をとりはじめてから最多の参拝者が訪れた。式年とは決まった年に行われるという意味であるが、式年遷宮は二

○年に一度行われ、内宮・外宮の社殿を新たに造り替え、正殿に安置して神々の御用に供する御装束神宝《おんしょうぞくしんぽう》を新調し、天照大神に新宮《にいみや》に遷っていただくことである。

そもそも神宮とその祭神である天照大神は古代より皇室と朝廷のみを守護する皇祖神であり、神宮の維持・管理や遷宮を含めた祭祀は朝廷の財源や力によって行われてきた。第一回式年遷宮は古く持統《じとう》天皇四年（六九〇）に内宮で、同六年（六九二）に外宮で行われ、それ以来、中断期もあったがほぼ二〇年という式年を守って続けられてきた。またもともとは私幣禁断《しへいきんだん》といって庶民の参拝や奉幣《ほうへい》を受け入れるものでもなかった。

（2）中世における式年遷宮の中絶と復興の意味

しかし中世に入ると庶民の参宮もみられるようになり、室町幕府の最高権力者たる室町殿《むろまちどの》の参拝や僧尼の参拝、法楽《ほうらく》も行われ、江戸期には庶民参宮も一般的となった〔多田 二〇一一〕。遷宮は鎌倉幕府や室町幕府の時代になると幕府の力によって行われるが、応仁の乱の戦乱を経て室町幕府の支配力がなくなった戦国時代には一二〇余年におよぶ中絶期を迎える。しかし慶光院上人《けいこういんしょうにん》という尼僧らの勧進《かんじん》（寄付）によって一六世紀後半に遷宮が復興する。岡野友彦氏は、慶光院上人の勧進による式年遷宮の復興について、幕府に代わって、国民一人ひとりが神宮を奉賛《ほうさん》する体制への大転換であったと述べ、それは一旦明治以降に式年遷宮が国家の公儀として行われるようになったものの、戦後に神宮が国家管理の手から離れても、国民の奉賛によって遷宮が行われたことと重なる、と興味深い指摘を行っている〔岡野 二〇一二〕。慶光院上人の勧進と戦後の奉賛会形式による式年遷宮の挙行にアナロジーを見出す視点は重要であろう。

では近代の戦前期に行われた遷宮は、こうした遷宮史上においてどのような意味をもつのだろうか。そして国家管理のもとで行われた戦前期の四回の遷宮のなかでも、本章でとりあげようとする第五八回式年遷宮はどのような意味をもつのだろうか。

第二節　近代の遷宮と伊勢

（1）近代の遷宮と神苑会についての先行研究

長い遷宮の歴史の中で、特に近代の遷宮についてその特質を述べた研究は、中西正幸氏と西川順土氏に求められる。明治期に行われた遷宮は第五五回（明治二年）、第五六回（明治二二年）、第五七回（明治四二年）の三回であるが、中西氏は、特に明治二二年の遷宮に関して、「二十年の造神宮使庁《ぞうじんぐうしちょう》の官制公布にともない、伝統を重んじつつ現実を直視する態度をもって、実に多くの新式が開かれた」と、その「画期的な位置づけ」をたどっている〔中西 二〇一三〕。また西川氏は昭和四年の遷宮について「神宮式年遷宮ニ関スル協議会」の存在を例にあげ、「挙国一致の遷宮奉賛」であったと評価し、「実際に挙国奉祝の実を伴ったのは昭和四年となる」と指摘した〔西川 一九八八〕。

ジョン・ブリーン氏は明治政府が伊勢神宮をその聖性の源としたことによって、「近代国家の聖なる基軸をなす伊勢神宮は、前近代の、庶民に馴染みのお伊勢さんとはまるで違う」ものになった〔ブリーン 二〇一三a〕と指摘する。また、国家管理によって衰退した宇治山田を「神都」へと改革しようとした存在として神苑会をとりあげる〔ブリーン 二〇一三b〕。

神苑会については、谷口裕信氏が精細な実証的論考を行っている〔谷口 二〇一二〕。谷口氏は神苑会事業を①神宮の尊厳保持（神宮宮域の拡大整備）、②神都としての宇治山田の整備、③一大公園都市化（徴古館・農業館等の建設）に三つにまとめ、「神苑会の活動は神宮司庁の単なる補助事業にとどまらず、神宮や式年遷宮を主体的・積極的に奉賛したものであった。というのも神宮・式年遷宮が国家管理の下に置かれた時代にあっても、国家が実施できた事業の範囲は限定的だったからだ」と指摘する。国民奉賛型と国家事業の中間にあって、いわば相互補完的な事業としての神苑会事業に注目した（本書12章も参照）。都市としての宇治山田の形成にとっても神苑会の果たした役割は大きかった。

本章はこれらの先学の成果によりつつも、昭和四年の式年遷宮が、その後の遷宮の歴史への影響も踏まえた場合、古代から続く遷宮史上の中でどのような意味を持ったのかを考えたい。

（2）大正・昭和の即位礼と国民

ところで国家管理下におかれた神宮と国民の関係、神宮と宇治山田の関係はいかに見るべきだろうか。天皇の代替わり儀式である即位礼を、国民統合機能の強化の視点から見たのは、中島三千男氏であるが、氏は登極令《とうきょくれい》（明治四二年〈一九〇九〉）以降の即位儀礼は、上からの動員・組織化によって国民を大がかりに参加させた（中島 一九八五）と指摘し、また代替わり儀式による国民統合機能は時代が下がれば下がるほど肥大化した（同 一九九〇）とも述べる。この指摘は大正天皇と昭和天皇の即位礼を例にとっても然りである。京都で即位礼を終えた両天皇はそのあと伊勢神宮を親謁《しんえつ》する。いわゆる神宮御親謁である。この御親謁の際に、宇治山田の玄関口であった山田駅をはじめ三重県内の沿道各駅構内における「奉送迎有資格者」の範囲は、昭和天皇の時には大正天皇の時より大きく広げられている。それは御親謁により多くの国民が動員されたとみることもできるが、同時に多くの国民が参加する機会を得たともいえる。

では式年遷宮においては同様の見方はできるのであろうか。第五八回の一つ前、明治四二年に行われた第五七回の式年遷宮を例にとってみよう。

（3） 第五七回式年遷宮（明治四二年）の場合

第五七回式年遷宮における遷御では、勅使《ちょくし》たる掌典長《しょうてんちょう》以下、掌典、宮内属《くないぞく》、掌典補が宮内省から派遣され、奉仕員として祭主（このときは臨時祭主久邇宮多嘉王《くにのみやたかおう》）をはじめ、神宮の神職である大宮司《だいぐうじ》、少宮司《しょうぐうじ》、禰宜《ねぎ》、権禰《ごんね》宜《ぎ》、宮掌《くじょう》が務めた。この点はのちの第五八回式年遷宮と変わらない。供奉員《ぐぶいん》は神宮の主務官庁である内務省から内務大臣、神社局長、同局高等官、造営工事に関係のある造神宮使庁職員、三重県知事が供奉参列したが、第五八回遷宮で供奉員に加わる内閣総理大臣は第五七回では入っていない。また第五八回以降最近の第六二回遷宮まで継続している幅広い参列員の参加も見られない。

『伊勢新聞』明治四二年九月二六日付「拝観人心得」によれば、拝観者は第一柵内の特別拝観者と第二柵内の通常拝観者とに分けられ、遷御の様子を神域内の間近で見ることのできる特別拝観者として認められたのは「高等官（親任官・勅任官・奏任官――筆者注）及従六位勲六等以上若くは之と同等の待遇を受くる者に限る」（神宮司庁一九六九）とされた。また通常拝観人は、次のように定められた（同紙）。

特別拝観者の配偶者、新聞社員主幹若《もし》くは代表者、皇學館学生但《ただし》指揮官付添ひ整列入場せしむること、判任官及判任官待遇者正七位勲七等以下の有位有勲者、公吏及公職を帯ぶる者、赤十字社役員特別社員及篤志看護婦、武徳会役員、神苑会役員及百円以上寄附者、帝国海事協会役員、海員掖済会《えきさいかい》役員、帝国農家一致協会役員、神職会役員、神宮奉賽会《ほうさいかい》役員但《ただし》定款に規定しあるものに限る、愛国婦人会役員、神都婦人会役員、斯民会《しみんかい》役員、明治十四年十二月太政官布告第六十三号に依る褒章下賜者、右の外神宮司庁に於て特に拝観を許したる者

後述する第五八回でみられる実に広範囲にわたる「特別奉拝者」に比べればかなり限定的である。

大手新聞はとりわけ遷御当日の様子については一、二段を通しで紹介し、それなりに詳細な報道であった。む

ろん紙面を大きく割くような扱いではない。当日、遷宮にどれくらいの参拝者が訪れたのか、はっきりとは確定できないが、諸新聞の報道によれば、一〇月二日の内宮について『東京朝日新聞』は「二日の参詣者総数は四万六千三百余、内二万は遷宮式拝観者にて実に二十年来の盛況なりき」（一〇月四日付）、『読売新聞』は「拝観者五万に及び頗《すこぶ》る雑踏を極めたり」（一〇月三日付）と報じ、『伊勢新聞』は「当市に於ける混雑は元より其の近郷、近在迄も余波を被り居れるが二日当日の旅客は（中略）先づ雑と五万人が至当なるらし」（一〇月三日付）といくつかの根拠を示して推量している。内宮参拝者は三紙を総合すれば約五万といったところであろうか。なお外宮参拝者は『伊勢新聞』一〇月八日付によれば約三万人と報じられている。

そもそも室町時代においても、「夫《それ》伊勢《じんぐう》二《に》所太神宮《しょだいじんぐう》、廿年ニ一度之造替《ぞうたい》遷宮ハ、皇家第一重事《こうかだいいちのじゅうじ》、神宮無双大営也《じんぐうむそうのたいえいなり》」（「遷宮例文」造太神宮所《ぞうだいじんぐうしょ》次《し》第行事《だいぎょうじ》　祭礼条）とあるように神宮式年遷宮は皇室にとって最も重い行事であり、神宮最大の祭儀であって、遷宮のために参拝する人は多いが、国家的行事として国民注視のなかで行われるほどのものではなかったのである。それは「神宮の御遷宮は皇室の御事なれども、其の式典や荘厳盛大、普通の国祭日とは趣を異にして、併《しか》も其の意義の重くして尊きものあり。謹《つつし》みて敬意を表し奉る次第に候」（『読売新聞』明治四二年一〇月二日付）という記事にも表れているように、あくまで「神宮の御遷宮は皇室の御事」という認識があったからであろう。

しかし前述のように昭和三年の昭和天皇の即位式は、大正天皇の即位式時にくらべてもはるかにこれに参与する国民の数が多く、儀式の模様は初めてラジオで実況されるなど国民への報道や発信がさかんになされた〔田浦 二〇一二a〕。昭和天皇の即位式の翌年に行われた第五八回神宮式年遷宮は、国民の幅広い参加をうながした二つの即位式にみられた高揚感の延長線上にあったともいえる。

第三節　画期としての第五八回式年遷宮（昭和四年）

（1）神宮儀典課長の嘆き

国民が広く奉祝することがなかった明治期の遷宮について、神宮儀典課長の阪本廣太郎《さかもとこうたろう》は、第五八回の遷宮の前に発行された雑誌で、

> 現在に於て我が一般国民の神宮の御造営に対する表慶奉祝の態度に於きまして明治二十二年と四十二年の例を顧みて見ますと、我々国民としてその上に尠《すく》なからぬ遺憾の点を感ずるのであります、どうか当度の御遷宮の行はせらる丶場合に於きましては、国家としても国の最重儀典として愈《いよいよ》その整備張行を期せらる丶と共に又国民としてはこれを単に朝廷並《ならび》に神宮限りの儀典に止《とど》めず、これを国家的に国民的に表慶奉祝する上に於て十分にその意を尽されむことを密かに望んで居る次第であります。〔阪本一九二九a〕

と述べ、遷宮が国民的に慶祝されることが少なかったことを嘆いた。こうした思いは独り阪本だけのものではなかった。第五八回式年遷宮は前例と違って広く国民が慶祝する形で、明確に国家的、国民的大行事として取り組まれることになるのである。

（2）遷宮の国民的奉祝化

では昭和四年の第五八回式年遷宮はどのように取り組まれたのか、その経緯をやや詳しく追っていきたい（1）。最初にこの問題をとりあげたのは政府ではなく、議会側であった。昭和四年三月一九日に衆議院議員池田敬八《いけだけいはち》ほか四名が「伊勢神宮式年遷宮ノ国民的奉祝ニ関スル質問主意書」を政友会内閣下の政府に提出した。この質問の賛成者は二九二名で、定数四六六の六割を超すものであった。この質問の提出者・賛成者には民政党はもとより与

党政友会や中立系、無産政党の議員も名を連ねており、いわゆる超党派による質問であった。その「質問主意書」は、遷宮は「国家の重大事」との認識に立って、

明治年代に在りては明治二年、同二十二年及四十二年の三回、式年遷宮の儀行はせられ明治大帝は神儀出御の時刻を期し、遙拝《ようはい》の儀を行はせられたりと拝聞す。此の如く両宮の遷宮は我が国最重の儀典たるに拘らず、未だ国民全般に渉り十分に之を知悉《ちしつ》せられず。為に遷宮に対する国民的の奉祝に欠くる所あるは誠に遺憾に堪へざる所なり。

と慨嘆する。それゆえ、

今秋行はせらるべき皇大神宮《こうたいじんぐう》及豊受大神宮《とようけだいじんぐう》の式年遷宮は我が国の重大事にして、其の遷御は皇祖奉斎の重要儀たり。従て国民の挙げて奉祝せざるべからざる国家至重の儀典たること勿論《もちろん》なり。

と、政府主導による国民を挙げての奉祝を要求した。具体的には、

①遷御当日の休日化
②諸神社での遙拝の祭式を行う
③学校で遙拝の式を挙げる
④遷御当日の参列者の範囲を拡大する
⑤国民に大いに奉祝させる方法を講じる

の五点の実現を要望した。

この質問書に対して主務官庁である内務省の望月圭介《もちづきけいすけ》大臣は、

神宮式年遷宮の大儀は皇祖奉斎の最重要儀にして、挙国表慶、奉賀の誠を至すべき国家至重の儀典なるを以て、其の当日を国祭日となさんとするは誠に意義あるものと信ずるも、其の影響する所亦《また》少からざる次第な

るを以て目下慎重考究中に属す。

尚当日各地に於て遙拝式を挙行すること、並《ならびに》宮域内に於ける参列者、奉拝者の範囲を拡張すること、其の他可及限《およぶべき》り挙国奉祝の実を挙ぐるの方法に就ては、目下夫々《それぞれ》攻究を進めつつあり。(2)

と十分な用意のある答弁を行っている。

六月一五日には府県知事を内務省に集めて地方長官会議が開かれているが、冒頭、望月内相は、

神宮式年遷宮は御承知の如く二十年毎に行はる丶皇祖奉斎の至重なる祭典であります。(中略)この盛儀に方《あた》りまして国民ひとしく奉賀の至誠を致すべきはもち論でありますが、更に進で一層神宮奉斎の意義を一般に徹底すべきやう各位においても適宜の処置を執られむことを望むのであります。(『東京朝日』六月一六日付)

と地方長官に訓示している。新聞報道によれば午前中の質問では、神奈川・佐賀・宮崎の知事から、式年遷宮の時に当たって「敬神思想の振作《しんさく》」に努力してはどうか、遷宮式参列者の範囲はどこまでか、という質問がなされ、それに対して吉田茂《よしだしげる》神社局長は、「至極同感であるから敬神思想の振作に関し適当の方法を講ずるはずである。遷宮遙拝の祭事を定めて各神社にとり行はせる積りである。又参列員の範囲はなるべく国民全体が奉賀し得るやう考慮中である」と答えている。内務省において中央と地方長官が一体となって、遷宮の「国民的奉祝」が形成されていったということであろう。

(3)　式年遷宮に関する諸計画の決定

七月二日、満洲某重大事件(張作霖爆殺事件)の処理に窮した田中義一内閣が倒れると、民政党を与党とする浜口雄幸内閣が誕生したが、安達謙蔵内務大臣の伊勢神宮参拝に随行した同省の吉田神社局長は、政権が代わっても遷宮に関する政策が変更されることはないことを車中で語った(『伊勢新聞』昭和四年七月一〇日付)。

ちょうど同時期の七月下旬ころ、政府において「神宮式年遷宮に関する諸計画」が策定されている（内閣総理大臣官房総務課「神宮式年遷宮に関する件」、国立公文書館蔵）。この史料は、今回の遷宮奉祝の取り組みが、それ以前にはない新たな事業であることを示す重要なものである。

①参列員に関し、神宮式年遷宮は「国家至重の祭儀たるに鑑み、当度より一定の資格者をして本儀に参列せしむるの例を開かんとす」（従前なし）

②特別奉拝者としてなるべく多数の者に奉拝させる（従前に比し範囲拡張）

③皇大神宮（内宮）遷御当日の一〇月二日を休日とする（従前なし）

④国幣社以下一般神社で遙拝式を行う（従前なし）

⑤学校その他において奉賀式を行う（従前不十分）

⑥奉頌《ほうしょう》唱歌を募集する

⑦記念切手や絵葉書の発行、スタンプ作成（従前はスタンプと絵葉書のみ）

⑧警衛ならびに奉祝のため軍艦「五十鈴《いすず》」ほかを伊勢湾に派遣する（従前なし）

⑨参宮者の鉄道運賃割引

⑩遷御当日遷宮に関する講話をラジオで放送する

ここに具体的な計画が出そろったのである。各項目の下に付記された「（従前なし）」とか「（従前不十分）」などの文言にも注目する必要があろう。各項の説明を見ても今回の遷宮をもって遷宮のやり方、遷宮の奉祝の仕方に新例を開こうとする明確な意思を読み取ることができる。それは国家による国民統合の強化あるいは国民教化の普及とみることも出来るが、国民の側からいえばより国民に開かれた遷宮になるともいえる。その点からいえば、国家管理から離れざるを得ず、それゆえに財政的支援が失われ「奉賛会」形式で行われた、戦後の式年遷宮に通じるものがあるという見方もできるのではないかと思われる。

(4) 内外の学校での奉拝式

ここで前述の「神宮式年遷宮に関する諸計画」の⑤の学校における奉拝式の例をとりあげてみよう。昭和四年八月二九日、文部省は各地方長官(府県知事)およびその管下の諸学校長に対し、内宮における遷御当日の一〇月二日に、奉拝の式を執り行い職員・学生・生徒・児童をして「敬祝の誠意を表せしめらる丶」よう通達した(3)。諸学校とは中等学校(実業補習学校および同教員養成所を含む)、小学校、盲聾唖学校、各種学校、青年訓練所、幼稚園、図書館、男女青少年団、教化団体等にまで及び、公私立の大学、高等学校、専門学校等に対しては文部省から直接通達するとした。その奉拝の式の内容は次のようであった。

一、神宮遙拝

一、教育に関する勅語奉読

一、神宮式年遷宮に関する訓話

一、神宮奉頌唱歌奉唱(但し音楽唱歌を課せざる学校に在りては之を闕《か》くも差支《さしつかえ》なし)

また同時に遷宮に関する訓話のために神宮司庁刊行の小冊子「遷宮要解《せんぐうようかい》」が各学校に配布された。学校における奉拝式等の実施要請は国内にとどまらず、満洲国および中国を中心として東アジア各地の計四〇の在外公館(公使館や領事館)にも及んだ(4)。なお欧州や南北米大陸各国の公館には送付されていない。さらに各公館宛に神宮奉頌唱歌を送付し、管下の日本人小学校や指定の学校に交付するよう指示が出されている(5)。

遷宮奉拝式が海外居留民の間でどのように行われたのか。神宮司庁による遷宮関係記録の収集のために行われた調査報告がそれを物語っている。その一例を在北京の日本公使館の報告に見てみよう(6)。

当館に於ては祭典当日は休庁、国旗を掲揚し（国旗は十月二日、五日の両日掲揚せり）。当地日本人小学校に於ては授業を休み左記次第書の通、奉拝の式を挙行し在留官民多数参列、敬祝の誠意を表したり。

神宮式年遷宮奉拝式次第（昭和四年十月二日午前九時より北京日本人小学校講堂に於て）

一、敬礼
一、国歌奉唱
一、教育勅語奉読
一、講話（神宮式年遷宮に関する訓話）
一、神宮奉頌歌奉唱
一、室外運動場に於て神宮遙拝

外務省に残された他の報告を見るかぎり、内容は北京とほぼ同様であった。内外の学校現場における遷宮奉祝は文部省の徹底した指導によって実施されたのである。

通達にあげられた「奉頌歌」は歌詞と楽譜をあわせて「神宮奉頌歌」として、九月四日に選定され『官報』で公表された。

遷御当日を休日とする案が出されていたことは既述のとおりだが、結局内宮で行われる遷御当日一日のみを休日にすることが、九月二日付勅令第二六五号で「神宮式年遷宮に属する皇大神宮遷御の当日昭和四年十月二日は之を休日とす」と定められた。

しかも休日とした一〇月二日を休むことによって生じる日給の喪失に対しても、「神宮式年遷宮に属する皇大神宮遷御当日（来る十月二日）は、本年勅令第二百六十五号に基き諸官業休業とするも、其の職工その他従業員の当日の給料は特に之を支給すること」（昭和四年九月六日、内閣甲第一四三号）が閣議決定され、官営工場従業員その他各官庁の日給雇員に対してはその日の賃金が給与されることになった。

（5） 参列員・特別奉拝者の範囲拡大

昭和四年式年遷宮が前回と大きく違った点は、供奉員に内閣総理大臣が加わったことである。宮地直一《みやじなおかず》・阪本廣太郎は『神宮と式年遷宮』〔宮地・阪本 一九二九〕で「当度は内閣総理大臣を加へられ、何れも衣冠《いかん》の装にて参列し且つ渡御《とぎょ》の際には神儀《しんぎ》の後陣に供奉せしめらる、ことになつた。首相が神儀渡御《とぎょ》に供奉することは実に当聖代《せいだい》より創《は》じめらる」と新制を特筆する。また一定の資格を有する者を参列員とすることは第五八回が初めての例であった。有資格者をまとめれば以下の通りである。

大勲位総代、枢密院議長、元帥総代、国務大臣総代、宮内大臣、内大臣、前官礼遇総代、陸軍大将総代、海軍大将総代、枢密院副議長及び枢密顧問官総代、貴族院議長、衆議院議長、有爵者総代から各一人。

各中央官庁（内閣、枢密院、宮内・外務・内務・大蔵・陸軍・海軍・司法・文部・農林・商工・逓信・鉄道・拓務各省、会計検査院、行政裁判所、貴族院事務局、衆議院事務局、朝鮮総督府、台湾総督府、関東庁、樺太庁、南洋庁）の職員から各一〜六人。

警視総監・北海道庁長官・府県知事四十七人、勅任官又は同待遇たる三重県内の官衙又は学校の長四人、神宮皇學館長、官国幣社以下神社神職総代五人以内、貴族院議員総代十人以内、衆議院議員総代十人以内、三重県選出貴衆各院議員十人、道府県会議長四十六人、三重県会議長、道府県会議長四十六人、全国市長総代、全国町村長総代三人以内、宇治山田市長、宇治山田市会議長、神宮旧神領町村長八人、民間功労者十五人以内、神宮造営及遷宮関係各庁高等官若干名、神宮造営関係功労者若干名(7)

文武百官というにふさわしく中央・地方の官界・議会から民間にいたるまで、参列員を広く国民各界各層から

図１　浜口雄幸首相（中東紀美子氏提供）

図２　遷宮の開始を待つ特別奉拝者（同右）

選ぼうというものであった。その範囲は朝鮮総督府など本土以外の版図における統治機関の代表にも拡げられて、まさしく遷宮が「帝国」の盛儀にふさわしいものとされている点は注目すべきであろう。神宮旧神領町村とは、具体的には二見町・大湊町・神社《かみやしろ》町・宮本村・御薗《みその》村・四郷《しごう》村・浜郷《はまごう》村・城田《きだ》村である。なお遷御当日の参列員は内宮一六二人、外宮一四〇人となった（神宮司庁『昭和四年神宮式年遷宮写真帖』より集計）。また、服装は「大礼服、正装、制服なき者は通常礼服」とされた。余談であるが、平成二五年の第六二回遷宮に安倍晋三首相が参列したのは、ここでいう参列員であって、第五八回で衣冠装束を着用して供奉員をつとめた浜口首相と同列に論じるのは早計であろう。

「神宮式年遷宮特別奉拝者」の資格・参拝出願手続き・服装等について発表されたのは八月二六日付『官報』においてであったが、その具体的有資格者は、次のとおりであった。

高等官同待遇、有爵者、有位者、帯勲者、貴族院議員・衆議院議員、褒章受領者、神仏各教宗派管長、門跡寺院住職、基督教各派代表者、学位を有する者、法律勅令の定むる各種委員会の委員、在職判任官同待遇、道府県会

議員・朝鮮道評議会員・台湾総督府評議会員・台湾州協議会員、市長・大連市長・旅順市長、六大都市の市の参与・助役・局長・区長、市会議長・大連市会議長・旅順市会議長、宇治山田市会議員、町村長（名主、小笠原島世話掛、朝鮮に在りては面長、台湾に在りては衛生長・区長、関東州に在りては会長、樺太に在りては町村長、南洋に在りては総村長・区長・村長・助役を含む）、町村会議長、名望家・各種事業功労者、神宮関係事業従事者、神宮皇學館学生生徒、学校学生・生徒並児童総代、消防組員総代、帝国在郷軍人会員総代、青年団員総代、青年訓練所生徒総代、女子青年団員総代、少年団員総代、特に遷宮委員部に於て認定したる団体の代表者

（国立公文書館蔵「奉遷期日その他官報掲載」）

その中で宇治山田市の特別奉拝者の有資格者数は「千五百名の多数に上らん」（『伊勢新聞』昭和四年九月六日付）と予想された。全国の最終的な参加決定者数は、「一万二千余人」（『伊勢新聞』昭和四年九月二一日付）となった。そのうち三重県の占める割合は地元でもあり特段に多く三四九〇名であった（『伊勢新聞』昭和四年九月二一日付）。

また「神宮式年遷宮に関する諸計画」では海軍省が軍艦「五十鈴」を二見沖に派遣するとされていたが、実際には、五十鈴はもとより第一艦隊総勢三六隻が二見沖に入港するというさらに大規模な内容に発展している。海軍の取り組みに関して新聞記事は次のように伝える（「遷宮祭に海軍の行事」『東京朝日新聞』九月二〇日付）。

一、十月二日午前八時四十五分より艦船部隊、学校において遙拝式を挙行し訓話をなす。

一、十月二日、五日の両日は伊勢湾在泊中の軍艦、駆逐艦、掃海艇は満艦飾をなし、潜水艦は艦飾を行ふ。

夜はイルミネーションをなす。

一、十月一日より六日まで御警衛のため軍艦五十鈴を特派する。

一、第一艦隊全部十月一日より五日頃まで伊勢湾停泊。

一、十月二、三、四、五の四日間、第一艦隊においては毎日二千五百名の参拝団を組織し神宮参拝をなす。

また地元では第一艦隊の軍艦に乗艦し直接観覧を希望する者の斡旋も行われている（伊勢市通町公民館蔵「通町有文書」）。

（6）　遷宮に対する宇治山田の取り組み

では宇治山田市は遷宮に対して、どのような取り組みをしたのだろうか。市では御遷宮奉祝費として昭和四年度予算にすでに三五〇〇円を計上していたが、前回の奉祝費が三〇〇〇円であったのに比べて割増しが不十分な感があったので、「一般市民はなるべく盛大に奉祝したいと要望してゐるので、市当局では市民の声に応ずべく近く町総代と市会議員との聯合協議会を開いた上、追加予算を計上し市会の承認を得る予定」（『大阪朝日新聞』三重版昭和四年五月九日付）と報じている。その後、町総代では三千余円を投じて懸賞煙火《えんか》（花火――筆者注）競技大会ほか各種余興を開催することを決定したが、七月一九日に開かれた市会の奉祝委員と町総代委員との聯合協議会では、山田駅前に鳥居型奉祝大アーチの作成、祝砲、男女学生による提灯行列・旗行列などの奉祝行事が計画された（『伊勢新聞』昭和四年七月二〇日付）。

市内の小学校、中学校は九月二日に市役所で協議し、「十月三日、同六日の両日昼は、小学校児童、商業学校、高等女学校生徒六千六百名が旗行列をなし、夜は尋常五年以上の児童三千名が提灯行列をなし市内を練り歩くこととなつた」（『大阪朝日新聞』三重版昭和四年九月四日付）。

計画通り鉄道による宇治山田の玄関口である山田駅前には、杉の枝葉で覆った鳥居型大アーチ（歓迎門）が建てられ、一〇月三日および六日に昼間の旗行列と夜の提灯行列が奉祝を盛り上げた。三日は昼が約一万数千人、夜が約一万人（同前一〇月三日付）、六日は昼が約九〇〇〇人、夜が約五〇〇〇人（同前一〇月五日付）の人出と見込まれた。花火大会は「御遷宮奉祝全国花火競技大会」として催され、応募が予想以上の多数にのぼったため、六日夜の四百本弱の打ち上げ花火だけでなく、七日の夜には「奉納花火」として宮川堤で盛大に打ち上げられた。

遷御式は一〇月二日に内宮、五日に外宮で「荘重に」（同前一〇月三日付）行われた。二日はあいにくの秋雨であったが、五日はそれを拭うように晴れわたった。参拝者も早朝から押し寄せ、山田駅は「大雑踏」であった（同前一〇月六日付）。遷宮による神宮参拝客や駅の乗降客数について「御遷宮を目あてに神宮参拝に押寄せた人々はざつと三十万人といはれてゐるが、山田駅における十月一日から六日までの乗降客は乗客六万二千八百五十七人、降客十二万三千二百九十五人であつた。なほ両宮参拝者は内宮十一万余人、外宮十五万三千人であつて、六日の参拝が一番多かつた」（同前一〇月八日付）という。乗客と降客の人数に余りにも開きがありすぎるが、これは六日以降もまだ宿泊していた客が多かったということであろうか。平成一二年伊勢市産業部観光課の統計資料によれば、大正七年（一九一八）から二〇〇万人を超え続けた両宮参宮客は、昭和四年に初めて三〇〇万人を超え（三八五万人）、その後昭和一九年まで三〇〇万人を下回ることはなかった。

（7）　国民参加型の遷宮への転換点

こうした新たな形での式年遷宮について新聞はいかに捉えたか。「式年遷宮の新意義」（『東京朝日新聞』一〇月二日）と題する社説で、次のようにいう。

今次第五十八回の御式年について、特に後世のために記念すべき点は幾つもあるが、第一には空前の荘厳をもつて、昨秋執行《とりおこな》はせられた御即位の大典に引続いて、偶然ながらもこれが昭和御代始めの、民を新たにする一つの大切なる目標となつたことである。第二には政府が国民多数の心からの希望に順応して、いよいよこの御儀式を全国化し、また中心化しようとして居ることである。これは少なくとも過去の御遷宮の事績においていまだ録せられざる新しい出来事であつた。

図３　「昭和四年度御遷宮絵巻」遷御之図（高取稚成画／神宮徴古館蔵）

また前出の阪本廣太郎儀典課長は遷宮後、その喜びを次のように披瀝《ひれき》した〔阪本一九二九b〕。

今回の御遷宮祭は総《すべ》ての点に於て、此の前の御遷宮祭よりも整頓完備された上に、儀式もより国家的に盛大に行はれる様になつた。特に是が著しい点としては、始めて式中に供奉員を認められ一国の首相を参列せしめられて、神宮の大儀が国家の大儀である事を如実に表されるに至つたと共に、一方文武百官の総代等あらゆる国民の代表者を選抜され参列員として式中に加はる事を許され、且つ又特別奉拝者の制を設けて、内宮六千、外宮壱万に余る多数の有資格者をして、親しく渡御《とぎよ》の儀を拝せしむる事になつた。斯《か》くて神宮御遷宮祭の儀が真に国家の大儀として、弥々《いよいよ》完備せらるゝと共に、一層国民的に是を表慶するの道を開かれたといふ事は実に昭和盛世の有り難い慶事と云はねばならぬ。

式年遷宮の国家的事業としての強化は、国民の広汎な参加をうみだし、国民参加型の遷宮へと転換し、戦後の国民奉賛型遷宮への素地を形成したといえるのではないか。

第四節　神都意識の高揚と聖地意識

（1）神都意識の高まりと宇治山田都市計画

昭和三年の即位礼後の昭和天皇の神宮御親謁、昭和四年の第五八回神宮式年遷宮は宇治山田市民に従来からある「神都」意識に大きな飛躍をもたらした。それは伊勢を「聖地」とみなす意識である。その意識が現実的に表れたのが、宇治山田都市計画の展開である。(8)

（2）神都という名称について

ところで宇治山田や神領地に対して付けられた神都という呼称は、なにも明治になって初めて作られたものではない。平安末期から鎌倉時代以降には庶民信仰がさかんになり、中世には宇治や山田は門前町として発達した。庶民信仰は江戸時代になっても変わらず、近世には「神都」は宇治や山田を中心とした神領地に対する尊称あるいは美称として使われている。たとえば秦忠告《はただのり》が宝暦一一年（一七六一）に草稿を練り上げた『宮川夜話草《みやがわやわそう》』（校訂は豊受大神宮権禰宜橋村正身《はしむらまさのぶ》ら、安永二年（一七七三））などにも散見される。伊勢市八日市場にある安永元年（一七七二）開創の等観寺《とうかんじ》（曹洞禅宗総持寺の末寺）に安置される本尊「釈迦牟尼仏」の須弥壇《しゅみだん》下裏戸の裏面には、「勢《せい》州神《しゅうしん》都《と》等観禅《とうかんぜん》寺《じ》」と墨書されているのもその一例である。『伊勢市史』近世編によれば、当時文人などの間では神都の名称はよく使われていたとされている。

明治に入ってからも神都という呼び方は変わらなかった。その例を明治一一年から発刊されている『伊勢新聞』から見てみよう。明治一〇年代には「神都山田」（明治一二年七月九日、同一三年一〇月二九日、同年一一月二〇日）とか、「度会郡山田は従来神都と称し」（明治一三年一〇月五日）、「宇治山田地方はいわゆる神都」（明治一六年二月七日付）ほかの例が見られる。明治二〇年以降になると、商品名や商店の屋号、あるいは団体名・組織名に神都が冠された例が頻出する。「神都麦酒」（明治二〇年五月七日付ほか）、「神都徳盛会」（売薬業者の会、明治二二年一〇月二五日付ほか）、「神都共親会」（職工・弟子・丁稚《でっち》の会、明治二四年二月一八日付ほか）、「神都報徳会」（同年四月一四日付ほか）などはその一例である。明治二八年に『神都名勝誌』が出版されたことも手伝ってか、明治三〇年に入ると、「神都会」（古文書収集・攷究の会、同年五月二二日付）、神都武友会（同年一一月一一日付）、「神都画会」（同年一一月二四日）などが現れた。その後、神都を冠した組織・団体の名称として馴染みとなったものには、「神都霊祭会」「神都公同会」「神都大祭」「神都婦人会」などがある。

宇治山田町が市制に移行する明治三九年九月一日の直前、『伊勢新聞』（八月二九日付）の「論説」にある、「蓋《けだ》し宇治山田の地たる、其の市制たると将《は》た町制たるとに論なく、県下に於ける有数の都会地たるのみならず、亦洵《まこと》に崇厳なる大廟の鎮座地として神都の尊号を以て全国に知られ」という文言もその好例だろう。

ジョン・ブリーン氏の指摘〔ブリーン 二〇一三b〕のごとく大正期になると俄然、神都の使用例が増えてくる。宇治山田駐在の新聞・通信記者たちによる「神都記者団」の結成もその一例である（『伊勢新聞』大正二年九月一七日付）。大正後期から昭和になると神都の例は頻出し、宇治山田市の別称として頻繁に神都の呼称が用いられるようになる。その象徴的例は、『伊勢新聞』が「宇治山田市会」のことを「神都市会」を呼んだことであろう。「宇治山田」より「神都」の方が二字分少ないことが、新聞作成者にとっては実利的理由となった側面もあったのかもしれない。

（3）宇治山田都市計画の展開

宇治山田市が都市計画指定を受けたのは昭和二年（一九二七）三月のことであった。それ以前に岸本康通《きしもとやすみち》市長によって行われた「都市計画指定ノ議ニ付請願」（大正一三年〈一九二四〉一二月二四日）には、宇治山田市は「両宮ノ御鎮座地」であり、「全国唯一ノ大神都ニシテ、我国体思想ノ淵源地」であるから「神霊都市トシテ計画ヲ樹立」しなければならないとしていた。つづく福地由廉《ふくちよしゆき》市長は大神都計画構想を打ち出し、「今や国家の前途を思うて大神都実現の急なるを知るが、独り市民の責務に一任して看過することは出来ぬ。すなはち国家国民の力によらねばならぬ」（『大阪朝日新聞』三重版昭和三年七月一九日付）と、国営による大神都建設構想をぶちあげた。

地元における都市計画の具体案は市是調査会にゆだねられたが、市是調査会がまとめた都市計画構想では、「宇治山田市は市民のみの神都にあらずして、実に国家の聖地であり国民精神作興《さっこう》の中心地なり、併も神都を中心とする一円の地域をして崇厳清明の霊域として一大日本聖地たらしむべき(9)」とあり、大神都構想が聖地化構想へと発展していくことがうかがえる。この計画案とほぼ同様の内容が『伊勢新聞』昭和五年六月八日付に掲載されていることからみて、宇治山田都市計画を聖地計画とする構想案の初出はこの時期とみてよいだろう。『伊勢新聞』に「聖地」という文字が見出しとして表れるのも明治一一年の創刊以来この記事が最初である。以来、聖地計画の進展とともに「聖地」の文字は新聞の見出しをかざり続けるのである。神宮の鎮座するこの地を聖地とみなす考え方が生じたのも、この時期であると思われる。昭和三年の昭和天皇の御親謁、同四年の第五八回式年遷宮、そして同五年三月から五月に現在の近鉄宇治山田駅前付近で開催され大成功裡に終わった「御遷宮奉祝神都博覧会」という一連の流れは、この地の人びとに神都意識から聖地意識への高揚をもたらし、同時に宇治山田都市計画構想を聖地計画へと大きくふくらませたのであった。

（4） 大神都聖地計画へ

大神都計画と聖地計画が合体した、大神都聖地計画構想へと発展した宇治山田市による構想は、聖地計画を国営事業として推進していこうとするものだった。福地市長から総理大臣・内務大臣に宛てた「大神都特別聖地計画実施ニ関スル意見書」(10)〔昭和八年二月一日〕では、「全世界ニ誇ルヘキ大日本ノ一大聖地トシテ神都施設ノ完成ヲ図ルハ、現下ノ国状ニ照シ最モ有意義且《か》ツ緊切《きんせつ》ノ事ナリトス」としている。これをうけて衆議院でも貴族院でも昭和八年にそれぞれ「大神都特別聖地計画実施国営ニ関スル建議案」〔衆議院〕、「皇大神宮奉斎ニ関スル建議案」〔貴族院〕が可決された。

その後、紆余曲折を経て、神宮を中心とした聖地計画は昭和一五年〔一九四〇〕の「神宮関係特別都市計画法」で国営事業化が決定する。内容としては神宮の尊厳保持を目的に内宮・外宮の宮域の整備拡張事業、五十鈴川流域の整備、神宮関係施設の整備、鉄道駅の移転・整備、道路の新設・整備、上下水道の整備などであった。総額三〇二六万円の厖大な予算で、執行年度割は第一期を昭和一五年から二四年までとし、第二期は昭和二五年度以降とされたが第二期の年度割は決定を見ないままだった。戦局の悪化とともに予算の執行も滞り、昭和二〇年敗戦の年に中止をみるまでに執行されたのはその一割強の約三五〇万円に過ぎなかった。ただ、国の直轄事業として都市計画が執行されたのは関東大震災後の「帝都復興事業と神宮関係施設整備事業の二つのみ」であり〔越沢 一九九七〕、当時東京の六大緑地しか例がなかった「緑地」規定や東京・大阪にしかない美観地区の設定など、内容的にも先進的な都市計画であった。内務省の当事者たちの意気込みもまた大きかったのである。

おわりに

昭和四年の第五八回神宮式年遷宮は、遷宮史上「空前の規模と内容」〔中西 一九九二〕といわれるように、国家の重大事として国家の盛儀、帝国の盛儀と位置づけられた一方、半ば強制的な面があったものの多数の国民の参加をともなう国民参加型〔国民奉賛型〕の遷宮への転期となった。そしてこの遷宮を地元で経験した伊勢の人びとは従来の神都意識をさらに高揚させ、伊勢を聖地とみなす意識の中で、宇治山田都市計画を聖地計画として構想するようになった。その計画は国の直轄事業として実現の緒に就いたところで終戦を迎え中止されるにいたったが、そのプランは再び戦災復興の都市計画に活かされることになるのである(11)。

(1) 併せて〔田浦 二〇一二a〕第四章第一節第二項「第五十八回神宮式年遷宮と宇治山田市」および〔田浦二〇一二b〕を参照されたい。
(2) 「衆議院議員池田敬八君外四名提出伊勢神宮式年遷宮ノ国民的奉祝ニ関スル質問ニ対スル答弁書」昭和四年三月二四日、「公文類纂」国立公文書館蔵。
(3) 昭和四年八月二九日発普一九二号文部次官粟屋謙より各地方長官及び諸学校長宛、外務省記録I.2.2.0.2-3「本邦神社関係雑件 伊勢神宮関係」。
(4) 昭和四年九月六日亜細亜局長より各公館宛亜二普合第九七一号「神宮式年遷宮奉祝方ニ関シ通牒写送付ノ件」、同右。
(5) 昭和四年九月六日亜細亜局長より各公館宛亜二普合第九七〇、九七二号「神宮奉頌唱歌送付ノ件」、同右。
(6) 昭和六年三月二七日在中華民国日本公使館大使館参事官矢野真より外務大臣幣原喜重郎宛公第二八九号「神宮式年遷宮祭ニ於ケル遙拝式ニ関スル件」、同右。
(7) 「神宮式年遷宮祭遷御ノ儀当日各庁関係参列代表者等選定方」国立公文書館蔵。
(8) 宇治山田都市計画についての詳細は、〔田浦 二〇一二a〕第四章「「神都」の時代と戦争」を参照されたい。
(9) 都市計画三重地方委員会編『宇治山田都市計画資料』第一輯(一九三二年)。
(10) 『宇治山田市公報』第一四七号付録、昭和八年二月六日付。
(11) 『伊勢市史』現代編(二〇一二年)参照。

〔参考文献〕
岡野友彦 二〇一二「式年遷宮の中絶と復興」(清水潔ほか『伊勢の神宮と式年遷宮』皇學館大学出版部)

越沢明　一九九七「神都計画――神宮関係施設整備事業の特色と意義――」『都市計画論文集』第三二号
阪本廣太郎　一九二九a「神宮式年御造営に就て」（『神社協会雑誌』第二八年第七号）
――一九二九b「御遷宮祭と国民の関係」（『神社協会雑誌』第二八年第一〇号）
神宮司庁編　一九三一『神宮遷宮記』第二巻
――一九六九『神宮・明治百年史』中巻
田浦雅徳　二〇一二a『伊勢市史』近代編第四章
――二〇一二b「遷宮と昭和の宇治山田」（清水潔ほか『伊勢の神宮と式年遷宮』皇學館大学出版部）
ジョン・ブリーン　二〇一三a「近代化のなかで変貌する伊勢神宮と出雲大社」（『歴史読本』二〇一三年六月号）
――二〇一三b「「神都物語」――明治期の伊勢――」（高木博志編『近代日本の歴史都市――古都と城下町――』思文閣出版）
多田實道　二〇一一『伊勢市史』中世編第一章第四節「鎌倉時代の神宮と仏教」
谷口裕信　二〇一二「神苑会の活動と明治の宇治山田」（前掲『伊勢の神宮式年遷宮』）
中島三千男　一九八五「天皇と国民統合」（歴史学研究会ほか編『講座日本歴史13歴史における現在』東京大学出版会）
――一九九〇「近現代の即位儀礼と国民統合」（歴史学研究会ほか編『「即位の礼」と大嘗祭』青木書店）
中西正幸　一九九一『伊勢の神宮』（国書刊行会）
――二〇一三「近代の神宮式年遷宮」（『明治聖徳記念学会紀要』復刊第五〇号）
西川順土　一九八八「近代の式年遷宮」（『近代の神宮』第三章、神宮司庁）
宮地直一・阪本廣太郎　一九二九『神宮と式年遷宮』（四海書房）

15　戦後の伊勢――プリント・メディアにみる神宮と式年遷宮――

ジョン・ブリーン

はじめに

本章では、伊勢神宮の戦後をとりあげる。伊勢の戦後は、GHQが昭和二〇年（一九四五）に発したいわゆる「神道指令」をもって幕を開けた[1]。戦前まで日本の公共空間をしめる「非宗教」（＝宗教を超越した存在）とされてきた伊勢神宮は、この神道指令により、まず（私有の）一宗教法人とされた。さらに、日本国憲法が政教分離の原則をもうけたことで、国が（宗教となった）神宮と関係をもつことはできなくなった。神宮は当然公金など国の支援も受けられなくなった。神道指令やそれをうけた憲法は、伊勢神宮の歴史の上では大きな節目であったことは間違いない。

ここでは、その伊勢神宮の戦後におけるあゆみを浮き彫りにしていくが、方法論としては伊勢をめぐるプリント・メディアの言説を重視する。メディアを方法とするメリットは、リチャードソンなどが近年強調するようにメディアが社会的現実を反映するだけではなく、社会的現実そのものを形成し、再形成するからである〔Richardson 2007〕。つまり、我々の知る伊勢神宮は、さまざまなメディアによって形成されている側面も大いにあるし、メディアを考慮しないことには伊勢神宮を知ることが出来ないということになろう。

ここでは便宜上戦後の式年遷宮にまつわるプリント・メディアを考察する。主な対象は第五九回・昭和二八年（一九五三）、第六〇回・昭和四八年（一九七三）、第六一回・平成五年（一九九三）の式年遷宮で、「むすび」では、第六二回・平成二五年（二〇一三）の遷宮に簡単に触れることにする（なお、ラジオ、テレビ、ビデオ、DVDその他のメディアももちろん重要だが、紙幅の制約もあって別稿に譲る）。

式年遷宮を考える際、対象として神社界の刊行物がまずあげられる。ここで戦後の神社界といっているのは、伊勢神宮の事務を司る神宮司庁、神宮を初めとする全国の神社を管轄する神社本庁、そして式年遷宮に向け募金活動、広報などを主目的として活動する伊勢神宮式年遷宮奉賛会の人びとのことである。この神社界の刊行するものはむろん神宮の宣伝が主目的である。その他に重要なものは、性格の根本的に異なる全国紙である。定期刊行物である新聞は、社会の出来事の報道や論評を、広い読者層を対象に伝達するのが使命であって、一宗教法人の宣伝でないことはいうまでもない。しかし実際は、広報と報道の線引きがなかなか容易でないことが戦後の伊勢関係のメディアの一特徴であることを示したい。

第一節　昭和二八年――戦後初の式年遷宮とメディアの対応――

(1)　神社界

右に触れた奉賛会は昭和二六年（一九五二）に『第五十九回神宮式年御遷宮の栞《しおり》』というブックレットを刊行して、全国的に配布した。昭和二八年の式年遷宮にそなえて寄付金を募るための広報である。ちなみに、二〇年ごとの式年遷宮は本来なら昭和二四年（一九四九）に行うはずだったが、昭和天皇がストップをかけた。理由は簡単である。それは神宮が宗教法人となった以上、遷宮の必要経費は国民個人個人の負担となるが、終戦直後の混乱に喘ぐ国民にその負担を負わせたくない、というのであった。したがって二四年に遷宮はなかったが、重要な動きがあった。神社界が近い将来に遷宮を実施するため、式年遷宮奉賛会をたちあげたのである。神宮の祭主を総裁に、現役の参議院議長を会長に任命した奉賛会は、五億円と見積もられた経費を八年かけて募金で集められるとみて、動き出した。しかし実際は募金活動が予想以上に順調にすすんだため、たった四年間で内宮も外宮も造替が実現したのである。

さて、奉賛会の刊行した『栞』は極めて面白い書物である。それは日本人の伊勢神宮への関わり方の長い歴史を宗教的信仰という観点から説明しているからである。「日本人の〔伊勢神宮に対する――筆者注〕信仰は伝統的である」、「皇大神宮に対する信仰は千数百年の昔から易《かわ》ることなく、今日に及んでいる」という。しかし、戦前の国家が神宮を管理して「宗教にあらず」と解釈したことで、「我が神社神道」の本質をかえたという。そこでやがて神道指令により国の制度が消滅し、「神社も又他の宗教と同様にこれを信じ、これを崇敬する人々の自由意志によって護持されるにいたった」、そしてこれは「信教の自由の建前から当然なことで喜ばしきこと」だと主張する。

式年遷宮そのものについては、古代から「いささかの改変も加えられることなく」持続したが、それは、「宗教的なもので、信仰と切り放せない古儀古式」だからだという。遷宮の諸儀礼は「信仰心に発する宗教的行事」にほかならないと位置づける。信仰心をもたない日本人も当然いるから、そうした人びとに対しては、遷宮は「芸術的な面から見ただけでも」貴重な伝統だとアピールする。「節約しうるものは」「努めて節約」し、装束《しょうぞく》や神宝《しんぽう》は「三流、五流品を調製することにとどめ」るとも約束する。(2) 奉賛会がここで神宮の戦前の非宗教的で、国家的、公共的な伊勢神宮を否定し、「神道指令」の影響を賞讃するのは、GHQの目を多少意識していたからだろうが、それでもその姿勢は印象的である。

ところが昭和二八年九月に神宮司庁は『栞』とまったく主旨の異なるブックレットを刊行したことに注目したい。それは『第五十九回神宮式年遷宮要解《ようかい》』である。『栞』が戦前の歴史を否定し、一宗教法人の地位を肯定しているのに対し、『要解』はむしろ神宮の公共性を訴え、戦前のあり様を理想とする。GHQの進駐が終わったあとに刊行された『要解』は、たとえば「天照坐皇大御神《あまてらしますすめおおみかみ》」が伊勢に鎮座されるまでの過程を、神話を引用しながら、詳細に述べる。この神話こそ「万世一系の天皇を戴くわが国体の根基」だという。神宮は何よりも先に皇室の「御崇敬」の対象だが、「国民また神宮を崇敬しまつること厚」い。国民の崇敬は、個々人が自由に信仰しているものでなく、天照大神《あまてらすおおみかみ》が「万物を撫育愛護します広大な御神徳を有」する「大御祖神《おおみおやのかみ》」だから存在するという。なお、『要解』では式年遷宮の費用を国民が負担するのは、「責務」だと位置づける。

(2) 新聞

さて、ここで全国紙に目を向け、『朝日新聞』『読売新聞』『毎日新聞』など各紙が戦後初の式年遷宮をどのように扱ったのかを考えてみよう。各紙は、遷宮までの準備段階においてはあまり伊勢に注目しない。新聞が注目しはじめるのは、まさに式年遷宮のクライマックスである遷御《せんぎょ》（神様が引っ越す）儀礼そのものが行われる一〇月二日前後である。新聞によって取材の範囲や論調が多少違っていたことに留意したい。

『朝日新聞』から検討してみよう。戦後の『朝日』は、「宗教問題を前面に出さない。特定の宗教団体はとりあげない」というのが編集方針だった（朝日新聞検証昭和報道取材班 二〇一三）。『朝日』はこの方針に従って今度の遷宮に迫った。遷御当日の一〇月二日朝刊七面に「今夜式年遷宮」の短い記事を載せた。遷宮は「神宮が民営になってから初めて」のもので、「八時から遷宮の列は旧殿から新殿へ向かい」、一〇時に終わる、とある。同日の夕刊三面に宇治橋の写真が掲載されている。これが興味深いのは、内宮に背を向けて写している点である。関連記事は、「賑わう参拝客　宇治橋を一万数千人渡る」という見出しだが、遷御そのものについては何も語っていない。遷御という語もない。遷御の主体である「天照大神」どころか「神体」などという語すらない。『朝日』が天照大神と関係のない外宮の遷御（一〇月五日）について多少詳細に報道しているのは面白いが（『朝日』昭和二八年一〇月六日一二面）。この『朝日』の取材と対蹠をなすのは『読売新聞』と『毎日新聞』である。

一〇月二日『読売』朝刊七面に「こよいハレの御儀　伊勢神宮初の民営遷宮」の見出しがある。関連記事は細かい。一〇月一日に五十鈴《いすず》川で行われた川原大祓《かわらおおはらい》の写真も載っている。関連する記事は、遷御儀礼およびその歴史について詳しく述べている。同日の夕刊は「時の言葉」欄に伊勢神宮には「天照大神（内宮）をまつる皇大神宮（内宮）と豊受大神を祀る豊受大神宮（外宮）があり」、二〇年ごとに神殿を新築して、「祭神を旧神殿から新しい神殿へうつす（渡御という）事が定められている」と詳細な解説がある。

図１　『毎日新聞』昭和28年10月３日一面写真

翌三日の朝刊は、その「渡御」のあり様を生き生きと描く。読者の目につくのは劇的な写真だろう。キャプションには「御神体の渡御」とあり、写真は奉拝者が肉眼で見えない行列の光景を「赤外線フラッシュ電球」で撮ったことを注記している。ちなみに伊勢神宮が初めて遷御の撮影を許したのは、このときである。関連記事は「古式もゆかし遷宮絵巻」と題し、「平安朝時代をしのぶ古式そのままに行われた」と切り出し、儀礼のダイナミズムを読者に伝える。神職が袖をはたはたと打ち、「カケコウ」の鳴き声を発することについても述べ、「ご神体」行列が「板垣御門内に吸い込まれて」いく姿を面白くえがく。

『毎日』の取材スタンスは『読売』に近かった。たとえば『毎日』は遷御の様子を『読売』とほぼ同じ角度から撮った赤外線写真（「遷御の儀すすむ」）を三日の朝刊の一面に載せた（図1）。七面にはさらに遷御を描いた予想図や俳人山口誓子《やまぐちせいし》が感想を綴った歌も載せている。表題は「繰り広げる平安絵巻　軒並み日の丸宇治山田」とある。

『毎日』の特徴はといえば、やはり情緒溢れる論調だろう。「五十鈴川のせせらぎがかすかな音を伝えて」いるとか「木の香も高い新殿」とか、遷御行列が動き出すと「異様な雰囲気があたりを包む」などの表現である。『毎日』はさらに国民の敬虔な姿にも注意を払い「ムシロに頭をすりつけ手を打って、祈りを捧げる。すすり泣く声さえもれてくる」と報じる。『毎日』は伊勢のことを「神都」と戦前風に呼ぶのも興味深い。天皇が皇居から、また皇太子がロサンゼルスからそれぞれ天照大神を遙拝したことも『毎日』ではかなり大きくとりあげられた。『読売』も『毎日』も事前に神宮と交渉して、このような取材を行ったのである。

第二節　昭和四八年――高度成長期における遷宮と言説――

昭和二八年の式年遷宮の演出には、戦前のそれとの重大な連続性があった。それはたとえば天皇の遙拝にもみえたし、また副総理、保安庁長官や国務大臣などの参列にも表れた。一宗教法人である伊勢神宮がこのように公共性を訴え続けていることが興味深い。一方で全国紙がこれを吟味しないのも注目に値する。昭和四八年（一九七三）の遷宮は演出の上で新しい展開があったことにまず注目したい。それは天皇の役割にみえる。

伊勢の大宮司は昭和三九年（一九六四）に、式年遷宮の準備を開始してよいか宮内庁にうかがいを立てた。天皇はそれに対し準備開始を許可した。そして、奉賛会の募金活動に対応して毎年一〇〇万円の「御内帑金《ごないどきん》」を伊勢神宮に下賜することにした（岡田 一九六九）。遷御直前の四八年九月に大宮司が天皇に拝謁し、祭神に奉納する

「御神宝装束」の一部をみせたが、これは戦後初の「天覧」である。天皇は遷御当日に従前通りの遙拝を行ったが、今回第二皇子常陸宮正仁《まさひと》親王を伊勢に派遣して遷御行列に参列させた。一〇月末に大宮司が再び拝謁し、式年遷宮が無事に終了したことを伝えると、天皇から「御言葉」があった。そして翌年に天皇は伊勢参拝を行った。遷宮後の天皇の伊勢参拝はこれ以降、新しい伝統として確立された。

　式年遷宮はこうして天皇の「御聴許」に始まり「御親拝」に終わったが、政府の遷宮とのかかわり方はどうだろう。今回も政府の代表は伊勢に参った。外宮の遷御儀礼に官房長官と大蔵大臣が参列していたことに注目しよう。

（1）新聞

　では、この戦後二度目の式年遷宮を、メディアはどう扱ったのか。それを全国紙や神社界の刊行物を中心に考えてみよう。気づくのは、まず次の二点、すなわち『朝日』『読売』と『毎日』が二〇年前に比べてより多くの紙面を伊勢神宮や式年遷宮に割いたこと、そして二〇年前にみた報道姿勢のばらつき（『読売』『毎日』と比べた際の『朝日』の無関心）はなくなったことである。いずれの新聞もこの年に座談会やシンポジウムを開催し、式年遷宮の意義や神宮の歴史を吟味し、数多くの声を読者に提示した。『朝日』は座談会「伊勢遷宮　その謎と舞台裏」を開催し、その記録を紙面に載せた。『読売』はシンポジウム「伊勢神宮の遷宮　その背景と意義」を、そして『毎日』は「伊勢神宮と日本人」をそれぞれ開き、紙面に記録を載せた。

　『朝日』では、たとえば建築評論家の川添登《かわぞえのぼる》、神宮禰宜の櫻井勝之進《さくらいかつのしん》、古代史の高取正男《たかとりまさお》などが登壇し、「ベールに包まれ、数多くの謎を」秘めている伊勢に光を当てようとした。「昔の様に皇祖神オンリーにもどるのは、全く愚《おろ》かなことです。自然や伝統を守るのに（中略）天皇でなく、民間の信仰にささえられてやっていただきたい」などと腹蔵ない発言があいつぐ座談会であった。『読売』では、上山春平《うえやましゅんぺい》や村上重良《むらかみしげよし》や石田一郎《いしだいちろう》などが登場し、戦前の国家神道に触れ、遷宮を契機に戦前の価値観が戦後に復活するおそれがある、と警鐘を鳴らす向きもあった。『毎日』では文化人が伊勢の古代史を論じ、さらに国家神道的伊勢と、民衆的伊勢との区分けが必要だという結論を出している。

『読売』と『毎日』はさらにそれぞれの週刊誌で遷宮を特集したが、カラー写真をもって宇治橋、五十鈴川、神苑、正殿を、そして神様に供える装束・神宝の数々を紹介し、伊勢の自然なる美と人工的な美を訴え、読者を魅了することが主目的であった。週刊誌の性格上、吟味を控え、天皇の話、国家神道の話はあまりない。天皇の祖先をまつる聖地としての伊勢神宮よりは、奈良本辰也《ならもとたつや》氏が『毎日グラフ』で述べた「国土に生《お》い立つ美の根源」としての神宮が主な関心事であった。

遷御当日の新聞報道となれば、やはり『朝日』がもっとも注目に値する。二〇年前に比べその報道が大きくシフトしているからである。それは一〇月三日朝刊一面に「ご神体、新社殿へ」と題する記事が載ったことからも明らかである。記事そのものでは、敬語を付さない「神体」に統一されているが、見出しはこのように「ご神体」となっている。二〇年前は内宮の「(ご)神体」への言及は一切なかった。また、このときは「伊勢神宮遷宮のクライマックス「遷御の儀」が二日夜内宮で行われ、神体は旧社殿から新社殿へ移された」とあり、読者に遷御の模様を詳細に伝える。

同じ朝刊二二面をみると、まず目に飛び込んでくるのは、赤外線フラッシュで撮った、暗闇の中を進む遷御行列の劇的な写真だろう(『読売』も『毎日』もよく似た写真を掲載している)。キャプションは「新社殿に向う絹垣《きんかい》につつまれた神体」とある。関係記事は二つ載っている。一つは「かすかに動くベール　浄暗にもれるため息　近づき去った万葉《まんよう》の古式」とあり、記事自体は、遷御行列を目撃した記者が冷静にしかも詳細に記した内容である。いまひとつは「陛下も遙拝の儀」で、天皇の遙拝についても紹介している。かいつまんでいえば、このときの

『朝日』報道は『読売』と『毎日』と足並みを揃えるようになってきたのである。

(2) 神社界

神社界は、全国紙の取材全般に対して不満を抱いていた。それは新聞が登場させた「文化人」の語る神宮像が彼らからみれば間違っていたからである。文化人たちが伊勢や式年遷宮を語る際に天皇との関係に言及しないで、民衆信仰の対象としての伊勢を中心に語ることに対する不満であった。では、神社界自体はこの式年遷宮をどう扱い、どう宣伝したのだろうか。伊勢神宮式年遷宮奉賛会が新たに組織され、昭和四八年の式年遷宮に向けて募金活動を開始するのは、昭和四〇年(一九六五)だったが、広報や宣伝の活動は翌年から軌道に乗った。まず注目したいのは奉賛会が翌年に刊行した『伊勢神宮式年遷宮の本義』という広報用のブックレットである。『本義』は、日本のユニークさから説き起こす。

まさしく日本は神の国で、日本人は神々の子孫であることを痛感する。天照大御神こそは、日本および日本人の始原であられる。(中略)この無上絶対の大御神への尊崇という民族的信仰、国民的意志は、常に自然にしかも静かに深く日本民族の心底に、伝統的な信念、情操として流れてきた。

日本がユニークなのは伊勢神宮の「無上絶対」祭神、天照大神が存在するゆえだという。この神は天皇の祖先神で、「歴代の天皇は御みずから神宮のお祭りをご主宰遊ばされた」。そして天皇は、「広大無辺の皇祖神のみ心を」仰いで、国家国民の平和と繁栄を祈るためにお祀りをする、とある。『本義』でいう国民と神宮との関係は、自由な「信仰」と「信念」に基づくものでなく、すべての日本人が否応なく共有するものと位置づけられる。この神の子孫である日本「民族」は、必然的に他の民族と異なり、他より優れていることになる。

『本義』は、明らかに神道指令以前の伊勢神宮を理想とする。それは次の文章でも分かる。「(神宮が――筆者注)

皇位とは一体不可分の関係にあることは言うまでもなく、国民の総氏神ともいうべき実態には、いささかの変化もない。祭典儀式は戦前からの伝統をそのまま守り伝えて」いると。そして、式年遷宮こそ日本の文化伝統の「最大の鍵」で、それを子孫へと伝える責務はわれわれにあると結び、「我等の世代の役目をはたそうではないか」と、寄付金を募る。これは二〇年前の『要解』に相通じる内容だが、天照大神が絶大な存在とされている点は大きな変化である。全体としては、伊勢神宮の公共的性格を二〇年前よりも一層強くここで訴えている。

（3）『太陽』伊勢神宮特集

神社界は、このようなハード面の作戦のみで全国的な募金を募るわけではなかった。いわばソフト面でも展開した。それはたとえば平凡社の『太陽』昭和四四年正月の神宮特集に見えた（図2）。日本初の本格的グラフィック月刊誌といわれる『太陽』は、重要なのが文章よりもカラー写真である。当時『太陽』に載った写真は、渡辺義雄が担当であった。渡辺は、早くも昭和二八年（一九五三）に内宮を撮影する許可を神宮司庁から得ていた。その写真は、国内でも海外でも高価な写真集として市販され、モダンな建築としての伊勢イメージを広く定着させる契機ともなった。『太陽』の特集は、式年遷宮にそなえて一般の日本人にも特に内宮を紹介する狙いがあった。写真は、自然のなかに位置づけた伊勢神宮が多いが、内宮正殿への坂道、内玉垣《うちたまがき》からのぞむ正殿の木階《きざはし》、木階の上の板扉《いたとびら》など読者を内宮へと誘《いざな》うものもあった。写真のキャプションなどでは、「内宮正殿への坂道は日本人の心の坂道。古き時代の日本人の魂がこめられている」と、神宮の不変の資質を読者にアピールしてい

図２　『太陽』昭和44年 新年特大号伊勢神宮 表紙

る。

『太陽』特集で文章を担当したのは、神社本庁の岡田米夫《おかだよねお》氏だが、彼は伊勢神宮を大自然でなく皇室との関係において意味づけ、さらに儀礼の場であることを強調する。「伊勢神宮は皇室の祖神たる天照大御神をお祭りするところで、その祭りを奉仕し得る主体は皇室であり」というふうに。神宮の神職は「そのご命令」をうけ、天皇を「お助けしている」に過ぎないという。「祭祀の執行権者」である天皇は、天照大神に対して「祈願と感謝のまことをつくす」ことが使命だが、「ご自分のことは少しも触れずいずれも国民の安定と経済生活の安定とだけを祈願」するという〔岡田 一九六九：四六〕。国民に触れながらも、天皇こそ中心的な存在だという主張である。

最後に指摘しておくが、新聞の報道や神社界の新たな広報宣伝は、日本人の神宮に対する関心を大いに高める効果があった。その高い関心は奉賛会の募金活動の成功に繋がった。必要経費の三〇億円は、多少の余裕をもって達成出来た。また、二〇年前に比べて倍以上の参拝者を伊勢に誘致する効果ももたらした。終戦直後の昭和二八年は、二五〇万人だった参拝者数は、五〇〇万人に登り新記録を作った。ここで詳しく述べることは出来ないが、たとえば四八年までに南勢バイパスができ、近畿日本鉄道が特急列車を名古屋、京都、大阪から伊勢まで走らせるなど三重県のインフラの整備が行われたことも、もちろん参拝者の激増に影響していたと思われる。

第三節　平成五年――神宮ブランドの時代――

（1）　神社界

神社界は平成五年（一九九三）の式年遷宮にむけて昭和六二年（一九八七）より「一千万家庭神宮大麻奉斎運動《じんぐうたいまほうさい》」を起こした（図3）。それは文字通り一〇〇〇万世帯に大麻を頒布する運動であった。伊勢神宮ではお札のことを大麻とよび、津々浦々の人びとを、大麻をもって神宮に結びつけるという戦略であった。実はその二〇年前にも神宮大麻の頒布運動が神社本庁のもとで行われ、大きな成功を収め、八〇〇万体もの大麻の頒布に成功した。今回は、それをさらに超えた一〇〇〇万世帯を目指した。その目標に極めて近い数の九五三万体の頒布を記録したのは注目に値する（ちなみに戦時中に活躍していた全国神職会のもとでは一三〇〇万体の大麻を頒布したといわれている）。いずれにせよ、神社界の広報は大麻のみに頼ったわけではもちろんない。二〇年前と同じく文字・イメージその他のプリント・メディアによる宣伝も積極的に行ったし、またまったく新しいマーケティングという試みにも挑戦した。

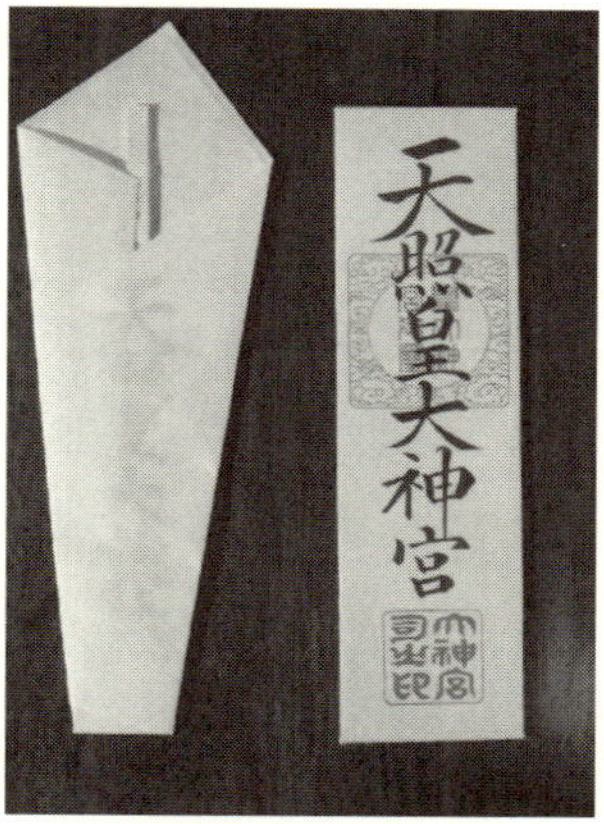

図3　神宮大麻

こうした関係でまず考慮すべきものは『神宮　第六十一回神宮式年遷宮をひかえて』だろう。二万部刷られ、全国に送付された写真集の『神宮』は、いってみれば二〇年前の『本義』や『太陽』特集と四〇年前の『栞』や『要解』の内容を融和させたものと考えていいかも知れない。

それでも『神宮』には、新しい要素も見受けられる。神社界はこれまでにない危機感を抱いていたことが言葉のはしばしにみえる。たとえば神宮の大宮司による「発刊に寄せて」では「敗戦から高度成長という潮流の中で、民族の伝統精神は低迷と混乱の淵へと押しやられてきた」と指摘する。「民族の伝統精神」が直面する危機は、一九八〇年代から九〇年代にかけてはびこった物質主義が原因とされるが、それは平成五年の式年遷宮の広報のあり方を方向づけるものであった。「皇家第一の重事と言われる天下の大祭」である式年遷宮こそが日本を危機から救うというのである。そこで『神宮』は、神宮と天照大神の皇室との関係を強調する一方、一般日本人も視野に入れている。天照大神は「皇室の御《み》祖神《おやのかみ》であり、私たち皆の祖先の神さまです」といい、神宮は「近より難い、荘厳なたたずまいではありません。「お伊勢さん」と親しまれる、馴染みやすさと懐かしさがあります」

という。
『神宮』はこれまでになかった比喩的修飾語を多く使い、読者の感情にアピールすることも特徴的である。伊勢神宮は日本人の「心のふるさと」、その儀礼は「古代さながらの神秘幽玄《しんぴゆうげん》」、儀礼が行われる夜は、「浄闇《じょうあん》」である。神殿は「すがすがし」く、神宮そのものも「みずみずしく」「神々しい」という。二一世紀の今、このような言葉の綾は、頻繁に出回っているが、そのはじまりは平成五年に遡るらしい。神宮はさらに、「千古かわらぬ」「永久的」「常に新しく常に変わりな」い「不易の象徴」等と不変の価値が訴えられる。以上のような言説は式年遷宮関係の宣伝媒体などに縦横に活用された。

いまひとつ重大な広報テーマに「よみがえる」がある。『神宮』でみると、式年遷宮で社殿が新しくなることにより日本国家も生まれ変わり、国民が「大御神《おおみかみ》」の「新しいみ光」をもらって、「生命を新鮮に清浄により強くして、日本の国が若返り、みずみずしさを取りもどし、永遠の発展をしよう」とある。

「よみがえり」は、神社界が今回はじめて試みたマーケティング作戦の中心課題でもあった。マーケティングという商業概念が宗教界でも働くことは一九八〇年代の欧米でも見られたが、神社界は同時期にその必要性やメリットに着目し、それに向けシンボルマークと標語、キャラクター、グッズ、イメージソングの作成に乗り出した。シンボルマークは、内宮正殿が昇る太陽の真中に位置しており、太陽が昇るとともに神宮も式年遷宮をもって蘇り、そして日本も蘇るというメッセージを表すものだ（図4）。

図4　シンボルマーク

図5　イセコッコイメージ（『瑞垣』168号44頁より転載）

標語は、五七調でそのメッセージを、

文字をもって表現する。「よみがえる／にほんのこころ／御遷宮」。日本人全員の心が式年遷宮を契機に改められることを切願する内容である。「にほんのこころ」というのは『神宮』に見えた「伝統精神」に相通じる。このシンボルマークと標語は、式年遷宮にそなえてポスターやパンフレットその他の宣伝物で大いに活用された。

神社界はさらにキャラクターをデザインした。内宮神苑で野放しになっている鶏からヒントを得て、名付けて「イセコッコ」である（図5）。「次代を担う青少年に御遷宮の心を確実に継承していくこと」が主眼であった。近鉄百貨店等との協力でイセコッコのさまざまなグッズが販売された。このイセコッコはアニメ「イセコッコのお伊勢まいり」（東芝ＥＭＩ）の主役としても好評を博した。「新鮮なタッチ」と「体当たりレポート」で子供や親に神宮を案内し、式年遷宮を紹介するのがイセコッコの使命であった。このビデオは伊勢神宮および式年遷宮を皇室から完全に切り離しているのが語りの特徴で、「幼少年がまずはイセコッコを通して神宮に目を向け、次第に神宮への特別の心情がめばえるように」するところに狙いがあった。

（2） 新聞

では、『朝日』『読売』『毎日』などの全国紙が一九九三年の式年遷宮をどう語ったのか、そして二〇年前に比べてどのような変化があったのかを次にみてみよう。平成五年の『朝日』に掲載された遷宮関係の記事数は、一つのヒントになるが、それは二〇年前の三倍以上になったことに注意したい。情報たっぷりの記事は多いが、座談会などの企画はなかったため多様な声を読者に聞かせ、伊勢神宮、式年遷宮を吟味する機会を与えることはなかった。また、前回は「神体」だったのが、今度は「御神体」にほぼ統一されている。また前回は「皇祖神」という言葉が一回記事に出て、あとは遷御の主体は無名の「神体」「神儀」だったが、この年には夏頃から「天照大神」が大きく登場する。「天皇家の祖先とされる天照大神」「天照大神をまつる内宮とその食事をつかさどる豊受大神をまつる外宮」等と解説し、式年遷宮が何よりもまず天皇の儀礼だということを伝えるのである。たとえば「遷宮は天皇の指示をうけて行う形であり、私費の御内帑金が出されて」、神宮は「一宗教法人となったが、遷宮準備が天皇の指示で始まり、遷御の日も天皇が決める建前に変わりはない」というふうに。

いまひとつ気になるのは、このときの『朝日』が、神社界の表現をなぞっていることである。伊勢神宮は「正式な法人名は神宮」「正式には神宮」などと繰り返し書き添えるのも、「古代をよみがえらせ、神宮が生まれかわる「再生のまつり」」といい、「遷宮は古代を今に伝える再生と伝承のまつり」などといっているのも、神社界の台詞をそのまま借用しているようだ。『朝日』の取材姿勢が大きく変わったことの一番の証拠は、朝刊一面に載せられた写真だろう。キャプションに「御神体を納めた仮御樋代《かりみひしろ》を、神職たちが白い絹で垣根状に覆い、新旧正殿を結ぶ仮屋根の下を進む」と詳細な説明をしている。実際は二〇年前にも似たような図版を載せたが、載せたのは一面でなく二二面だった。

『朝日』の新たな姿勢を説明するのは容易でない。リチャードソンが主張するようにメディアの言説は必ず社会的文脈において理解すべきだろうが、一九九〇年代初期の過激派の動きなどが背後にあったのかもしれない。平成二年（一九九〇）末に天皇と皇后が伊勢を参拝する直前に、極左の中核派が外宮に迫撃弾三発を発射する事件が起きた。天皇の伊勢参りに対するいわば「先制攻撃」であった。『朝日』は他方で、以前からくすぶっていた右翼論客との問題も深まっていた。それは右翼団体「風の会」会長野村秋介《のむらしゅうすけ》が同年一〇月に朝日新聞社本社で自殺する事件にまで発展していった。『朝日』の報道にこれらの事件が何らかの影響を与えたのかも知れない。いずれにせよ、「特定の宗教団体はとりあげない」という戦後間もなく打ち出された方針とは、方向性の違う取材であることは間違いない。

他の新聞との比較でみれば『朝日』の新姿勢が一層よく分かる。同年一〇月一日から四日までの間に掲載された記事は、データーベースで検索すると、『朝日』は九記事を合計五一四六字で掲載した。それに対し『読売』は八記事の四一四三字、『毎日』は三記事で一〇二三字となっている。すべての新聞は内宮の祭神のことを、敬語を付して「御神体」に統一しているが、今回は『朝日』だけが御神体を「天照大神」と特定する。

ところで、平成五年の式年遷宮の演出には新たな展開が見えたことにも触れておこう。それは遷宮諸儀礼における皇室および内閣との位置づけについてである。いずれも微妙なものである。昭和天皇は戦後はじめて、昭和六〇年（一九八五）に準備が開始されるにあたって大宮司に遷宮の準備をせよと命じた。これまでは大宮司からのうかがいを待っていたが、今回は能動的に準備を命じた。奉賛会の募金活動が、天皇が御内帑金を下賜されてから開始されたことにも天皇の主導権がみえる。昭和天皇は遷宮準備中の昭和六四年（一九八九）に亡くなったが、平成の今上天皇も即位後から式年遷宮に深く関わり、遷御当日に第二皇子の秋篠宮をみずからの代理として派遣し、遙拝はもちろん行い、そして遷宮終了後の伊勢参拝も実施した。

さらに、官房長官と大蔵大臣が戦後初めて内宮遷御行列に参列したことにも注意すべきである（二〇年前は外宮だけであった）。遷御儀礼の演出にみえる、このような公共性の主張には、全国紙は着目しなかったし、吟味もしていない。

むすびにかえて

本章では、戦後二〇年ごとの式年遷宮における全国紙や伊勢神宮の広報・宣伝媒体等のプリント・メディアに注目してきた。伊勢の戦後をこの方法をもって語ってきたのは、本章の「はじめに」でも述べたようにプリント・メディアの言説が伊勢の現実を語るものであると同時に、伊勢の現実を形作る、という欠かせない機能も有するからである。本来は、新聞に関していえば『産経新聞』や『赤旗』、また現在発行部数第三位の『聖教新聞』（平成二七年現在）などの全国紙、あるいは『伊勢新聞』『中日新聞』などの地方新聞も視野に入れるべきであった。さらに『近鉄ニュース』などの観光関係の広報誌も重要である。さらに、プリント・メディアに限定しないで、もっと幅広くラジオ・テレビ、ビデオ、ＤＶＤなどの視聴覚メディアにも触れるべきであった。それらについてはいずれ考察の対象としたいと考えている。ここでは、最後に「むすび」という意味でメディアという観点から平成二五年の式年遷宮について二、三点だけ簡単に述べて筆をおくことにしたい。

まず、その前提として、平成二五年に九〇〇万人近くの人びとが伊勢の内宮を訪れた事実にまず留意したい。二〇年前の五五〇万人と比較すればその飛躍の大きさが分かる。メディアはこの新記録の達成に大きく寄与したことはもちろんだが、もはやプリント・メディアだけでは説明しきれない時代となっている。

神宮司庁は魅力的なウェブサイトを立ち上げ、文字・非文字の情報を豊富に提供し、同サイトでは一〇月二日の遷御儀礼を生中継で放送した。今回の参拝者に多くの若者が加わっていたことは、やはりこうした新たな広報作戦と無関係でないだろう。広報ではないが、インターネットを通じて伊勢のパワー・スポットについての情報も、多く流れていた。内宮・外宮であらたに「発見」されたパワー・スポットは若い人びとを、とくに若い女性を引きつける効果が大きかったとされている。しかし、プリント・メディアはもはや時代遅れというわけでは決してない。ここでは、これまでみてきた全国紙を対象に、二〇一三年一〇月三日、つまり遷御儀礼が行われた翌日の朝刊、夕刊に焦点を絞ってまとめてみたい。

二〇一三年の遷御儀礼は実は画期的なものであった。本書の序章でも述べたとおり、戦後初めて総理大臣による参列をみたからである。安倍晋三は閣僚八名をつれて参列したが、首相参列の前例は一度しかない。それは昭和四年（一九二九）の遷御に参列した浜口《はまぐち》雄幸《おさち》である（本書第14章参照）。安倍首相の参列は、遷御儀礼に、そして伊勢神宮そのものに紛れもない国家的性格を付与し、その公共性をこれまでにない印象深い形で演出する結果と

なった。新聞各紙がこの画期的な出来事をどう語ったのかをみてみよう。『毎日』の中部・西部版の朝刊には、

> 安倍晋三首相も参列した。現職の首相としては、一九二九（昭和四）年の第五八回遷宮の際に参列した浜口雄幸首相（一八七〇―一九三一）以来とみられる。
>
> （『毎日』平成二五年一〇月三日中部版朝刊二五面、西部版朝刊二六面）

とあるだけである。『読売』は、中部版朝刊一面で安倍首相の参列にふれ、「神宮司庁によると、首相が出席するのは一九二九年（昭和四年）の第五八回遷宮の浜口雄幸首相以来」とある。東京版朝刊四面にはさらに官房長官菅義偉《すがよしひで》の遷御直後の発言を掲載する。すなわち「官房長官は二日の記者会見で「私人としての参列だと承知している。国の宗教的活動を禁じる政教分離の原則にも反するものではない」と説明した」と。『毎日』も『読売』もこの画期的な展開にほとんど無関心であることが分かる。

『朝日』の報道は、右の二紙と大きく違う。まず安倍晋三の参列を大きくとりあげ、次にその参列を問題視し、最後に議論を呼びかける、というところに『朝日』の一特徴がある。朝刊一面の見出しに「伊勢神宮で「遷御の儀」　安倍首相、戦後初の参列」とある。「神道最大の儀式に皇族代表の秋篠宮様や安倍晋三首相等が参列した」とあるが、「閣僚らの参拝をめぐっては、国の宗教活動を禁じた「政教分離の原則」に抵触するかどうか」などの議論に注意するよう読者に促す。なお三八面に、安倍首相が閣僚を率いて参道を歩く写真を載せ、官房長官の発言を掲げた。

いまひとつの特徴は首相の行動を批判する意見も掲載したことにある。「政教分離の原則に反する行為です。非常に深刻に受け止めている」（日本キリスト教協議会の坂内宗男氏）、あるいは「安倍首相の行動は明らかに戦前回帰」（作家の山中恒氏）。そして最後に國學院大學名誉教授の大原康男《おおはらやすお》氏の、それらと正反対の意見も掲載している。すなわち、総理の行為は「特定の宗教を援助や助長促進することにならないから憲法違反ではない」と。

『朝日』はこれ以上は、たとえば社説などで首相の行為は好ましくない等とははっきりいわない。しかし首相の参列を問題視するよう読者をしむける姿勢があって、他の新聞と異なるといわざるを得ない。

これまでの神社界の広報や全国紙の報道を振り返ってみれば、やはりさまざまな神宮が語られてきたことが分かる。神宮の広報姿勢も二〇年ごとに変わるし、新聞の報道も一貫していない。それは、伊勢神宮そのものも大きく変容してきていることを意味する。大きな趨勢として見受けられるのは、新聞報道の移り変わりは、神宮の広報に歩調を合わせている、ということかもしれない。平成二五年の『朝日』にみた報道は例外だが、それでも全体としては伊勢神宮が戦後の式年遷宮のたびに着実に強めてきた公共性については吟味しないのが特徴といえるだろう。冒頭でも述べたことだが、新聞の論調と神社界の広報姿勢は本来まったく無関係であるべきだが、伊勢神宮の戦後の事例が示すように、メディアの論調と広報の境界線はそうはっきりしたものではない。

(1) 神道指令については、〔島薗 二〇一〇〕、〔西田 一九八六〕を参照されたい。

(2) ここでいっている装束は絹等でできた衣服や関連する服飾品で、いずれも内宮外宮殿内に飾る。神宝は紡績具、武具、馬具、楽器、文具など殿内にかざるもの。全部で七一四種、一五六七点あり、二〇年ごとに新しく作られる。

〔参考文献〕

『朝日新聞』
『毎日新聞』
『読売新聞』
朝日新聞検証昭和報道取材班編 二〇一三『新聞と「昭和」下』(朝日新聞社)
伊勢神宮式年遷宮奉賛会事務局 一九五一『第五十九回神宮式年御遷宮の栞』

岡田米夫　一九六九「神宮のまつり」（『太陽』六七号）
島薗進　二〇一〇『国家神道と日本人』（岩波書店）
神宮司庁　一九五三『第五十九回神宮式年遷宮要解』
神宮司庁編　一九八四『神宮　第六十一回神宮式年遷宮をひかえて』
西田広義　一九八六『増補改訂　近代神社神道史』
ブリーン、ジョン　二〇一五『神都物語――伊勢神宮の近現代史――』（吉川弘文館）
Richardson, John 2007 *Analysing newspapers: an approach from critical discourse analysis*, Palgrave.

補論　浮遊する記号としての「伊勢」
――日本史における伊勢神宮の多重性と神道の絶えざる再コード化――

ファビオ・ランベッリ

はじめに

日本の神々は純粋なものを好まない。仕掛けをもって作成されたもの以外受け入れない。　山口昌男《やまぐちまさお》

一般的に、伊勢神宮は神道の伝統における中心的存在であり、日本文化史上、宗教・価値観・美意識・政治などの面で極めて重要な役割を果たしているとされる。伊勢の文化的中心性は、伝統と持続性――、つまり、時代を経ても常に変わらないものとして理解されている。たとえ変化が起こったとしても、それは伝統の表層的な部分に影響を与えているにすぎない、と。さらにまた、伊勢神宮の歴史は――特に江戸時代における国学の台頭以降、神道全体に関する規範的な言説となっている。

先行研究にみられる顕著な特徴は、学者や神職たちによって行われた、いわゆる「意義の探求」（それは、「意味」と「重要性」の双方の探求である）に多くの労力を割いてきた点である。実際には、伊勢の伝統の多くは、不明

確な「意味」のままで儀式化された「かたち」を保存、伝承あるいは反復するものになっている。そのようなかたちの重要性は、神道一般の特徴の一つとなっているのではないかとまで考えられるのだ（それはたとえば、理解やものごとの「意味」を主張する仏教とははっきり区別できよう）。しかしながら、多くの研究者は、そのかたちのより深い意義を見出すことに奮闘してきたため、神道や日本の宗教史における伊勢の役割とその意義は、原理主義に近いといってもよいほど簡略化されて語られてきた。

近代以前の伊勢神道に関する文献にざっと目を通すだけでも、その一般的理解が、かなりの程度において、近現代に行われた伊勢神宮や伊勢神道の歴史的位置づけと役割の再解釈であることが明瞭である。それらの再解釈における伝統の主張は、実は、対立している新たな伝統による「伝統の上書き」が存在することを覆い隠す試みであると思われる。

本章においては、いくつかの重要な例をとりあげながら、伊勢神宮に帰属する文化的要素（象徴性、儀礼、表象など）が、どのようにして再コンテキスト化、再コード化、再構築されたか、ということに注目する。特に記号論的アプローチを用いて、従来の「伊勢」の歴史的研究とは異なる前提や方向性を提示したい。記号論的なアプローチでは、シニフィアン（記号や表象そのもの）、シニフィエ（記号や表象の意味する内容）、その両者を関係づけるコード（規定、発想など）、そして意味作用が行われるコンテキストなどの区別が、その主な特徴である。本章では特に、持続性を主張する先行研究においては、文化的背景や関連する諸言説のあり方とその戦略を見逃す傾向があると同時に、より本質的に「かたち」（シニフィアン）とその中身（シニフィエ）の区別を無視した結果、歴史的かつ概念的変化の痕跡が意図的に消去される傾向にあると考える。

筆者は、伊勢または神道に対する個人的な信念を批判するものではないが、従来の神道について規範的な言説を特徴づけてきた国学系の還元主義から離れ、伊勢や神道全般の歴史を語る史資料、観点や感性の複合性や多様性により開かれた、これまでとは異なる理解の創出に貢献すべく、伊勢や神道の研究に対する代替的な枠組を提示したい。

第一節 「伊勢」の「中心性」——「伊勢」は何にとって、何のために中心的なものか——

近現代において、神道における伊勢神宮の中心性については、その古さ、日本文化の「原点」としての特別な価値や、神道の最高神である天照《あまてらす》大神《おおみかみ》とその子孫にあたる天皇との直接的関係などが指摘される。こうした一般的な見解では、伊勢神宮は国家＝天皇＝神道を結ぶ言説の中心的な交差点となっている。この理解は、神社本庁ウェブサイトの英文ページにうまく要約されている。

Among many Shinto shrines, Ise Jingu, the Grand Shrine of Ise is the most revered shrine in Japan. The compound consists of two primary buildings, the *Kotaijingu* and the *Toyouke-Daijingu*. The *Kotaijingu* is also called *"Naiku,"* where the supreme deity *Amaterasu-Omikami* has been worshipped for 2,000 years, as the predecessor of the Imperial Household and the supreme deity of Shinto.

(www.jinjahoncho.or.jp/en/ise/index.html)

（多くの神社のなかで、伊勢神宮は、日本において最も崇拝されているものである。その境内は、主に皇大神宮《こうたいじんぐう》と豊受大《とようけだい》神宮《じんぐう》の二つの建物からなる。皇大神宮は「内宮」とも呼ばれ、二〇〇〇年にわたり、皇族の祖先であり神道の最高神として、崇高な女神である天照大御神が祀られている。）

神道＝伊勢神宮＝天皇という関連性は同サイトの別のページでもさらに明確に述べられている。

In Shinto, the Emperor of Japan (*Tenno*) is believed to be a descendant of *Amaterasu-Omikami* (the Sund Goddess) who is enshrined in the Grand Shrine of Ise. Since the founding of the nation, *Tenno* himself has conducted Shinto rituals in the Imperial Palace to pray to the deities ceneteing on *Amaterasu-Omikami* for the happiness of the people, for the long continuation of the nation, and for world peace.

There are clergymen and women in the shrines of the Imperial Palace who assist *Tenno* to perform the rites. *Tenno* performs these rites around 40 times a year. This is perhaps why there are some scholars who call *Tenno* "the highest priest" of Shinto. (www.jinjahoncho.or.jp/en/shinto/index.html)

（神道においては、日本の天皇は、伊勢神宮に鎮座している天照大御神（太陽の女神）の子孫と信じられている。建国以来、天皇はみずから、皇居において神道の儀式を執り行い、天照大御神を中心とする神々に国民の幸福、国家の永続、世界平和を祈願してきた。
皇居にある神社には、儀式を行う天皇を手助けする聖職者がいる。天皇は、これらの儀式を一年に約四〇回執り行う。おそらく、このような理由で、天皇を「神道の最高聖職者」と呼ぶ学者もいる。）

後者では、文化人類学者のマイケル・タウシグが「公然の秘密」と呼ぶものが見られる。つまり、日本の天皇は「神道の最高聖職者」とみなしうること、天皇は皇居で宗教的儀式を執り行うこと、神職が宮内庁に雇われ天皇とともに宗教的儀礼に参加するという事実に、大半の日本人は気づいていない、あるいは政教分離に反するかもしれないので、あえて注意を向けないようにしている。しかし、これらは神社本庁が神道、天皇、国家を結び付ける焦点として、伊勢神宮を定義するにあたる本質的な要素である。

伊勢神宮の象徴性に関する重要な側面のひとつに、古代からつねに不変の聖地であるという、その古さがある。

Naiku... was founded about 2000 years ago. Geku... was founded about 1500 years ago. [...] Many generations of our ancestors have worshiped at the Jingu, which exists now just as it was at its beginnings. (www.isejingu.or.jp/english/isemairi/isemairi.htm)

（内宮（中略）は、約二〇〇〇年前に建立された。外宮（中略）は、約一五〇〇年前に建立された。（中略）何世代にもわたる多くの我が祖先が神宮で参拝してきた。神宮は、当初の姿とまったく同じように今も存在している。）

このような、変わらぬ伝統の持続に関する言説における重要な要素が、二〇年ごとに内宮と外宮で執り行われる式年遷宮である。伊勢神宮は、この式典を「我が国で最も重要なお祭りのひとつ」(www.isejingu.or.jp/sikinen.htm)として、次のように述べている。

Since late in the 7th century A.D., this ceremonia system, referred to as Shikinen Sengu, has been conducted for 1300 years. The first Shikinen Sengu was performed in the period of the 41st Emperor Jito, the wife of the 40th Emperor Tenmu who established this system. Since then, with only a few exceptions, this ceremonia sustem has been continued and the 61st Shikinen Sengu was conducted in 1993.

(www.isejingu.or.jp/english/sikinen/sikinen.htm)

(七世紀後半以降、式年遷宮の儀礼の体系は、一三〇〇年にわたり行われてきた。最初の式年遷宮は、この体制を創設した第四〇代天武《てんむ》天皇の妻である第四一代持統《じとう》天皇の時代に行われた。それ以来、たった二、三の例外を除き、この儀礼の体系はずっと続いており、第六一回式年遷宮は、一九九三年に執り行われた。)

持続性の強調にもかかわらず、この記述ではなぜ式年遷宮が伊勢神宮の建立の七〇〇年後(日本神話によるところの)に初めて実施されたのかが不明である。また、この記述は式年遷宮が遅延あるいは中止された時代を軽視している。

第二節　中心性か、分散か——日本宗教史における伊勢の位置づけ——

伊勢の中心性が、近代日本の国民国家創設、モダニズムの影響、戦後の転換などと密接に関わっているとしても、伊勢(その象徴性と組織)への言及それ自体は平安時代から近現代までの多くの史料にも見られる。しかしながら、過去との連続性を主張する現代の定義は、過去における伊勢の実像については意外と無頓着である。たとえば、二〇世紀前半(とりわけ戦時中)、伊勢神宮が国家神道の頂点にあったとき、知識人は、より大きな国際的枠組みに向かって伊勢の中心性の新たな形の創造に熱心に取り組んだ。
上杉慎吉《うえすぎしんきち》（一八七八～一九二九）は、全人類の救済は大日本帝国の使命であり、世界中が天皇の徳に敬意を表し、その影響下に暮らすようになれば、世界は破壊から救われると書いた。加藤玄智《かとうげんち》（一八七三～一九六五）は、天皇は人間の姿をした神であり、日本人の信仰の中でエホバがユダヤ教に占めるのと同じ地位にあるとまで主張した。筧克彦《かけいかつひこ》（一八七二～一九六一）は、天皇は日本人にとって父や母のような存在であり、今存在している日本人は、天皇の尊い力を通じて生まれてきたため、もし天皇がいなければ日本人は一人たりとも決して生まれていないはずだと書いた。さらに、戦時中、天皇が世界中の人類の皇帝であり、天照大神と高御産巣日神《たかみむすひのかみ》とともに全宇宙を支配しているとしばしばいわれた〔Ballou 1945: 182-190〕。この荒唐無稽な話から分かるように、たった数十年前は、天皇の描き方と「伊勢」との関係は今日の一般的な言説の内容とかなり異なり、特に伊勢神宮は全宇宙的な聖地として捉えられていた。

より以前、中世では当時のさまざまな神言説において伊勢の中心性は、「神道」とは関係なく、むしろ宇宙論的に捉えられていた。そこで、伊勢神宮は、いわゆる「大日の印文」という、大日如来の真言が伊勢神宮に面する海底に記載されているため、天照大神が伊勢に祀られていると論じるものもあった。その地は、実際、「神道」ではなく仏教を広める目的で神々が日本を創成した場だとされた〔山本 一九九八〕。また、外宮の心御柱《しんのみはしら》を人間世界の中心にある宇宙の山・須弥山《しゅみせん》と同一視するものもあった。

さらに歴史を遡ると、持統天皇の時代（六九〇年）に、内宮の建立にあたり、天照大神の祭祀場所を宮廷から伊勢という離れた場所に移動した。それゆえ内宮建立は天照大神の周縁化を示唆するという理解も可能である。『日本書紀』には、崇神天皇が当時皇居に祀られた天照大神の「威力を恐れた」と記載する。『日本書紀』によると、崇神《すじん》天皇は、娘の豊鍬入姫命《とよすきいりひめのみこと》に宮殿外、すなわち、大和国の笠縫邑《かさぬいむら》に天照大神を祀るよう命じた（崇神六年）。

次代の垂仁《すいにん》天皇下では、皇妃の倭姫命《やまとひめのみこと》が天照大神の祭祀を委任された。天照大神を祀《まつ》るのに適切な場所を求め、倭姫命は近江国、美濃国および伊勢国を旅し、最終的に天照大神を内宮がある現在の場所に鎮座し祀ったのである（垂仁二五年三月）。ちなみに、外宮の建立について『日本書紀』で何も述べられていないことは興味深い。

伊勢神宮とその神々の中心性よりもむしろその周縁化を示唆するのは、天皇の三種神器《さんしゅのじんぎ》の分散だろう。周知のごとく、八尺瓊勾玉《やさかにのまがたま》のみが皇居にあり、草薙《くさなぎ》の剣《つるぎ》は名古屋の熱田神宮、八咫鏡《やたのかがみ》は伊勢の内宮にある。ただ、吉田兼倶《かねとも》は、延徳元年（一四八九）に八咫鏡が（他の聖物とともに）伊勢神宮から自身の神社である吉田神社の大元《だいげん》宮斎場所《ぐうさいじょうしょ》に飛んできたという話を広めて、後土御門《ごつちみかど》天皇（位一四六四～一五〇〇）までも説得できたのだ。

天皇の正統性を表す中心的シンボルの分散は、中世から近世の末頃まで、各地の寺社で僧侶、神職や俗人のために即位灌頂《かんじょう》のような儀礼を行うなかで、天皇関係の諸制度が空洞化される一方、他方ではその象徴性が国家権威や政治権力から離れてさまざまな方面へ拡散していく過程にも通じる。このなかで、天皇、神道、伊勢の神秘性の基盤をなす『日本書紀』の「神代巻」に深く関係する『麗気記《れいきき》』に基づく神祇《じんぎ》灌頂では、灌頂を授かる者がその本来の仏性に目覚め、即身成仏《そくしんじょうぶつ》の近道として、己の中の神性を悟るためにまず「天皇」へと変身すると主張された。このような天皇のイメージは中世後期から近世にかけて、神に関わる言説と同時に広く流布したのだが、明治政府はいうまでもなく、今日の神社本庁にとっても好ましいものではなかった。

このような周縁化や分散過程は伊勢神宮、その神々や、シンボリズムないし儀礼の理解にも影響を与えた。たとえば、外宮の神職である度会《わたらい》氏による伊勢神道あるいは度会神道と呼ばれるテキストの輪郭は、特に度会家行《いえゆき》（一二五五～一三五一）による『類聚神《るいじゆうじん》祇《ぎ》本源《ほんげん》』（元応二年〈一三二〇〉）で明らかなように、外宮の地位向上のために宋朝の中華思想によって形づくられた。その後、江戸時代の儒学者の一部も、宋学《そうがく》や朱子学《しゅしがく》に照らし、神道――殊に伊勢神宮の説明を試みた。

中世の神仏関係論では、神仏習合の主な聖地である日吉神社や三輪《みわ》神社などの仏教者は、それぞれの神々の素晴らしさを天照大神との関係によって主張した。日吉山王《ひえさんのう》神道では、山王大権現《だいごんげん》が天照大神と同一であるだけでなく、インドの霊鷲山《りょうじゅせん》、中国の天台山の守護神、さらに釈迦の化現《けげん》でもあるという。日本のみならず、中国とインドにおいてももっとも崇高な神として、山王大権現は天照大神の栄光をはるかに超える存在である。『渓嵐拾《けいらんしゅう》葉集《ようしゅう》』は、日吉の神々は法体《ほったい》としてまさに絶対的な存在であるという。真言系の神道説では、大神《おおみわ》神社の神である三輪大明神が神代より、つまり垂仁天皇の時代に天下りした天照大神より、はるか以前から存在していたと謳《うた》うことにより、その優越性を強調した。三輪神道ではまた三輪山が三輪大明神の依正《えしょう》（神の本質とその環境）と法体であるとして、その神や神社の卓越した救済力を誇張した。このように、この山は単なる神体だけでなく、まさに即身成仏と草木成仏《そうもくじょうぶつ》が一致する、すなわち個人と環境、主体と客体の区別を究極的に超越する完全な仏国土としてみなされた。

吉田神道の創始者である吉田兼倶は、神道の形態として独自の三類型を提唱した。そのなかで、みずからの唯一神道は「原始的かつ根本的」な性質（元本宗源《げんぽんそうげん》）を有し、既存の複合的神仏信仰のみならず伊勢神宮の内外両宮さえも超越していると主張した。彼自身の神道ブランドは、神による直接の伝達――すなわち、天地開闢《かいびゃく》時に詳説された一教義であると主張した。具体的には、それは、陰陽の起源である国之常立神《くにのとこたちのかみ》から天照大神に伝えられた非常に奇妙で理解しがたいものである。その後、天照大神は、この教えを天児屋命《あまのこやねのみこと》に伝えた。その時以来我々の堕落した時代にいたるまで、この神道は、混沌の水から汲んできて、一度たりとも、儒教、道教、仏教などの伝播にも侵食されたことがない。このように兼倶は、自分こそが『日本書紀』の元初の神である国之常立神による根源的な教義の唯一の享受者であると主張することで、何百年にもわたるさまざまな神の言説や伊勢神宮の重要性を相対化しようとした。

その後、江戸時代には、国学者――とりわけ本居宣長《もとおりのりなが》が、『古事記』を解読し天照大神の役割を主張することで、特に外宮に対し、内宮の優位性の回復に奔走した（『伊勢二宮さき竹の弁』）。伊勢に関する伝統や史料の多様性は、どのように理解できるだろうか。確かにこれは、伊勢の重要性や中心性を示す証しと見ることができよう。しかし、観点を変えれば、伊勢に関する言説がこのように蔓延するのも、伊勢神宮が己のシンボリズムさえ統制する力を欠いていた証でもあり、日本史上、伊勢のイデオロギー上の中心性の欠如や神道の言説が全般的に分散していることを示している、という解釈もできるであろう。

第三節　伊勢の「バッソ・オスティナート」

伊勢のシンボリズムは通常、神道の基本概念に関係している。それは、日本は神に創造された神聖な国（神国）であり、天皇の絶えざる系譜（万世一系）により支配され、天皇自身が神道の主神である天照大神の子孫であり、天照大神は伊勢の内宮に祀られている。このように我々は、神（とりわけ天照大神）、日本という国、天皇（または特定の個人というよりむしろ象徴体系・政治体制としての王法）、そして伊勢神宮を結びつける強固な関係を目の当りにする。

この連鎖は、丸山眞男《まるやままさお》（一九一四～九六）が神道と古代神話を、日本文化やその歴史的言説を貫く「バッソ・オスティナート」つまり文化の「古層」と呼んだことを想起させる。丸山によると、この頑強な古層の背景には「世界の他の文明国家との比較においても例外的としか定義できない」「均一性」がある。彼が日本を特徴づけると考えるこの均一性こそ、この「古層」の背景にある（丸山 一九七二）。丸山の主張は、日本人論または日本文化論の一翼をなす、いわゆる基層文化論の中心的なアプローチに似ている。

最近、末木文美士《すえきふみひこ》氏は丸山の「古層」という概念を復活させ、異なる解釈を提案した。末木氏は、歴史に浸透する不変の思考形式（丸山のいうところのバッソ・オスティナート）の存在を認めることは、意図的な「形而上学的決定論」への埋没につながると主張する。むしろ末木氏は、思想が無からでなく、過去からの言葉にされていない制約を受けることから、まさに「古層」というものは、それ自体が歴史的に作られたものであり、したがってそれは積み重なった本質的な文化的要素の「発見」ではなく、むしろ過去からの数多い要素の「沈澱」であると示唆する〔末木 二〇〇六〕。

過去からの沈澱または残留物は、シニフィアンあるいはシニフィエのどちらに属し、そしてそれらが蓄積されることで現代や未来の言説を決定づける要因となるといえるだろうか。しかし、それらのバラバラの要素、過去のとりとめのない断片が、そのまま文化の全体（あるいは、文化の中核的価値観）を構成するとみなすのは誤りであろう。ある文化の過去の姿とされるものの多くが、実は限定的記憶の産物であり、間主観的な時間地図に基づき過去からのバラバラの要素を再整理したものである。

神道の元初神話では、天照大神とその一団をなす天《あま》つ神が秩序と純潔を好むことが示されている。天孫降臨は、以前在地していた地方神（国つ神）の征服・支配および浄化として紹介されている。しかし、天照大神＝日本＝天皇（王法）＝伊勢神宮という連鎖は、単なるシニフィアンにすぎない。『古事記』や『日本書紀』は、その一連のシニフィアンの意味を説明しないため、各時代の解釈者が、この一連の記号に固定した不変の意味を帰属させようという、根本的な過ちを犯した。というのは、絶え間ないコード変化によってなされてきたシニフィアンとその意味の多様な再コンテキスト化（それが、複数の異なるシニフィエを多少安定したシニフィアンと関連づける）の営為を無視しようとしているからだ。

そこで、我々はむしろ次のような問いかけをすべきであろう。つまり、「神道」とは、別の読み方の「ジンダウ」または「シンダウ」と同じものなのか。天照大御神は、天照大神と同じ神なのか。奈良時代の「日本」は今日の日本と同じ国なのか。天皇や天皇を取り巻く諸制度や組織は変化したのではなかったか。歴史上、伊勢神宮に影響を与えてきた制度、儀礼、教義上の変化は、持続するものよりも重要性が低いのか。これらすべての場合においては、「同じ」とはいったいどういう意味なのか、という問いである。

どの時代においても無数の解釈者は、この教義的、知的、観念的な意味多様な連鎖（天照大神―天皇―日本―神道―伊勢）に、一貫性や統一性を見いだそうとした。彼らは次の問いに対処してきた。つまり、天照大御神／天照大神はどのような神であり、どのような特徴を持ち、何の教えを伝えるのか。日本の聖性にはどのような特徴があり、神が果たす役割は何か。皇室や個々の天皇は実際どのような役割を果たすべきか。天皇は元来、特別に神聖な存在なのか、それとも、神々の使いなのか、もしくは神々の古代からの教えの証人なのか。天皇は支配者、聖職者、またはその両方なのかと。

さらに、これらの質問に対する回答（多方面からの介入と解釈にいつも晒されている）は、概して特定かつ現地化された知的背景および制度・組織の枠組の中から組成された。したがって、我々はどの言説も特定の枠組の中で形成されていることを念頭におくべきである。

意義・意味への探求は絶えざるものだが、それは本質的な内容を欠いたあまりに単純かつ表層的なものとなり、元来の史料から乖離し、絶え間ない漂流に終始してきたのである。いうまでもなく、これは日本の本質やその独自性を求める人びとを満足させるようなものではなかったのだ。

第四節　伊勢の存在論――意義への探求――

山口昌男は、かつて伊勢神宮の式年遷宮が歴史的連続性や時間そのものの観念化を問いかけると述べた。この問題提起は、存在論にもかかわる。二〇年ごとに建て直される建造物の性質はいかなるものか。それは古いものか（本来のモデルの「忠実な」復元として）、それとも新しいものか（数年前に建てられたばかりのものとして）。また、その建物の本質は当初の計画そのものなのか、それとも結果的に実現したものなのか。あるいはまた、建築過程という段階にあるのか。このような問いに答えるためには、ウンベルト・エーコの建築記号論が参考になると思われる〔Eco 1980: 189–249〕。

エーコによると、どの建造物も、複数のシニフィエに結びついたシニフィアンの束である。伊勢神宮の場合、その表示義（意味の一次的な段階）は、文化的に定義された諸機能（信仰の形態、聖なるものとの交流など）である。一方、共示義（意味の二次的な段階）は、伊勢神宮が一連の象徴的な機能である宗教慣行、宇宙論、聖なるものの表象と観念化、権力のあり方などを表す。換言すれば、伊勢神宮は「全般的なイデオロギー」、すなわち、もの、実践や象徴からなる記号システムをなす。

これらの機能はすべて間主観的であり、文化的に定義され、体系的、あるいは原則として体系化可能である。エーコの理論を拡大すると、さらに次の意味レベルを区別することが可能である。表示義の次元においては、文化財としての伊勢神宮である。さらに以下のいくつかの含意も認められる。

(a)神学上の意味…神宮の教義上の性格、神宮における聖なるものの表象の性質、神宮で行われる信仰が目指す目的など

(b)宇宙論的な意味…伊勢神宮と宇宙の構造との関係

(c)イデオロギー的な意味…社会組織や時代などにより限定され定義されることで、伊勢神宮は天皇の健康、万民の豊穣、国の安泰、世界平和などを実現するという意味を持つ

エーコは、建築上の意味が歴史を通じて変化することをよく認識しており、古い機能の維持と喪失や新しい機能の獲得など、六種の記号変容を提示している。伊勢神宮の場合、宇宙論的な意味を否定すると、個人的かつ、

より内省的な実践の形態が生みだされる。神学上の意味を否定すると、神宮の宗教的意義が問われるが、その代わりに「文化財」（建築史、国家アイデンティティ、国民の価値観の具現など）としての役割を果たす。歴史を通じて、伊勢神宮の意味はシニフィアン（神宮そのもの、その全体または部分）、シニフィエ（上述した意味レベル）、シニフィアンとシニフィエを結ぶコードにおいてさまざまに変化し、置き換えられ、軽視され、忘れられてきた。意味や意義、あるいは歴史的連続性や変化という問題は、伊勢神宮式年遷宮の現在の理解ではさらに明確となる。

伊勢神宮ウェブサイトの日本語ページでは、式年遷宮について次のように説明する。「皇室の大祭でありますと同時に、神宮にとりましてはその永遠性を実現する大いなる営みでもあるのです」（www.isejingu.or.jp/sikinen.htm）。神宮の英語ページでは、次のように、さらに明確な説明がなされている。

By performing the Shikinen Sengu, we renew our minds by remembering that our ancestors had enshrined Amaterasu Omikami in Ise, and praying that the Emperor will live long, and that peace will prevail in Japan and the world. It also involves the wish that Japanese traditional culture should be transmitted to the next generation. The renewal of the buildings and of the treasures has been conducted in the same traditional way ever since the first Shikinen Sengu had been performed 13000 years ago. The scientific development makes manual technology obsolete in some fields. However, by performing the Shikinen Sengu, traditional technologies are preserved.

（www.isejingu.or.jp/english/sikinen/sikinen.htm）

（式年遷宮を行うことにより我々は、我々の祖先が伊勢に天照大御神を祀ったことを思い起こし、また天皇の長寿とともに、日本や世界の平和を祈念しながら、心を新たにする。それはまた日本の伝統文化が次世代へ伝承されるという願いにも関わっている。建物や神宝の再生は、一三〇〇年前に行われた最初の式年遷宮以来、同じ伝統的なかたちで行われている。科学の発展により、手作業による技術が廃れている分野があるが式年遷宮により、伝統的技術は保全される。）

ここで天照大神、伊勢神宮、天皇および日本それぞれの間の変わらぬ宗教的結びつきが、「我々の祖先」の時代に遡るかのように言及されている。しかしウェブページでは、「日本の伝統文化」の保存と神宮の定期的建替による技術の保全を主張している。やや曖昧な表現ではあるが、同様の考えが式年遷宮の意義を説明する神社本庁の英語版ウェブページにも見られる。それによると、「日本人はその心と神々への信仰を新たにし、聖なる聖霊（魂）の再生が持続することを可能にする。また、日本の伝統文化と技能も次世代に伝わる」(1)（www.jinjahoncho.or.jp/en/ise/index.html）。

ここで、伊勢神宮の式年遷宮により、聖霊・魂（おそらく、神のこと）がつねに若々しく（活力にみなぎり）存在でき、活動できると述べられている。しかしこれは、別の言葉で表現すれば、式年遷宮を行うこと自体、伊勢神宮にまつわる神への信仰の退廃と忘却に抵抗する役割を果たそうとするものであるといえるのではなかろうか。そうであれば、この重要な儀礼の意義は、教義上のシニフィエ（それは、明らかにされていない）にあるのではなく、むしろ過去の建築様式、建築技術やそれらに関するその他の儀礼の保護としての機能にある。「重要な物質的な物を保全することが、遺産保護の唯一の方法ではない」とデービッド・ロウェンタルは書いている。「日本の伊勢神宮は二〇年ごとに分解され、以前とまったく同様の素材から忠実に再現された複製と取り換えられる。日本人にとっては物質的な持続性よりも、再生にかかわる技術と儀式の保存の方が重要である」と〔Lowenthal 1985〕。

原典がないにもかかわらず、式年遷宮に意味を持たせようとしているのは現代の神道研究者ばかりではない。昭和期の最初の遷宮の際（昭和四年〈一九二九〉）、この儀礼の意味に関し、神職と学者を巻き込んだ論争があった。当時の伊勢大神宮の公的な見解は、「純潔と清浄」は神道や日本人の国民性の「基礎」をなし、式年遷宮により神はいつも清浄な場に鎮座できるというものであった。この見解は今日まで広く受け入れられている。しかし、純潔や清浄を強調するなら、定期的に建替がなされていない神社は穢れた場所になってしまうと、この解釈に異議を唱える人もいた。式年遷宮は、伊勢神宮の元来の姿を保全する目的で、初期の天皇の知恵により行われた試みであり、仏教や外国の影響から離れた、古代以来の日本の清浄さの象徴だとする作家もいる。この解釈は、伊勢神宮が日本や日本文化の原点であるという考えの基であろう。さらに、もう一つの解釈では、神宮の尊厳を保つために、建替が必要だと謳われている。しかし、伊勢神宮の神職である桜井勝之進によると、式年遷宮は「過去の保全のような大げさな理想」ではなく、もっと「現実的な理由」、すなわち、神罰や自然災害に対する恐れに基づいているとされる〔櫻井 二〇〇三：三一〜三七〕。

伊勢神宮の神官神職や皇學館大学の学者ですら、式年遷宮に関する統一された明確な説明はできていない。事実、現存する最古の史料にすら式年遷宮に関する説明が記載されていないので、どの説明も歴史的根拠を欠いているのだ。本居宣長は、この解決困難な状況を認識していた。彼は、宗教原理主義への驚くべき思想転換を遂げながら、この状況を全面的に受容する決断をした。彼は神に関するものはすべて計り知れず、我々はそれを受け入れ、昔から伝えられてきた、決まったやり方で神を信仰するだけでよいと説いた。

さらに、神の謎めいた理解不能な性質は、古代から語られてきた神の行為の最良の証左だと主張する。宣長はこう説いた。もっとも信じられない神の話は虚構ではなく、むしろ神代の真実の出来事である。なぜなら、これらの神話が後代の天皇により作られたものであるならば、天皇は信じられないほどの馬鹿げたものを作ったことになるのだろう、と。

要するに、真実でなければ、神についてそのような馬鹿げたことを古代の日本人は書かなかったであろうというのである。しかし、たとえこの解釈が正確なものであっても、『古事記』にある神に関する事柄が真実であっても、その意味は依然として不明のままである。

第五節　虚空のシニフィエとしての伊勢

ここで重要なことは、神道と日本文化が構成するバッソ・オスティナートをどう解釈するかである。いうまでもなく、これは神道に定義を与えることに値する。

ノルマン・ヘイブンズは、井上順孝《いのうえのぶたか》氏による神道研究の概要に対し三類型のアプローチを駆使しながら、「空気」、「玉ねぎ」、「真珠」という表現を用いて神道を定義する。神道は我々が呼吸する「空気」、一旦皮をむけば何も残らない「玉ねぎ」、または細かい積層に包まれた小さいが、しっかりとした芯のある「真珠」、というメタファーである、と〔Havens 2006: 15〕。この類型を用いれば、丸山のいう「バッソ・オスティナート」は、それぞれ空気、玉ねぎの皮層、真珠の芯として描かれるだろう。(2)

視覚的かつ直観的な印象であるにもかかわらず、これら「空気」「玉ねぎ」「真珠」というイメージは伊勢神宮の歴史研究において洗練されたワーキング・モデルの形成には十分ではないため、以下の疑問に対する明確な回答を提示できていない。つまり、伊勢は、一定の意味を持つ、安定的で複雑な文化的単位なのか。言い換えれば、伊勢は日本の記号システムにおいては、シニフィエの次元にあるのか。それとも、むしろ時代、宗教やイデオロギー的動向、社会的背景などに左右され位置づけられる、いかなる意味とも関連づけられそうな「かたち」、つまりシニフィアンなのか。さらに、伊勢という文化的単位は、さまざまな言説と文化領域を背景にした複数のシニフィアンと複数のシニフィエを結びつけるコードとして機能しうるのか、という問いである。

私はここで、伊勢がこれらの役割のすべてを果たしてきたことを指摘したい。もちろん、時代を越えて、伊勢とその役割にかかわる多様な言説を繰り広げてきた人びとや集団がいて、伊勢は複合的な意味の単位である。一方で伊勢はどのような意味（仏教、儒教、道教、国際主義的あるいは国学的、地域的、グローバルな）でも満たされうる虚空のシニフィエとして捉えられてきた。時に伊勢は、コードや記号の変換装置として機能することさえあり、さまざまな一連の表象を互いに結び付け仲介する機能を持った。たとえば、天照大神との関係を利用して違う神社を天皇と関連づけ、他方では伊勢地域を世界の中心へと転換するために伊勢外宮の心御柱《しんのみはしら》を須弥山と見なしたことがある。伊勢、あるいは神道、より一般的にいえば日本文化のアイデンティティに関連する多くの現象を研究する際、これら三つの異なる記号論的な要素を区別することは重要である。つまり、ある一定の現象をとりあげる際、それは（さまざまな形態で伝えられ時代とともに変化しうる）シニフィエとして使用されるのか、（多重な意味を伝えることが可能な、安定した手段である）シニフィアンとしてなのか、またはある文化領域間で意味を変換する装置として使用されるのかを区別する必要がある。

そこで、「浮遊する記号」という概念が特に有用と思われる。この概念はクロード・レヴィストロースが最初に提唱し、「それ自体意味はないが多重の象徴を表示するために何らかの意味を受取る傾向のある」ものと定義した〔Lévi-Strauss 1987: 63-64〕。またジェフレイ・メールマンによれば、この「浮遊する記号」は「象徴的な価値がゼロ」であり、「さまざまな人びとにとってその意味することも多様となり、いかなる内容をも表しうる。解釈者が意味を求めるものすべてを意味することになりうる」ものである〔Mehlman 1972〕。

歴史を通じて、伊勢にまつわる多様な要素は、かつての意味や機能を取り払われ、さまざまな記号論的な設定（神道にかかわる多様な解釈、政治思想、儀礼体系など）の中で使用され、時には中心的な役割を果たしてきた。ここでおそらく、伊勢の中心性が生まれたのであろう。ただ、それは本質的な特徴としてではなく、むしろ人びとが絶えず己の文脈から伊勢の形や構造を変化させ続けてきた記号論的営みの結果だといえよう。

このようにまったく異なる文脈の中で、さまざまな形で生まれた伊勢に関連するシンボリズムは、日本文化やアイデンティティの本質的な価値をより的確に意図するものとして、必ずしも神道言説における伊勢の中心性や遍在性に迫りきれていない。反対に、それは日本の宗教性にかかわる多種多様な分野の統一化、均一化、構造化を図る試みを崩しながら、異なる対照的な一連の意味や価値を伝えるために、伊勢が単に虚空のシニフィアンとして使用されただけだということを示唆するのではないか。

同様のことが、丸山のバッソ・オスティナートの構成要因についてもいえる。それらの要因は意味論的な単位なのだろうか。それとも、虚空のシニフィアン、かたちなのか。学者たちは通常、前者（意味論的な単位）と想定するが、実際には後者（虚空のシニフィアン）の場合も多いのではないか。もしそうであれば、日本、天皇、天照大神や伊勢神宮の聖性は、本質的な価値ではなく、むしろ虚空のシニフィアン、浮遊する記号であり、ある言説が多様でまとまりのない分野の統一を図ろうとする時はいつでも、さまざまな文脈の中で理解され、使用されるものである。

ここで、もう一つの本質的な問いかけをしなければならない。なぜ、天照大神＝伊勢神宮＝天皇＝日本がバッソ・オスティナートとなりえたのか。それは、『古事記』や『日本書紀』の古代神話には、現実の再神話化、再魔術化に利用できる素材が極めて少ないからではないか。実際、宗教伝統としての神道は、特定の宗教テキストには基づかない特有のものである（『古事記』や『日本書紀』は、主に歴史的記録であり、神話は全文の一片にすぎない）。このように『古事記』や『日本書紀』は、「閉ざされたテキスト」として取り扱われると、言語や表象の牢獄となり、そのなかで言説はいくつかの簡潔な主要用語によって略述されてしまう。しかも、その用語の意味は本来のテキスト自体であらかじめ決められているのではなく、解釈者の指向により決定される。ところが、中世の著述者（それほどでもないが、近世の儒者も同様）は、これらの文献を「開かれたテキスト」として取り扱い、神話の文字通りの狭い範囲を超えて意義を広げることで、この牢獄から逃れようとした。国学や新国学は、その複合的な意味を権威主義的かつ排他的な解釈に狭める試みであった。

おわりに――シニフィアンを中心とする文化？――

これまで近・現代の神道における規範的な形式――特に伊勢神宮に関連する言説が、形態やシニフィアンを重要視することを見てきた。それ自体、ユニークでも奇妙なことでもない。文化記号論は、二つの一般的文化類型を展開してきた。一つは、表現（シニフィアン）を重視するもので、もう一つは内容（シニフィエ）を重視するものである。前者は、みずからを一連の規定されたテキストとして、後者はみずからを新たなテキストの作成を促進する装置としてみなす文化である〔Lotman & Uspenkij 1995: 50–51〕。規定されたテキストを重視する文化は、先例や過去のモデル（選定されたテキストからの引用を含む）やその反復を好む。それに反して、内容（シニフィエ）を中心とする文化は、新しい形態やテキスト、異なる振る舞いや実践を生み出す規則を重視する。

神道の中には知的な考察よりも、むしろ先例に基づいた行い、パフォーマンスや表象を、優位とみなす場合がある。この態度は、より広い文化的志向性（シニフィアンの重視）の結果である。このように正しい手順（権威や権力のあるものによって設定されたかたちで）の遵守に対する疑いを挟むことのない受容は戦時中、「神ながらの道」とみなされ、近代日本の軍国主義的権威主義に異常なほどにつながりあう。

もちろん、表象の強調は、すべての神道について語られるものではない。虚空のシニフィアンの疑うことのない採用は、伊勢を中心とした神道の伝統の主流のひとつにすぎないことを忘れてはならない。もう一方、観念の拡散と革新や創造への強い志向が同時に存在したことも認めざるを得ない。少なくとも平安時代以降、多くの解釈者は神話、儀礼、表象（芸術的な様式や物質的なものも含め）などにさまざまな意味を付加することにより、神やその文化的体系の解明を試みてきた。こうした動向は、古い形式の保護より、新しい解釈や形式を生みだすことを優先させることで、シニフィエを重視する文化的類型の例であり、そのなかには両部神道《りょうぶしんとう》や儒家神道《じゅかしんとう》、さらにいくつかの国学の流れ（とりわけ平田《ひらた》篤胤《あつたね》の学派）が含まれる。これらは、何百年にもわたり、神の諸言説の主流となっていた。

おそらく、日本における現在の大衆文化や宗教性の多くを特徴づける「神道っぽい」ものには、前近代の神々の世界における新たな形式の増殖という独特の状況への回帰が見られる。

この意味においては、現在我々が神道と称するものは、統一を拒否する驚くべき多様性に満ちた、常にさまざまな可能性と代替性の公汎で流動的な領域に属することがわかる。ここには神道や、もしかすると日本文化全般の美と強さがあるのではないか。

小論の冒頭に山口昌男の言葉を借りたが、知的思索が神を満足させるような、もう一つの「装置」であると指摘したい。そうであれば、神に関する言説の意義は、記号論的な装置としてのその知的労働にある。それらは、まさに観念的なインスタレーションという性格をもち、神への一種の供えものであると思われる。

（1） By doing this, Japanese people renew their minds and faith in the deities and ensure the continuity and rejuvenation for the divine spirits. Traditional Japanese culture and skills are also passed on to the next generation.

（2） ヘイブンズは、〔井上編 一九九八：二四五〕の井上順孝氏の後書きを参照している。

〔参考文献〕

Ballou, Robert O. 1945 *Shinto: The Unconquered Enemy: Japan's Doctrine of Racial Superiority and World Conquest*. The Viking Press.

Eco, Umberto. 1980 *La struttura assente: La ricerca semiotica e il metodo strutturale*. Milan: Bompiani, pp. 189-249.（原版一九六八年）

Havens, Norman 2006 "Shinto," in Paul L. Swanson and Clark Chilson, 編, *Nanzan Guide to Japanese Religions*. University of Hawai'i Press.
Lévi-Strauss, Claude 1987 *Introduction to Marcel Mauss*. Routledge.〔原版 一九五〇〕
Lotman, Jurij M. and Boris A. Uspenkij 1995 *Tipologia della cultura*. Bompiani.〔原版 一九七三〕
Lowenthal, David 1985 *The Past Is a Foreign Country*. Cambridge University Press.
Mehlman, Jeffrey 1972 "The 'Floating Signifier': From Lévi-Strauss to Lacan," *Yale French Studies*, No. 48, pp. 10-37.
Yamaguchi Masao 1991 "The Poetics of Exhibition in Japanese Culture," in *Exhibiting Cultures: The Poetics and Politics of Museum Display* (eds.) I. Karp and S. D. Levine, pp. 57-67. Smithsonian Institution Press.
井上順孝編 一九九八『神道――日本生まれの宗教のシステム――』（新曜社）
櫻井勝之進 二〇〇三『伊勢の式年遷宮――その由来と理由――』（皇學館出版部）
末木文美士 二〇〇六『日本宗教史』（岩波書店）
丸山眞男 一九七二『歴史意識と古層』（『丸山眞男集』第一〇巻所収、岩波書店、一九九五～九七年）
山本ひろ子 一九九八『中世神話』（岩波書店）

〔付記〕 本章に引用した神社本庁、伊勢神宮ウェブページ内のテキストは二〇一五年一〇月二〇日現在のものである。

あとがき

伊勢神宮の古代、中世、そして近世のさまざまな側面を明らかにする一流の研究はもちろんたくさんある。それは序章で述べた通りだが、伊勢神宮の歴史を十分に長いスパンで捉えた研究はなかなかない。さらに、神宮の変容する姿に特に注目して、そこに最大の意味を見出す研究は存在しない。神宮がもっとも激しく揺らいだ近現代をとってみても、研究がほとんどなされていない。その結果でもあろうが、我々の前に現れる伊勢神宮は、変容しない、時間と空間を超越した、神話的な存在となっている。日本で最も重要な聖地＝伊勢神宮に関する歴史的研究はまだまだ足りない、ということになろう。

そうした状況に本書の編者が不満をいだき、考えたのが「国際シンポジウム　転換期の伊勢」であった。伊勢神宮の六二回目の式年遷宮（二〇一三年一〇月）直前の夏に国際日本文化研究センター（日文研）において国際シンポジウムを開き、神宮を長いスパンでとらえ、しかも多角的に学際的に議論しあう場を設けたいと考えた。とりわけ伊勢神宮の転換期に光をあて、神宮史のダイナミズムを浮き彫りにする狙いがあった。そして、シンポジウムの成果を、限られた数の学者だけのものとせずに、一般の読者にも披露したいという希望を当初からもっていた。本書『変容する聖地　伊勢』は、その希望が結実したものである。

戦後の伊勢神宮は、遷宮の年にさまざまなメディアから脚光を浴び、参拝者の数が大きく伸びる。皇室も、国家も、みずからと神宮との関係をアピールする契機となり、神宮はいわゆる公共圏において一時的ではあれ、支配的な存在となる。しかし、式年遷宮が終わってみると、参拝者がまた減り、神宮がもつ国民と皇室と国家との関係性は薄くなり、神宮が公共圏から退いていく。戦後はこうした周期的な現象が見て取れる。したがって、本来なら伊勢神宮が次に大きくクローズアップされるのは、第六三回の式年遷宮が行われる二〇三三年となるはずだ。しかし今回は事情が違う。まず、二〇一六年に第四二回先進国首脳会議が伊勢志摩で開催される。このいわゆる「伊勢志摩サミット」は伊勢にとって重要な意味をもつ。G7各国の首脳と欧州連合の代表者が伊勢にやってくる。伊勢神宮そのものも、当然国内においてもまた海外からも新たな注目を浴び、神宮と日本文化との関係性が問いなおされるきっかけとなるからである。

伊勢神宮が注目される可能性があるのは、この伊勢志摩サミットだけではない。近い将来に日本国憲法が改正される可能性がある。この憲法改正は神宮、神宮のあり方、その公共性の問題と無関係なものでは決してない。自民党政権が改正の対象としているのは、いつも話題になっている戦争放棄の第九条だけではない。天皇のステータスと主権問題を規定する憲法の第一章も、国民の権利および義務をめぐる第三章、とりわけ信教の自由、国家の宗教との関係を規定する第二〇条（そして第七章の第八九条）も改正されていく見込みとする意見もある。二一世紀における日本国憲法の改正のよしあしを検討するにあたっても我々はやはり伊勢神宮の歴史、神宮の日本文化における位置づけを多角的に、学際的に正しく把握する必要がある。以上のような理由から、本書『変容する聖地　伊勢』に収めた数々の論考が、一石を投じ、読者の理解を深めるのに役立つことを心から願っている。

本書の基礎となった「国際シンポジウム　転換期の伊勢」について一言触れておきたい。「転換期の伊勢」は、たくさんの研究者に日文研に集まっていただく貴重なきっかけとなった。伊勢の古代、中世、近世、近現代にみる転換期を、歴史学、文学、宗教学、哲学、建築学、社会学、政治学などの観点から議論していただけたことはとても有意義であったと確信している。普段あまり交流の機会を持てない研究者が交流し、お互いに多くの刺激を受けることができた。

ただし、本書はよりテーマを絞った書籍にするために、一部シンポジウムと構成を変えることにした。そのため、シンポジウムに大いに貢献したが、本書に収録できなかった発表もある。佛教大学教授の田山令史氏の「本居宣長の言語観――変容と持続――」は刺激的で、活発な議論の引き金となった。また、コメンテーターから貴重な発言を多くいただいたが、本書への掲載はできなかった。コメンテーターとして大いに活躍した先生方を列記することにし、感謝の意を表したいと思う。日文研名誉教授の末木文美士氏と京都大学名誉教授・秩父神社宮司の薗田稔氏は、それぞれ古代、中世部門で、日文研教授の荒木浩氏と皇學館大学教授の白山芳太郎氏は、中世・近世部門でするどいコメントを提示してくださった。近世部門では、日文研の井上章一教授と笠谷和比古名誉教授が、そして近現代部門で静岡大学の M. G. Sheftall 教授と明治学院大学の原武史教授がそれぞれコメンテーターをつとめ、議論を盛り上げてくださった。米国カリフォルニア大学サンタバーバラ校名誉教授のアラン・グラパール氏は二日分の発表、議論の総まとめを快く引き受けてくださった。司会を務めた、日文研准教授の榎本渉氏、フレデリック・クレインス氏、佐野真由子氏にもここでお礼を申し上げたい。

「転換期の伊勢」のような国際シンポジウムの段取りはなかなか大変だが、二〇一三年七月二六日と二七日当時のすべてが順調に行われたのは、日文研研究支援係の児島さなえ氏、また大学院生（当時）のアントン・セビリア氏、王莞晗氏、栄元氏、西田彰一氏その他の大学院生に負うところが極めて大きかった。英文で書かれた原稿の日本語訳のチェックは関西学院大学の新井菜穂子氏にお願いした。各氏にここで改めて感謝の意を表したい。本書の刊行にあたっては、思文閣出版の田中峰人氏に大変お世話になった。この原稿を丹念にチェックしていただき、厚くお礼を申し上げたい。

最後に、本書の出発点となった「国際シンポジウム　転換期の伊勢」、ブリーン論文「戦後の伊勢――プリント・メディアにみる神宮と式年遷宮――」は、ＪＳＰＳ科研費二四五二〇七九一の助成を受けたものである。

ジョン・ブリーン

執筆者紹介（収録順）

John Breen（ジョン・ブリーン）
1956年生．ケンブリッジ大学日本学科博士号取得．国際日本文化研究センター・総合研究大学院大学教授．
『神都物語——伊勢神宮の近現代史』（吉川弘文館，2015年），『儀礼と権力——天皇の明治維新』（平凡社，2011年），「近代外交体制の創出と天皇」（荒野泰典他編『日本の対外関係７　近代化する日本』吉川弘文館，2012年）．

山中　章（やまなか・あきら）
1948年生．広島大学文学部史学科考古学専攻卒業．三重大学名誉教授．
『長岡京研究序説』（塙書房，2001年），『日本古代都城の研究』（柏書房，1997年）．

Herman Ooms（ヘルマン・オームス）
1937年生．シカゴ大学日本歴史学部博士号取得．カリフォルニア大学ロサンゼルス校歴史学部名誉教授．
Imperial Politics and Symbolics in Ancient Japan: The Tenmu Dynasty : 650-800 (Honolulu: University of Hawai'i Press, 2009)，『徳川ビレッジ——近世村落における階級・身分・権力・法』（ぺりかん社，2008年），『徳川イデオロギー』（ぺりかん社，1990年）．

小倉慈司（おぐら・しげじ）
1967年生．東京大学大学院人文社会系研究科博士後期課程単位修得退学．国立歴史民俗博物館准教授．
『天皇の歴史09　天皇と宗教』（共著，講談社，2011年），『続神道大系　朝儀祭祀編　一代要記』１～３（共著，神道大系編纂会，2005～2006年）．

William M. Bodiford（ウィリアム・M・ボディフォード）
1955年生．イェール大学宗教学部博士号取得．カリフォルニア大学ロサンゼルス校宗教学部教授．
Going Forth: Visions of Buddhist Vinaya ((ed.), Honolulu: University of Hawai'i Press, 2005), *Sōtō Zen in Medieval Japan* (Honolulu: University of Hawai'i Press, 1993), "The Medieval Period: Eleventh to Sixteenth Centuries." (in Paul L. Swanson and Clark Chilson, ed., *Nanzan Guide to Japanese Religions*, Honolulu: University of Hawai'i Press, 2006).

伊藤　聡（いとう・さとし）
1961年生．早稲田大学大学院文学研究科博士課程満期退学．博士(文学)．茨城大学人文学部教授．
『神道とは何か——神と仏の日本史——』（中公新書，2012年），『中世天照大神信仰の研究』（法藏館，2011年），『中世神話と神祇・神道世界』（編著，竹林舎，2011年）．

D. Max Moerman（D･マックス・モーマン）
1963年生．スタンフォード大学大学院東アジア宗教学研究科博士号取得．コロンビア大学バーナードカレッジ，アジア文化学科教授．
The Japanese Buddhist World Map: Religious Vision and the Cartographic Imagination（Honolulu: University of Hawai'i Press, 近刊），*Localizing Paradise: Kumano Pilgrimage and the Religious Landscape of Premodern Japan*（Cambridge: Harvard University Asia Center, 2005），"Demonology and Eroticism: Islands of Women in the Japanese Buddhist Imagination."（*Japanese Journal of Religious Studies* 36/ 2 , 2009）.

Mark Teeuwen（マーク・テーウェン）
1966年生．ライデン大学日本学学科博士号取得．オスロ大学文化研究・東洋語学部教授．
A New History of Shinto with John Breen, Wiley-Blackwell, 2010），"The Laǒzĭ and the emergence of Shintō at Ise,"（in Jeffrey L. Richey, ed., *Daoism in Japan: Chinese traditions and their influence on Japanese religious culture*, Routledge, 2015），「神祇，神道(じんどう)，そして神道(しんとう)――神道の概念史を探る――」（『文学』 9－2， 2008年）．

西山　克（にしやま・まさる）
1951年生．京都大学大学院文学研究科博士課程単位取得(日本史学専攻)．関西学院大学文学部教授．
『聖地の想像力――参詣曼荼羅を読む――』（法藏館，1998年），『道者と地下人――中世末期の伊勢――』（吉川弘文館，1987年），「室町時代宮廷社会の精神史――精神障害と怪異」（東アジア恠異学会編『怪異学の可能性』角川書店，2009年）．

斎藤英喜（さいとう・ひでき）
1955年生．日本大学文学研究科博士課程満期退学．佛教大学歴史学部教授．
『異貌の古事記――あたらしい神話が生まれるとき――』（青土社，2014年），『陰陽師たちの日本史』（角川選書，2014年），『古事記はいかに読まれてきたか――〈神話〉の変貌――』（吉川弘文館，2012年）．

劉　琳琳（リュウ・リンリン）
1973年生．北京大学歴史学系世界史学科博士課程修了(日本史専攻)．北京大学外国語学院日本語学部准教授．
『日本江户时代庶民伊势信仰研究』（世界知識出版社(中国)，2009年），「日本近世関於伊勢外宮地位的論争」（『日本問題研究』2014年第 4 号），「日本古代到中世的天皇世系話語」（『社会科学』2012年第11号）．

河野　訓（かわの・さとし）
1957年生．東京大学大学院人文科学研究科博士後期課程中退．博士(文学)．皇學館大学副学長．
『中国の仏教　受容とその展開』（皇學館大学出版部，2008年），『漢訳仏伝研究』（皇學館大学出版部，2007年），『初期漢訳仏典の研究』（皇學館大学出版部，2006年）．

谷口裕信（たにぐち・ひろのぶ）
1975年生．東京大学大学院人文社会系研究科博士課程修了．皇學館大学文学部准教授．
「近代の伊勢参宮と宇治山田の旅館業」（『明治聖徳記念学会紀要』50，2013年），「田中正造日記」（千葉功編『日記に読む近代日本』2，吉川弘文館，2012年），『伊勢市史』第4巻近代編(2012年)．

高木博志（たかぎ・ひろし）
1959年生．立命館大学大学院文学研究科博士後期課程修了．京都大学人文科学研究所教授．
『陵墓と文化財の近代』（山川出版社，2010年），『近代天皇制と古都』（岩波書店，2006年），『近代天皇制の文化史的研究――天皇就任儀礼・年中行事・文化財』（校倉書房，1997年）．

田浦雅徳（たうら・まさのり）
1953年生．東京大学大学院人文社会系研究科博士課程日本史学専攻．皇學館大学文学部教授．
「遷宮と昭和の宇治山田」（『伊勢の神宮と式年遷宮』皇學館大学出版部，2012年），『伊勢市史』第4巻近代編（伊勢市，2012年，昭和戦前期の政治分野担当），「満州国における治外法権撤廃問題」（『植民地帝国日本の法的展開』信山社出版，2004年）．

Fabio Rambelli（ファビオ・ランベッリ）
1963年生．ナポリ大学およびヴェネツィア大学共同大学院東アジア研究科博士号取得．カリフォルニア大学サンタバーバラ校宗教学部教授．
A Buddhist Theory of Semiotics (London and New York: Bloomsbury, 2013), *Buddhism and Iconoclasm in East Asia: A History* (with Eric Reinders, London and New York: Bloomsbury, 2012), *Buddhist Materiality: A Cultural History of Objects in Japanese Buddhism* (Stanford, Ca.: Stanford University Press, 2007).

索　引

＊1：読み・表記が複数ある語については適宜一方にまとめた。
＊2　章・節の表題に含まれる語は、その章・節内の初出頁のみを掲げ、太字にした。

あ

秋篠宮　4
『朝日新聞』　279, 280, 282, 283, 289～91, 293, 294
朝熊山　11, 112, 113, 115
『吾妻鏡』　98
安倍晋三　5, 265, 292, 293
『天照坐伊勢二所皇太神宮御鎮座次第記』　156
『天照坐二所皇大神正殿観』　104
天照大神（アマテラス）　3, 4, 6, 7, 9, 12, 19, 32, 34, 37, 44, 50, 68, 80, 86, 93, 96, 100, 102, 105, 110, 111, 124, 145, 147, 151, 155, 158, 161～3, 165～8, 247, 252, 253, 279, 280, 284, 286, 287, 289, 299, 300, 302～7, 309, 313, 314
天児屋命　304
アメノオシホミミ　43
アメノミナカヌシ　12, 156, 158
荒木田氏　11, 83, 111, 112, 116, 117, 119
荒木田時盛　116
荒木田延平　84
荒祭宮　20, 100
有栖川宮熾仁親王　214

い

石井邦猷　210
五十鈴川　6, 28, 29, 190, 191, 212, 229, 237, 247, 273, 280, 281, 283
出雲大社　22
『出雲国風土記』　154
イセコッコ　289
『伊勢参宮名所図会』　191
伊勢参詣曼荼羅　12, 113, 137～41, 143
　伊勢曼荼羅図（正暦寺本）　101, 139, 143
『伊勢路見取絵図』　194
『伊勢神宮式年遷宮の本義』　284, 287
伊勢神宮式年遷宮奉賛会　277, 281, 284, 286, 291
『伊勢新聞』　229, 232, 234, 256, 257, 260, 266, 267, 270～2
伊勢神領興行法　132, 133
伊勢神道　151～3, 156, 160, 298
『伊勢大神宮記』　95
『伊勢太神宮参詣記』　101
『伊勢二宮さき竹の弁』　**159**, 305
『伊勢二所太神宮神名秘書』　126～8, 131～3
伊勢国計会帳　68
『いせ参御蔭之日記』　174
磯神社　26
磯宮　7
磯部氏　117, 119
伊藤仁斎　152

う

『浮世の有様』　175, 179
宇佐八幡宮　131
宇治山田都市計画　270, 271, 274
卜部兼方　130
卜部兼文　129
卜部氏　130

え

叡尊　100
『淮南子』　127
恵亮　80, 81
『延喜式』　9, 50, **55**
『延喜式祝詞』　154
『圜悟心要』　130

お

逢鹿瀬寺　38, 49, 110

大海人皇子　9, 32
大岩芳逸　208
大鹿ミヤケ　31
正親町天皇　145
大来皇女　32, 34, 37
『大阪朝日新聞』　267
太田小三郎　208, 214, 234
大中臣氏　83, 111, 112, 117, 119, 123, 130
大中臣真継　69
大神神社　43, 44, 304
御蔭参り　155, **170**
『御蔭参話の種』　176
『御蔭参文政神異記』　177
『おかけまうての日記』　174
沖ノ島　25
御祓　171〜9, 182
おはらい町　190, 193, 194
お札降り　**170**
御師
151, 155, 160, 171〜3, 187, 190, 205, 207

か

貝原益軒　152
香川敬三　214
笠縫邑　6, 302
橿原神宮　238
鹿島則文　210, 214
風宮　98
『兼見卿記』　141
亀山天皇　85
画紋帯神獣鏡　19, 24〜6
仮殿　**143**
仮殿遷宮　127
勘合貿易　10, 88
勧進　10, 253
勧進比丘尼　113, 114
勧進聖　12, 82, 94, **98**, 137, 138
観想　10, **92**
寛文の大火　188, 189

き

『菊屋町旧記』　173
記号論　15, 298, 308, 313, 315, 316
岸本康通　271
北畠親房　83
脚付短頸壺　29〜31
経ヶ峰経塚　112, **113**, 117
行基　46, **96**
儀礼国家　43
近畿日本鉄道(近鉄)　272, 286
今上天皇　4, 291
近世神道　157
近世神話　151, **159**, 161, 162, 165, 167

く

空海　82, 99
草壁皇子　43
国常立尊(クニノトコタチ)
12, 127, 150, 151, 156, 162, 304
久邇宮多嘉王　256
倉田山　13, 210, 212, 213, 221〜5, 230, 232〜4, 243, 248

け

慶光院　190, 191, 194, 195
『渓嵐拾葉集』　304
源慶　100
『元亨釈書』　82, 83
賢俊　51
『元禄宝永珍話』　174

こ

皇學館大学(神宮皇學館)　223, 231, 311
孝謙天皇　→称徳天皇
高僧伝　82
『皇代記』　64
『皇太神宮儀式帳』　55〜7, 69, 158
『皇太神宮禰宜譜図帳』　63, 64
後宇多天皇　191
『鼇頭古事記』　153, 154
合同電気会社　243, 246
国体明徴運動　14, 249
『古今著聞集』　98
御斎会　80
『古事記』　42, 43, 45, 153〜6, 161, 162, 164, 165, 167, 168, 305, 306, 311, 314
『古事記裏書』　130
『古事記伝』　12, 155, 161〜3, 165
護持僧　124
後白河院　94, 101

牛頭天王 192
御遷宮奉祝神都博覧会 272
後醍醐天皇 245
古代神話 12
国家宗教 45〜7
国家神道 39, 182, 283, 301
後土御門天皇 89, 303
小町塚経塚 11, 112, **116**
金剛證寺 113
『金光明経』 78〜80
混沌論 11, **123**

さ

斎王(制度) 32, 37, 51, 123
『西行物語』 102
斎宮 6, 31〜3, 66, 110
斎宮寮 66, 123
西迎 98, 99
西大寺 124
最澄 82
阪本廣太郎 258
(伊勢)参宮・参拝 4, 10, 12〜4, 86, 89, **92**, 148, 150, 155, 160, 168, 170, 173, 175〜82, 187, 207, 229〜31, 238〜41, 243, 248〜50, 253, 257, 260, 266, 268, 282, 290, 291, 293, 300
参宮急行電鉄 238
参宮自動車 232
参宮鉄道(参宮線) 225, 243, 244, 247
『参詣物語』 101
『三五歴紀』 127
三種神器 303
『三方会合記録』 188

し

式年遷宮 3, 4, 6, 10〜12, 14, 87, **137**, 205, 207, 221, 233, 234, 237, **252**, **276**, 301, 307, 309, 310
重野泰繹 214
持続性 297, 298, 301
持統天皇 9, 37, 43, 44, 253, 301, 302
渋沢栄一 214
下賀茂神社 153
寂照寺 199, 200
『釈日本紀』 130
『沙石集』 83, 84, 102, 109
修学旅行 13, **237**
十七日会 208
寿岩院 199
周養 89, 90, 146
貞慶 98
聖守 98, 100
正遷宮 89, 132, 141, 143, 145, 146, **147**, 221
定泉寺 116
称徳天皇 41, 45, 46, 48〜50
聖福寺 88
常明寺 196
聖武天皇 47, 80, 93, 96
昭和天皇 255, 257, 277, 291
『続日本紀』 47, 55, 66, 68, 110
『続日本後紀』 69
神苑会 13, 14, **207**, 254
『神苑会史料』 208
神器 43, 44
『神宮』 288, 289
神宮関係特別都市計画 234
神宮司庁 221, 224, 234, 262, 277, 279, 285, 292
『神宮雑例集』 57, 61, 63
神宮大麻 286, 287
『神宮　第六十一回神宮式年遷宮をひかえて』 287
神宮撤下御物拝観所 223, 224, 228, 230, 233, 243, 246
『神宮秘伝問答』 159
神宮文庫 201, 223
神宮奉頌歌 261〜3
神郡 56, 57, 66, 72, 133
『真言付法纂要抄』 93
神社本庁 108, 277, 286, 287, 299, 300, 303, 310
壬申の乱 9, 31, **32**, 34
真盛 84, 86
『新撰姓氏録』 154
神葬祭 13, 193, 202〜4
神都 187, 198, 205, 220, 233, 234, 254, **270**, 274, 281
神道 11, 14, 15, 39, 41, 42, 48, 49, 77, 78, 90, 125, 130, 141, **152**, 178, 197, 203, 205, **297**

神道五部書　132, 153, 155, 156, 158
神道指令　276, 278
『神都雑事記』　194
『神都名勝誌』　20, 271
『神皇正統記』　83
心御柱　104, 313
『真福寺本古事記』　154
神仏習合　49, 93, 139, 304
神仏分離　13, **187**
神仏分離令　108, 188, 191, 193, 195, 196, 204
神宝　278
『神法楽観解深法巻下』　104
神明社　178
神明造　20〜2
『神名秘書』　11
神領　96, 123, 130〜3, 187, 199〜202, 204, 208, 211, 264, 265, 270
神領興行法　126
「神領葬祭略式」　201
神領民　187, 197, 201, 202, 204, 205

す

垂加神道　159
垂仁天皇　6, 8, 303
スサノヲ　162
崇神天皇　6, 302

せ

政教分離　276, 293, 300
正寿院　200
清順(慶光院)　89, 90, 253
清浄　49, 83, 132, 158, 310, 311
成尊　93
聖地　3〜5, 7, 14, 38, 92, 94, 234, 249, **270**, 274, 283, 300, 302, 304
正統性　50
『勢陽五鈴遺響』　189
西洋天文学　12
清和天皇　80, 81
世義寺　189, 196
遷御　4, 5, 148, 207, 252, 256, 259, 261, 263, 265, 268, 279〜83, 289〜93
遷宮　5, 51, 198
『先代旧事本紀』　45, 154

そ

『造伊勢二所太神宮宝基本記』　158
創世神話　**42**
副島種臣　214
即位灌頂　51, 303
存在論　**307**

た

醍醐寺　85, 124
『第五十九回神宮式年御遷宮の栞』　277〜9, 287
『第五十九回神宮式年遷宮要解』　279, 285, 287
大嘗祭　48, 51
大正天皇　230, 231, 255, 257
大神宮司　9, 55, 57, 59, 61〜4, 66, 68, 69, 71, 72, 123
『太神宮諸雑事記』　57, 60, 61, 64, 65, 93
『太神宮神道或問』　157
大神都聖地計画　272
大日如来　93, 105
待賓館　213
大福寺　85
『太陽』　285, 287
高倉山古墳　27, 28, 33
鷹司兼平　127, 131, 132
高御産巣日神(タカミムスヒ)　45, 302
多気大神宮寺　110
託宣　93, 158
多田義俊　173
橘成近　154
橘諸兄　**93**, 96
田中義一　260
田中芳男　219
谷重遠　152

ち

知恩院　198, 199
中世神道　155, 162
中世神話　155, 156, 162
重源　**94**, 96, **97**, **98**, 101, 105
徴古館　6, 14, 213, 219〜23, 230, 231, 233, 243, 246, 254

つ

通海　84
『通海参詣記』　84, 98, 101, 102
ツーリズム　249
月読宮　246

て

帝国博物館　220
出口延佳　12, **150**
鉄道　240, 244, 261, 267
『天照大神儀軌』　103, 104
『天地霊覚秘書』　128〜32
天武天皇　9, 37, 41, 44, 301
天龍寺　88

と

『東海道中膝栗毛』　150, 151, 156
等観寺　270
道鏡　46, 47, 50
『東京朝日新聞』　257, 260, 266, 268
東京師範学校　240
東京女子高等師範学校　248, 249
東大寺
60, 67, **94**, 96, 97, **98**, 105, 118, 124, 238
『東大寺衆徒参詣伊勢大神宮記』
94, 98, 101
『東大寺真言院再興略記』　99
『東大寺造立供養記』　95
『東大寺続要録』　99
『東大寺要録』　93
多武峰　88
東福寺　125, 130
迹太川　9, 32
徳川家康　147
徳政　11, **123**
独立棟持柱建物　20〜2
祈年祭　44
飛神明　182
『止由気宮儀式帳』　7, 55, 67, 69, 151
『豊受太神宮禰宜補任次第』　65
豊受大神(トヨウケ)
3, 7, 151, 156, 161〜4, 167, 168, 245
『豊受皇太神御鎮座本紀』　155
豊鍬入姫命　6, 302
豊臣秀吉
11, 140, 141, 143, 145, 147, 148, 191, 194
豊宮崎文庫　152, 229

な

内国勧業博覧会　220, 224
内侍所　124
中臣氏　37, 38
中臣清麻呂　48, 50
『中臣祓瑞穂鈔』　157
『中臣祓訓解』　104
奈良女子高等師範学校
13, 240, **241**, 248, 249
成川尚義　219

に

日露戦争　221, 228, 247
ニニギ　43, 45, 161
『日本書紀』　6〜8, 42, 43, 45, 127, 128, 130, 151, 154, 155, 303, 306, 314

ぬ

抜け参り　175, 181, 182

ね

禰宜　56, 60〜5, 68, 69, 71, 83, 84, 90, 99〜101, 113, 116, 129, 131, 143, 145〜8, 151, 256, 270, 282
禰宜庁　123, 124, 133

の

農業館　13, 14, 219〜21, 223, 225, 230, 233, 243, 245, 254

は

廃仏毀釈　195
八幡神　47, 50
花房義質　214, 219, 220
浜口雄幸　5, 265, 292, 293
早懸　201〜3
林崎文庫　160
林羅山　152
パワー・スポット　292
『万歳書留控』　180

ひ

常陸宮正仁親王 282
平賀源内 12, 176, 179
平田篤胤 316

ふ

複正 193, 199, 201
福地由廉 272, 273
藤原氏 37
藤原武智麻呂 38
二見浦 213, 237, 244, 246
仏教忌避 10, 92, 93
復古神道 77
普遍性 159, 164, 165, 167

へ

平安京奠都千百年紀年祭 220
『平家物語』 81
弁暁 94

ほ

宝珠 96, **97**, 104
蓬莱尚賢 160
法楽 10, 84, 94, 124, 253
法楽寺 85, 124
法楽舎 85, 87, 88, 124, 189〜91, 193, 194
本地垂迹 125, 128
『梵網経』 83

ま

『毎日グラフ』 283
『毎日新聞』 279〜83, 289, 291, 293
松木貴彦 143, 144, 146
松坂・松阪 159, 174, 177, 244, 247
末法(思想) 11, 111, **113**, 117
万覚寺 118
曼荼羅 **102**, 104, 105, 110, 111, 132
『万葉集』 154

み

御巫清直 196, 197
御厨・御薗 123
御饌津神 151, 161〜3
宮川 26〜9, 33, 124, 127, 141, 208, 211, 268
宮川電気株式会社(伊勢電気鉄道株式会社) 225, 232
『宮川日記』 173
『宮川夜話草』 270
御幸道路(御成街道) 208, 222, 233, 225, 228, 230〜2, 234
明王院 190
妙楽寺 88

む

夢告 10, **92**
無住一円 **109**

め

明治天皇 197〜9, 201, 205, 228, 230, 231
メディア 5, 14, **276**

も

望月圭介 259, 260
本居宣長 12, **150**, 247, 248, 305, 311
森壺仙 174, 175
文徳天皇 80
文武天皇 43, 110

や

山口昌男 297, 307, 316
山崎直胤 214
山田顕義 214
『大和葛城宝山記』 104
倭姫命 6, 26, 245, 303
倭姫宮 222
『倭姫命世紀』 127, 153

ゆ

唯一神道 133
(唯一)神明造 137, 139, 140, 147, 148, 245
雄略天皇 7, 155

よ

遙拝 4, 9, 102, 259, 262, 281〜3, 291
『陽復記』 155〜7
吉井友実 214
『吉岡家記録』 178
芳川顕正 214
吉田兼有 141

吉田兼倶　88, 89, 133, 303, 304
吉田茂　260
吉田神社　89, 141, 303
吉田神道　304
吉見幸和　152
『読売新聞』　249, 250, 257, 279〜83, 289, 291, 293

ら

来光寺　177

り

離檀　187
『両宮形文深釈』　96, 104
両宮庁　143
『両宮本誓理趣訶衍』　104
両部神道　110, 315
両部曼荼羅　125, 129

る

『類聚神祇本源』　303

れ

『麗気記』　303
連続性　301

ろ

『老子河上公注』　125, 127〜9
『老子述義』　125
『老子道徳経』　125, 127, 129

わ

渡辺洪基　214
度会氏　11, 83, 111, 112, 114, 116, 117, 119, 196, 303
度会家行　303
度会神道　110, 303
度会常行　117
度会雅彦　113
度会行忠　11, 83, 123
『和名抄』　154

変容《へんよう》する聖地《せいち》　伊勢《いせ》

2016(平成28)年5月27日発行

定価：本体2,800円(税別)

編　者　ジョン・ブリーン
発行者　田中　大
発行所　株式会社　思文閣出版
〒605-0089　京都市東山区元町355
電話 075-533-6860(代表)

装　幀　小林　元
印　刷
製　本　亜細亜印刷株式会社

 ISBN978-4-7842-1836-3　C1021

思文閣出版刊行図書案内

怨霊・怪異・伊勢神宮　山田雄司著

古代・中世社会で大きな意味をもち、社会の底流で歴史を動かしてきた怨霊・怪異。早良親王・菅原道真・崇徳院などの怨霊や、様々に記録・伝承される怪異など、その諸相を歴史的に跡づける。さらには親鸞や伊勢神宮といった、神と仏をめぐる領域をも射程に入れて集大成する。

▶A５判・448頁／本体7,000円（税別）　ISBN978-4-7842-1747-2

神話・伝承学への招待　斎藤英喜編

桃太郎は、なぜ桃から生まれてくるのだろうか――その答えは『古事記』のなかにあった。これまで別々のジャンルで扱われてきた「神話」と「伝説」「昔話」について、総合的・学問的に研究する「神話・伝承学」。本書は11の章と７つのコラムにより、魅力ある「神話・伝承学」の世界へいざなう、格好の入門書。

▶A５判・266頁／本体2,300円（税別）　ISBN978-4-7842-1813-4

王権と神祇　今谷明編

実証的研究の蓄積が少ない天皇制や大嘗祭、また権門体制論・顕密体制論によって規制されがちな中世神祇史について、実態面の研究を積み重ね、さらに中世日本紀や神道書の考証も重ね合わせることにより、王権と宗教に関する新たな見取り図を描き出すことを目指した意欲的な論集。国際日本文化研究センター共同研究の成果。

▶A５判・348頁／本体6,500円（税別）　ISBN4-7842-1110-1

神仏習合の歴史と儀礼空間【オンデマンド版】　嵯峨井建著

日本宗教史の基本位置にある神道と仏教との関わりを、祭祀・法会の空間である神社・寺院の儀礼空間を視点に論じ、神仏習合の実態を明らかにする。仏への天皇行幸、中近世をつうじた京都における神仏習合など、豊富な事例とともに神仏習合の諸形態を丹念にまとめた実証研究。

▶A５判・430頁／本体8,600円（税別）　ISBN978-4-7842-7000-2

歴史のなかの天皇陵　高木博志・山田邦和編

各時代に陵墓がどうあり、社会のなかでどのように変遷してきたのか、考古・古代・中世・近世・近代における陵墓の歴史をやさしく説く。京都アスニーで行われた公開講演に加え、研究者・ジャーナリストによるコラムや、執筆者による座談会を収録。

▶A５判・340頁／本体2,500円（税別）　ISBN978-4-7842-1514-0

みやこの近代　丸山宏・伊従勉・高木博志編

歴史都市・京都は、実は近現代に大きく変わったまちであった――。京都大学人文科学研究所「近代京都研究会」で論じられたさまざまな分野の具体的な主題をもとに、近代現代の京都の根本問題を見通す視座を形成しようとする試みの85篇。

▶A５判・268頁／本体2,600円（税別）　ISBN978-4-7842-1378-8